ZHONGGUO BAOXIANFA SHIWEI ZHI BAOXIAN HETONG MIANZE TIAOKUAN
ZHUANXIANG WENTI YANJIU

吉林大学专业学位研究生课程案例库建设项目"保险司法案例库"

中国保险法视维之
保险合同免责条款专项问题研究

潘红艳　李壮　著

知识产权出版社
全国百佳图书出版单位
—北京—

图书在版编目（CIP）数据

中国保险法视维之保险合同免责条款专项问题研究／潘红艳，李壮著 . —北京：知识产权出版社，2021.8

ISBN 978 - 7 - 5130 - 7608 - 1

Ⅰ.①中… Ⅱ.①潘… ②李… Ⅲ.①保险合同—合同法—研究—中国 Ⅳ.①D923.64

中国版本图书馆 CIP 数据核字（2021）第 135847 号

内容提要

本书旨在借助对保险法基础理论和司法判例的评析，以及司法判例与理论问题的有机衔接，实现三个维度的功能：推进保险合同免责条款司法裁判的标准化和统一化；推进保险公司进一步优化保险产品，将保险合同中免责条款的内容同司法裁判结果作深层次的衔接；借由前两个功能的实现，推进保险行业进一步加强对投保群体利益的保护。

| 责任编辑：彭小华 | 责任校对：潘凤越 |
| 封面设计：刘 伟 | 责任印制：孙婷婷 |

中国保险法视维之保险合同免责条款专项问题研究

潘红艳 李 壮 著

出版发行：知识产权出版社有限责任公司	网 址：http://www.ipph.cn
社 址：北京市海淀区气象路 50 号院	邮 编：100081
责编电话：010 - 82000860 转 8115	责编邮箱：huapxh@ sina.com
发行电话：010 - 82000860 转 8101/8102	发行传真：010 - 82000893/82005070/82000270
印 刷：北京建宏印刷有限公司	经 销：各大网上书店、新华书店及相关专业书店
开 本：720mm×1000mm 1/16	印 张：14.25
版 次：2021 年 8 月第 1 版	印 次：2021 年 8 月第 1 次印刷
字 数：300 千字	定 价：78.00 元

ISBN 978 - 7 - 5130 - 7608 - 1

前　言

我国保险法将保险合同法①以及保险业法②合并立法，在公法与私法划分的基础上，我国保险法中的保险业法部分内容实际属于公法的范畴，保险合同法部分内容实际属于私法的范畴。公法和私法在立法理念、规范主体、保护法益等方面的区别势必反映和影响保险业法和保险合同法的立法体系和具体制度。以《中华人民共和国保险法》（以下简称《保险法》）第 1 条有关立法主旨的规定观之，保险法实质上已经成为一部试图融合公法、私法的部门法。我国《保险法》第 1 条，将保险部门法定位为"规范保险活动，保护保险活动当事人的合法权益，加强对保险业的监督管理，维护社会经济秩序和社会公共利益，促进保险事业的健康发展"的法律。从保护的法益出发，这一规定包括两个组成部分：社会经济秩序以及社会公共利益；从保护的利益范围出发，"社会经济秩序"主要指保险作为金融组成部分的金融秩序，"社会公共利益"主要指保险原理贯穿于保险立法中的投保群体利益；从第 1 条对整部保险法的统辖功能出发，"社会经济秩序"主要统辖保险业法部分的内容，"社会公共利益"主要统辖保险合同法部分的内容。

我国保险合同法的整体制度设置是以单个的投保人和保险人作为合同当事人的保险合同为基础，而我国保险业法的整体制度设置，则是以保险行业和保险经营为基础。在保护的法益上，保险合同法首先需要解决投保人、保险人，以及被保险人和受益人在保险合同框架内的权利义务关系，在这些权利义务的设置和分配过程中，保险合同法律制度设置需要将保险原理以及保险经营的惯例融贯其中。这样，作为保险原理组成部分中不可分割的投保群体利益就应当被考虑。保险原理折射出来的利益维度和单独的保险合同所蕴含的利益维度既存在共性，也存在差异。保险原理中蕴含着投保群体的利益，并且投保群体利益是作为投保个体利益存在基础的利益维度，投保群体利益包括但不是简单的投保个体利益的集合。

---

① 本书中保险合同法是指调整保险合同关系法律规范的总称。
② 本书中保险业法是指国家对保险业进行监督管理法律规范的总称。

（1）从整体的保险制度出发，投保群体利益的保护顺位应当优先于投保个体利益的保护顺位，因为保险制度是以投保群体，而非投保个体作为风险厘定基础。个体保险合同中的利益平衡是建立在将投保群体作为利益考量的基础上的。故此，无风险则无保险，无风险厘定则无保险费收取机制。与一般合同的当事人之间即为利益考量的对应主体不同，保险合同的利益考量以投保群体和保险人为对应主体，不是以投保个体和保险人为利益考量的对应主体。既然投保群体是保险人收取保险费的计费依据主体，那么投保群体利益成为维护保险制度存续最先保护的利益，其后才是投保个体利益。

（2）社会公共利益和投保群体利益保护的顺位和功能不同。公共利益的保护，属于保险合同以及保险制度以外的另一个维度的利益范畴，其保护顺位和方式受到诸如公权力与私权利关系、整体利益与个体利益的关系等的影响和制约。与社会公共利益对应的是个体利益，法律对社会公共利益的调整和保护常常是借由对个体利益的限制和禁止完成的。在保险合同法视域中，投保群体利益以及投保个体利益的保护是保险合同法制度中首先应当保护的利益。只有存在合法的依据，社会公共利益的保护才能成为否定和限制投保群体利益的理由。

保险合同免责条款问题是保险以及保险法律理论和实践领域中重要的问题，对于此问题的研究有利于引导我国司法审判实践，以及引导保险公司的经营实践。我国《保险法》第17条第2款规定了保险合同免责条款的明确说明义务，但是在司法裁判过程中此类案件的争议仍然很多。解决问题的路径一方面在于法律制度的进一步细化，另一方面在于进一步理顺有关免责条款明确说明义务的基本理论，以及加强对保险合同免责条款司法案件裁判结果的研究。本书旨在借助于基础理论以及司法判例的精细解析，以及对司法判例与理论问题的有机衔接，实现三个维度的功能：第一，推进保险合同免责条款司法裁判的标准化和统一化；第二，推进保险公司进一步优化保险产品，将保险合同免责条款的内容同司法裁判结果作深层次的衔接；第三，借由前两个功能的实现，推进保险行业进一步加强对投保群体利益的保护。本书围绕保险合同免责条款专项问题分为两个部分：保险合同免责条款基础理论；保险合同免责条款典型案例评析。本书第一作者负责第一编和第二编第一章至第三章的写作；本书第二作者负责第二编第四章至第六章的写作。

目 录

第一编
保险合同免责条款基础理论

第一章　免责条款法律规范的
法律适用问题总览

第一节　保险合同法与民法典的关系

在本章中，我们将调整保险合同免责条款的保险合同法置于整个立法体系之中，观察保险合同法的立法位阶，以明确调整免责条款法律规范的法律适用问题。从整体的保险合同法维度看，我国保险法由两部分组成：保险合同法和保险业法。保险业法部分着重解决保险行业的监督管理以及合规经营问题，保险合同法主要解决保险公司与投保人、被保险人、受益人之间，以及投保人、被保险人、受益人各个主体之间的权利义务关系。我国保险合同法部分的立法是以保险合同为基础展开的，免责条款的问题作为调整保险合同法律规范的一个重要组成部分，其法律适用问题包括两大维度：第一，以《中华人民共和国保险法》（以下简称《保险法》）第17条规定的保险人说明义务为核心的法律条文的解释和适用问题，以及围绕该条所做的司法解释的适用问题。第二，以保险合同法为核心的保险法与其他部门法之间的法律适用协调问题。对于第一个维度的问题，我们着重对《保险法》第17条进行法律分析，以及归拢围绕该法条进行的司法解释。对于第二个维度的问题，我们截取保险法与民法典之间的制度融合，进行整体评析。从宏观到微观的顺序进行写作，以期获得从面到点的观察视角所探查的结果。

作为中国法治文明进程的共同组成部分，我国民法典的编撰过程与保险法存在历史的交叠。在基本理念上，民法典与保险法和而不同："和"在于制度融合，在于民法典规定的制度在保险法立法及其解释层面的基础作用。"不同"在于：保险法是专门调整保险关系的部门法，保险法律制度的内核与保险原理和保险经营直接衔接。保险法的各项制度应当是建立在符合保险原理的保险经营实践基础上的，同时对保险交易惯例予以特别遵从和体现。在民法典的法治背景下，切实的问题是保险部门法与民法典的理念和制度层面的对接，以及在此基础上保险部门法具体制度的完善、解释和适用。民法典中的民事主体制度、合同制度、侵权制度与保险法均存在制度融合的诸多维度。

2020 年 5 月 28 日，中华人民共和国第十三届全国人民代表大会（以下简称全国人大）第三次会议通过《中华人民共和国民法典》（以下简称《民法典》），自 2021 年 1 月 1 日起实施。《民法典》的颁布和实施会给《保险法》带来何种变化和影响？对我国保险法的立法完善、司法适用以及保险法理论的进步会产生怎样的促进作用？有待分析解读。

一、民法典的编纂和保险法立法进程的重合

中华人民共和国成立后，曾于 1954 年、1962 年、1979 年、2001 年先后四次启动民法制定和民法典编纂工作。前两次由于不具备完善法律的背景，实际的法律编纂没有取得成功。改革开放初期的 1979 年的第三次编纂也因为民法典的编纂条件不充分而未实现。因此按照全国人民代表大会常务委员会法制工作委员会（以下简称全国人大法工委）在民法各领域推出的"成熟领域先立法"的规定，我国制定颁布了许多民事法律。如继承法、民法通则、担保法、合同法等。

随着保险市场日益扩大和保险需求日益增加，保险相关法律制度的缺失带来了一定程度的市场混乱，为了实现保险市场的健全化和规范化，1995 年 6 月底，我国第一部《保险法》在上述背景下公布，同年 10 月正式实施。就其特殊性而言，《保险法》采用将保险合同法和保险业法的内容合并立法的方式。

2001 年中国加入 WTO，并在"入世"时承诺在一定期限内开放保险市场。同年年末，国务院为履行上述承诺，废止了与承诺有冲突的《上海外资保险机构暂行管理办法》，公布《外资保险公司管理条例》，按承诺逐步开放保险市场。同年，为履行"入世"承诺，中国修改了保险法中保险业法的部分内容。

保险法的颁布和保险市场的开放，标志着中国保险事业从此进入现代化阶段，对保险业的监管也从"计划经济"模式走向"市场经济"模式。

与此同时，2001 年全国人大常务委员会（以下简称全国人大常委会）起草中华人民共和国民法（草案），草案作为法律起草的条件尚不充分，讨论后决定将继续以分别制定单行法的方式予以推进。2003 年以来，物权法、侵权责任法等法律相继出台，其中的侵权责任法与保险法中的责任保险制度有着重要而密切的联系。

2015 年，全国人大常委会法工委牵头五家单位开始民法典的编纂工作，与此同时开始了保险法的修订工作。由于保险合同法部分需要修订的内容很多，因此在 2002 年 10 月进行了第一次修订，此次修订主要是针对保险业法的部分，而保险合同法的大部分内容未进行修改。在 2009 年 2 月的第二次修订中，对保险合同法的部分内容进行了大量修改。随后是 2014 年 8 月的第三次修改，以及 2015 年 4 月的第四次修改。

二、民法典和保险法在理念上的共同点和不同点

《保险法》中尤其是保险合同法的部分和《民法典》的规定有很多理念上的共同点，但也有诸多不同点。

（一）法律关系的特征

民法典与保险法的关系在理念上具有"和而不同"的特征。

所谓"和"，指的是两个制度相互融合、相互贯通。主要体现为民法典的规定对保险法立法和解释方面的基础性作用。

所谓"不同"在于：《民法典》是调整平等主体的自然人、法人和非法人组织之间的人身关系和财产关系；《保险法》是专门调整保险关系的法律，保险法制度的基础与保险原理和保险经营直接相关。保险法的各项制度应建立在符合保险原理的保险经营实践的基础上。同时对交易惯例，尤其对保险业的惯例予以遵从和体现。换言之，保险法之所以成为民法典之外的独立的部门法，并不是因为保险法和民法典的基本理念一致，而是在立法、法律解释和法律适用方面有所差异。保险法是保险原理和保险经营法律制度的反映，它制约和影响着保险制度功能的发挥，同时与保险原理保持一致。

（二）作为特征说明的例子

以《保险法》第 16 条第 4 款①的规定为分析对象，对上述特征进行说明。

（1）没有如实告知的疾病和保险事故中的疾病没有因果关系的情况。人寿保险投保时，投保人对被保险人有关健康状况的情况必须履行如实告知义务。投保人虽未如实告知，但其因故意没有告知保险公司的疾病（a）和保险事故发生时的疾病（b）之间，没有因果关系。如投保时被保险人胃溃疡（a1）的疾病已经被发现了但不实告知（故意不告知）。后发生保险事故，被保险人因肝癌（b2）住院并进行了手术。

在我国保险实践中，上述违反告知义务，投保 2 年以内发生保险事故，未告知疾病和实际发生的疾病没有同一性，因果关系也不存在时，投保人向保险公司申请赔偿的请求几乎全部被拒绝。原因是，大多数保险公司将"以投保人不实告知、违反告知义务为由解除保险合同"视为惯例。另外，即使投保 2 年后发生保险事故，向保险公司申请赔偿，保险公司在除斥期间 2 年（保险法律规定 2 年后保险公司不能解除保险合同）已经完成，不能解除合同的情况下，也会以保险合同投保人故意不履行告知义务为由拒绝支付保险金。保险投保者（被保险

---

① 《保险法》第 16 条第 4 款规定，投保人故意不履行如实告知义务的，保险人对于合同解除前发生的保险事故，不承担赔偿或者给付保险金的责任，并不退还保险费。

人）诉诸司法，大部分也会败诉。其原因在于民法的相关规定和理念的运用。

（2）保险法的依据。法院判决的法律依据是《保险法》第16条第4款的规定。投保人故意不履行基于事实的告知义务的情况下，保险人对保险合同解除前发生的保险事故，不承担赔偿损失或支付保险金的责任，并且也不返还保险费。

根据该规定：

①投保人不实告知的事项和保险事故的结果没有因果关系，保险人也不承担损害赔偿或保险金支付的责任。

②《保险法》第16条第3款①的规定，自保险人知道有合同解除事由起，30日内不行使时，保险人的保险合同解除权消灭。合同成立日开始超过2年，保险人不得解除合同。以上两种情形下，如果发生保险事故，保险人承担赔偿损失或给付保险金的责任。不可抗辩期即使投保人或被保险人依据该条款的"2年不可抗辩期"届满作为抗辩事由，保险公司也不承担赔偿损失或支付保险金的责任的判例很常见。这些判例的法源是民法典有关契约的规定。

（3）民法典的规定。《民法典》第147条规定："基于重大误解实施的民事法律行为，行为人有权请求人民法院或者仲裁机构予以撤销。"另外，该法第500条规定："当事人在订立合同过程中有下列情形之一，造成对方损失的，应当承担赔偿责任：……（二）故意隐瞒与订立合同有关的重要事实或者提供虚假情况……"

根据上述规定，在保险合同签订时，若投保人不实告知，不考虑不实告知或者不告知的疾病和请求保险金的疾病的因果关系，法院可以依据保险人的请求撤销合同，且给保险人造成损失时投保人应该承担赔偿责任。

保险合同法与合同法之间有很大的差异。上述事例，并非应遵循民事法律关于合同的规定，而是应遵循保险经营的原理。这是保险法和合同法"不相同"的基础。

（4）以原始保险原理为依据的判定标准。比如说，订立保险合同时，投保人没有向保险人告知被保险人患有胃溃疡，一年后被保险人被诊断出肝癌，同不实告知的疾病之间没有因果关系的情况下，关于是否赔偿或者给付保险金以验证保险原理。

保险公司对于保险对象的各种疾病，预测作为健康体的人的各种疾病的发病率，精密计算其预测率，得出不同疾病、不同险种的保险费率。如果将患病人群放到投保健康体群中，其比健康身体的预测发病率高，当全部的保险合同方都是

---

① 《保险法》第16条第3款规定，前款规定的合同解除权，自保险人知道有解除事由之日起，超过30日不行使而消灭。自合同成立之日起超过2年的，保险人不得解除合同；发生保险事故的，保险人应当承担赔偿或者给付保险金的责任。

健康体，但是指定疾病发病时，支付保险金的准备金不足，其会对保险公司的经营有影响。

故附加给投保人告知保险契约者的义务。如果告知患有疾病，保险公司有拒绝投保或者提高保险费的选择余地。《保险法》规定即使投保成功，保险公司也可以以违反告知义务为由解除合同。该告知义务早已在保险法中规定。

分析上述例子，健康身体的胃溃疡和肝癌的发病率分开预测，有单独的预测率，投保时如果没有告知胃溃疡，投保后没有发生保险事故，不支付保险金。但是投保时未患肝癌，一年后发病的情况下，与保险公司根据健康体预测的发病率是相同的，已经记入保险费。如果因肝癌发病，由于保险公司已经预留了保险准备金，所以支付保险金不会对保险公司的经营造成影响。

总之，如果带病签订保险合同，投保人违反告知义务，不告知被保险人已患疾病的情况下，发生的保险事故（应支付保险金的疾病）和不告知疾病没有因果关系，保险人应当支付保险金。

另外，存在上述同样的问题，如果签订保险合同已超过2年，即早已经过了《保险法》规定的2年不可抗辩期。依据《保险法》相关规定，在这种情况下，不能解除保险合同。与上述的分析相同，同时考虑到保险合同的双务性和投机性，保险公司不能拒绝支付保险金。

（5）关于保险法和民法典的不同点的考虑。《保险法》第16条第4款的正确解释是，投保人故意不履行告知义务，未告知事项和发生的保险事故没有因果关系，保险公司不能解除保险合同，有支付保险金的义务。受到民事法律的影响，保险法律的立法和司法早已同保险经营原理背离。

从立法论来看，保险原理和保险经营原则至少应该对保险法制度的构造和解释产生影响而不可能与此背道而驰。原本，大陆法系国家将保险业的惯例作为保险法的法源予以尊重，称之为惯例法。上述问题不是保险业的惯例，而是与实际的保险经营原理有关，作为立法论，应该在保险法中反映出来。

如果不考虑保险合同法的原理，将民事法律中有关合同的法律构造和解释原封不动地引用到《保险法》的立法上，就会出现引用偏差的现象。

三、《民法典》和《保险法》的制度融合

在民法典的法治背景下，切实的问题是保险法作为部门法与民法典的理念和制度层面的对接，以及在此基础上保险法具体制度的完善、解释和适用。以现行《保险法》的规定，结合我国《民法典》的最新立法，从法律制度层面来看，我国保险法律制度需要进行以下方面的对接和调整。

（一）《民法典》民事主体制度与《保险法》主体制度融合

我国保险法中规定的主体包括两种类型：其一是作为保险合同当事人的保险

人和投保人；其二是作为保险合同关系人的被保险人、受益人以及被保险人的继承人。我国《民法典》规定了民事主体的相关内容，体现在《民法典》第一编总则第一章基本规定第 1 条至第 9 条，第 53 条、第 113 条等条文之中。我国保险法规定的主体制度可以从以下几个方面与民法典规定的主体制度加以对接。

1. 投保人与民事主体规定的融合

我国《保险法》第 10 条第 2 款规定了投保人的概念，投保人是指与保险人订立保险合同，并按照合同约定负有支付保险费义务的人。作为保险合同当事人，投保人应当同时满足与民事主体相关的法律要求。我国《民法典》将民事主体划分为自然人、法人和非法人组织。

符合投保人保险合同当事人要求的自然人应当是依据《民法典》第 17 条和第 18 条规定的完全民事行为能力人，即"18 周岁以上的自然人"和"16 周岁以上，以自己的劳动收入为主要生活来源视为完全民事行为能力人"。

符合投保人保险合同当事人要求的法人应当是依据我国《民法典》第 57 条规定的"具有民事权利能力和民事行为能力，依法独立享有民事权利和承担民事义务的组织"。

符合投保人保险合同当事人要求的非法人组织应当是依据我国《民法典》第 102 条规定的"不具有法人资格，但是能够依法以自己的名义从事民事活动的组织"包括"个人独资企业、合伙企业、不具有法人资格的专业服务机构等"。

2. 被保险人和受益人与民事主体规定的融合

依据我国《保险法》第 12 条第 5 款规定："被保险人是指其财产或者人身受保险合同保障，享有保险金请求权的人。投保人可以为被保险人。"从享有权利和接受保险金利益的主体要求出发，我国《民法典》规定的所有民事主体均可以成为《保险法》规定的被保险人，并无特别限制。

我国《保险法》第 18 条第 3 款规定："受益人是指人身保险合同中由被保险人或者投保人指定的享有保险金请求权的人。投保人、被保险人可以为受益人。"与被保险人规定类似，受益人是接受利益和享有权利的主体。故此，《民法典》中规定的所有民事主体均可以成为符合我国《保险法》要求的受益人。但是，依据我国《保险法》第 39 条第 2 款规定："……投保人为与其有劳动关系的劳动者投保人身保险，不得指定被保险人及其近亲属以外的人为受益人。"此处的受益人应当仅限于自然人，而不包括法人和非法人组织。

3. 被保险人继承人与民事主体规定的融合

我国《保险法》第 42 条规定："被保险人死亡后，有下列情形之一的，保险金作为被保险人的遗产，由保险人依照《中华人民共和国继承法》的规定履行给付保险金的义务。"鉴于我国《民法典》已经将原《中华人民共和国继承法》（以下简称原《继承法》）的内容纳入第六编的规定之中，此处保险法的规定应作出相应的修改，将原《继承法》替换为《民法典》第六编继承。

同时，被保险人继承人的范围应当依据我国《民法典》第六编第二章法定继承以及第三章遗嘱继承和遗赠的规定进行界定。依据我国《民法典》第1127条规定，被保险人继承人包括：被保险人的配偶、子女、父母、兄弟姐妹、祖父母、外祖父母，以及依据我国《民法典》第1133条规定由被保险人遗嘱以及遗赠确定的人。

4. 投保人具有保险利益人员与民事主体规定的融合

我国《保险法》第31条第1款规定："投保人对下列人员具有保险利益：（一）本人；（二）配偶、子女、父母；（三）前项以外与投保人有抚养、赡养或者扶养关系的家庭其他成员、近亲属；（四）与投保人有劳动关系的劳动者。"

投保人的配偶是依据我国《民法典》第五编婚姻家庭第二章法定结婚条件、办理结婚登记的夫妻。投保人的子女、父母是依据我国《民法典》第六编继承第1127条规定的"本编所称子女，包括婚生子女、非婚生子女、养子女和有扶养关系的继子女。本编所称父母，包括生父母、养父母和有扶养关系的继父母"。

与投保人有抚养、赡养或者扶养关系的家庭其他成员、近亲属是依据《民法典》第1045条规定的"亲属包括配偶、血亲和姻亲。配偶、父母、子女、兄弟姐妹、祖父母、外祖父母、孙子女、外孙子女为近亲属。配偶、父母、子女和其他共同生活的近亲属为家庭成员"。

（二）《民法典》合同制度与《保险法》保险合同制度的融合

保险合同法是调整保险合同关系法律规范的总称，各国关于保险合同法的立法各不相同。我国在《保险法》中规定保险合同法的内容，共57条（第二章保险合同，第10条到第66条）。与我国《民法典》第三编合同对接，关涉以下制度内容的融合。

1. 保险合同成立生效的制度融合

我国《保险法》第13条规定保险合同的成立与生效："投保人提出保险要求，经保险人同意承保，保险合同成立。保险人应当及时向投保人签发保险单或者其他保险凭证。……依法成立的保险合同，自成立时生效。投保人和保险人可以对合同的效力约定附条件或者附期限。"保险合同是一种诺成合同，它是根据保险人与投保人之间达成合意，也就是必须经过投保人提出加入保险的申请之要约，而保险人对投保人的要约进行审核之后，对该加入保险的要约表示承诺而成立的合同。这种根据当事人的要约和承诺即可成立的合同，即为"诺成合同"。保险合同的成立和生效遵循我国《民法典》第三编有关合同成立和生效的规定。保险合同的成立需要经过要约和承诺的过程，《民法典》第472条的规定："要约是希望与他人订立合同的意思表示，该意思表示应当符合下列条件：（一）内容具体确定；（二）表明经受要约人承诺，要约人即受该意思表示约束。"第 479 条规定："承诺是受要约人同意要约的意思表示。"保险合同的成立和生效时间依据《民法典》第 483 条的规定应当为："承诺生效时合同成立，但是法律另有规定或者当事人另有约定的除外。"

2. 保险合同解除的制度融合

我国《保险法》第 15 条、第 16 条、第 49 条、第 52 条、第 58 条规定了保险合同解除制度，具体内容如下。

（1）投保人保险合同解除权。我国《保险法》第 15 条规定："除本法另有规定或者保险合同另有约定外，保险合同成立后，投保人可以解除合同，保险人不得解除合同。"

（2）投保人违反如实告知义务保险人保险合同解除权。我国《保险法》第 16 条规定："订立保险合同，保险人就保险标的或者被保险人的有关情况提出询问的，投保人应当如实告知。投保人故意或者因重大过失未履行前款规定的如实告知义务，足以影响保险人决定是否同意承保或者提高保险费率的，保险人有权解除合同……"

（3）保险标的转让，危险程度显著增加，保险人保险合同解除权。我国《保险法》第 49 条第 3 款规定："因保险标的的转让导致危险程度显著增加的，保险人自收到前款规定的通知之日起三十日内，可以按照合同约定增加保险费或者解除合同。"保险人自解除合同之时不再承担保险责任，并且需要将未承保期间的保险费退还给投保人。

（4）合同有效期内，保险标的危险程度显著增加的，保险人的保险合同解除权。我国《保险法》第 52 条第 1 款规定："在合同有效期内，保险标的的危险程度显著增加的，被保险人应当按照合同约定及时通知保险人，保险人可以按照合同约定增加保险费或者解除合同。保险人解除合同的，应当将已收取的保险费，按照合同约定扣除自保险责任开始之日起至合同解除之日止应收的部分后，退还投保人。"

（5）保险标的发生部分损失，保险人进行赔偿后的保险合同解除权。我国《保险法》第 58 条规定："保险标的发生部分损失的，自保险人赔偿之日起三十日内，投保人可以解除合同；除合同另有约定外，保险人也可以解除合同，但应当提前十五日通知投保人。合同解除的，保险人应当将保险标的未受损部分的保险费，按照合同约定扣除自保险责任开始之日起至合同解除之日止应收的部分后，退还投保人。"

我国《民法典》第 562 条至第 566 条规定了合同解除制度，依据《民法典》第 562 条和第 563 条规定，合同解除包括法定解除和约定解除。合同的约定解除包括当事人协商一致的解除以及当事人可以约定一方享有合同解除权的事由。合同解除事由发生时，解除权人可以按照约定解除合同。合同的法定解除是指，发生特定情形的，当事人可以解除合同：（1）因不可抗力致使不能实现合同目的；（2）在履行期限届满前，当事人一方明确表示或者以自己的行为表明不履行主要债务；（3）当事人一方迟延履行主要债务，经催告后在合同期限内仍未履行；（4）当事人一方迟延履行债务或者有其他违约行为致使不能实现合同目的；（5）法律规定的其他情形。我国保险法规定的保险合同解除情形均属于法定解除范畴。

我国保险法有的规定了保险合同解除的法律后果，如《保险法》第16条、第49条、第52条、第58条规定的解除权；有的并未规定保险合同解除的法律后果，如《保险法》第15条规定的解除权。依据《民法典》第566条规定，合同解除发生以下法律后果，"合同解除后，尚未履行的，终止履行；已经履行的，根据履行情况和合同性质，当事人可以请求恢复原状或者采取其他补救措施，并有权请求赔偿损失。合同因违约解除的，解除权人可以请求违约方承担违约责任，但是当事人另有约定的除外……"《民法典》的这一规定可以作为我国《保险法》第15条的基础，在细化投保人合同解除权法律后果，制定具体的规则时可以参照该规定。

3. 保险合同撤销的制度融合

我国《保险法》中保险合同法部分的规定有3处涉及保险欺诈的内容，（1）《保险法》第16条第2款和第4款规定的投保人故意违反如实告知义务的保险欺诈，"投保人故意或者因重大过失未履行前款规定的如实告知义务，足以影响保险人决定是否同意承保或者提高保险费率的，保险人有权解除合同。……投保人故意不履行如实告知义务的，保险人对于合同解除前发生的保险事故，不承担赔偿或者给付保险金的责任，并不退还保险费。"（2）《保险法》第27条规定的保险欺诈，"未发生保险事故，被保险人或者受益人谎称发生了保险事故，向保险人提出赔偿或者给付保险金请求的，保险人有权解除合同，并不退还保险费。投保人、被保险人故意制造保险事故的，保险人有权解除合同，不承担赔偿或者给付保险金的责任；除本法第四十三条规定外，不退还保险费。保险事故发生后，投保人、被保险人或者受益人以伪造、变造的有关证明、资料或者其他证据，编造虚假的事故原因或者夸大损失程度的，保险人对其虚报的部分不承担赔偿或者给付保险金的责任。投保人、被保险人或者受益人有前三款规定行为之一，致使保险人支付保险金或者支出费用的，应当退回或者赔偿。"（3）《保险法》第32条规定的保险欺诈，"投保人申报的被保险人年龄不真实，并且其真实年龄不符合合同约定的年龄限制的，保险人可以解除合同，并按照合同约定退还保险单的现金价值……"

依据我国《民法典》第148条和第149条的规定，"一方以欺诈手段，使对方违背真实意思的情况下实施的民事法律行为，受欺诈方有权请求人民法院或者仲裁机构予以撤销。""第三人实施欺诈行为，使一方在违背真实意思的情况下实施的民事法律行为，对方知道或者应当知道该欺诈行为的，受欺诈方有权请求人民法院或者仲裁机构予以撤销"。依据《民法典》第152条第2款的规定："当事人自民事法律行为发生之日起五年内没有行使撤销权的，撤销权消灭。"

在《保险法》规定的符合欺诈构成要件的3种情形中，因为行使撤销权（保险法中称为解除权，实为撤销权）的除斥期间的差异，会产生法律适用的问题，当事人在没有办法行使保险法中规定的解除权之后一段时间，依然享有《民法典》规定的撤销权。此类问题究竟该如何适用法律？是只适用保险法，排除适用民法的规定？还是两种法律规定并行适用？对此学界存在各种不同的学说，主要包括单独适用说和重复适用说。

（1）单独适用说。单独适用说主张单独适用保险法的规定，不适用《民法典》的规定。其理由为，保险法有关保险欺诈的规定，是在民法有关无效或可撤销民事行为等规定的基础上对保险合同关系进行的特别规范和调整。应当排斥使用民法中的基本规定，适用保险法的特别规定。

该学说主要是从当事人双方利益均衡的角度进行考虑的：一方面，投保人、被保险人或者受益人负有诚实信用的义务，若违反该义务，则从法律上赋予保险人合同解除权，以此对投保人、被保险人或者受益人加以制裁。另一方面，为避免保险人长期处于有利地位，设置了除斥期间的规定，以抑制保险人滥用权利、不积极行使权利的事实：在保险事故不发生时，保险人接受投保人缴纳的保费，享有保费的利益；一旦保险事故发生，保险人则可以因投保人、被保险人或者受益人违反义务而拒绝付保险金。一旦再适用民法的规定，则很有可能按照民法的规定，保险人可以解除保险合同，或导致该保险合同无效，保险法的利益均衡机制失灵，无法真正实现保险法设置各项制度的宗旨。

（2）重复适用说。重复适用说主张保险法与民法的规定都适用。该学说认为，保险法的立法宗旨与民法的立法宗旨不同，并非普通法（一般法，上位法）同特殊法（单行法，下位法）之间的关系。因此，保险法中的各项义务制度是根据保险经营制度以及保险合同构造的特殊性而设置的。而《民法典》是对行为人实施民事行为进行的调整，如果该行为是基于行为人的欺诈而为时，则可宣布该行为无效或撤销该行为。《民法典》对实施意思表示时有缺陷的行为人（保险人）给予权利救济。因此，保险法和民法可以重复适用。

从制度融合的角度，如果《保险法》的前述规定，同时符合《民法典》规定的欺诈的构成要件，应当重复适用《民法典》的规定。原因在于，虽然保险法是内在自洽的部门法，但是保险法所调整的保险关系属于私法社会关系的组成部分。《民法典》中有关欺诈的法律规定，关涉一般民事主体对民事法律行为后果的预知，关涉私法社会关系的稳定。而作为实施保险欺诈的投保人、被保险人或者受益人主体，属于典型的私法调整的一般民事主体的范畴。在保险法律规定之外，仍然适用《民法典》有关欺诈的规定，有利于发挥法律的引导和教育功能，同时也符合民事主体对法律的一般认知。

从保险立法完善角度，未来修订保险合同法相关内容时，应当考量《民法典》的规定，并与民法典有关欺诈的规定保持一致。

（三）《民法典》侵权责任制度与《保险法》责任保险制度融合

《民法典》侵权责任制度与《保险法》的制度融合主要体现在责任保险法律制度之中。责任保险是保险产品的重要组成部分，我国《保险法》第65条和第66条规定了责任保险的内容。第65条第4款规定："责任保险是指以被保险人对第三者依法应负的赔偿责任为保险标的的保险。"与保险产品和保险实践对应，依法应负的赔偿责任主要是指侵权责任，也包括部分违约责任。承保范围是依据相应的侵权责任和违约责任确定的，侵权责任制度成为责任保险制度的基础。在法律适用和司法审判实践中，需要首先确定被保险人对第三者的侵权责任，然后在此基础上确定责任保险的赔付范围。

我国《民法典》第七编规定了侵权责任，与责任保险产品对接，在责任保险中应用较为广泛的是第五章机动车交通事故责任、第六章医疗损害责任、第四章产品责任等内容；分别对应机动车第三者责任保险、医师责任保险、产品责任保险等具体的责任保险险种。

总之，《民法典》的颁布和实施是商事立法和《保险法》进一步修改完善的新契机，民法典编撰的经验和立法理念的总结为保险法以及其他商事法律得以在法律解释、法律适用以及未来法律完善等方面提供了可资借鉴的路径。

第二节　保险人说明义务的法律规范解析

一、保险人说明义务的法律规定及提示义务和说明义务的关系

（一）法律规定

依据我国《保险法》第17条的规定，保险人对保险合同条款具有说明义务，对免责条款具有提示与明确说明义务。"订立保险合同，采用保险人提供的格式条款的，保险人向投保人提供的投保单应当附格式条款，保险人应当向投保人说明合同内容。对保险合同中免除保险人责任的条款，保险人在订立合同时应当在投保单、保险单或者其他保险凭证上作出足以引起投保人注意的提示，并对该条款的内容以书面或者口头的形式向投保人作出明确说明；未作提示或者明确说明的，该条款不产生效力。"为了进一步明确有关说明义务的法律适用问题，我国最高人民法院制定有关保险法适用的司法解释中，对相关问题进行了规定。

该条规范包括两个部分：一般保险合同条款的说明义务以及免责条款的提示和明确说明义务。

（二）提示义务和明确说明义务的关系

（1）提示义务是判断保险公司是否履行明确说明义务的前提，如果保险公司没有对保险合同条款以及免责条款进行提示，即可直接判断其违反了明确说明义务。只有在保险公司履行了提示义务的前提下，才可以对其是否履行明确说明义务作出后续判断。

比如，在（2018）辽1282民初2679号案件中，被保险人驾车撞树造成伤害，保险公司因之属于免责条款内容而主张拒赔，法院对保险合同条款进行审核后判定保险公司没有履行提示义务，进而判定保险公司没有履行免责条款明确说明义务。法院判决书中说明"被告辽宁分公司提供的保险单上对特别约定并没有明确的标注，又未将该保险单上3项险种对应的3个条款交给投保人及被保险人，提示是明确说明的前置性义务，保险人只有先履行提示义务，使投保人知悉特别约定的存在，明确说明义务才有实际对象"。

（2）免责事项属于法律禁止性规定情形的，保险公司只履行提示义务即可，不必履行明确说明义务。法律禁止性规定属于所有人均应知晓，以及均应遵守的规定。如果被保险人违反法律禁止性规定，保险公司依然承担保险金给付责任，则会导致保险法律适用的结果与包含禁止性规定的法律适用的结果发生冲突。因此，一旦保险公司将这些法律禁止性规定列明为免责条款，无须明确说明，仅提示即可。《最高人民法院关于适用〈中华人民共和国保险法〉若干问题的解释（二）》[以下简称《保险法解释（二）》]第10条规定："保险人将法律、行政法规中的禁止性规定情形作为保险合同免责条款的免责事由，保险人对该条款作出提示后，投保人、被保险人或者受益人以保险人未履行明确说明义务为由主张该条款不生效的，人民法院不予支持。"

比如，在（2019）赣0827民初641号案件中，涉案保险产品安行宝两全保险条款中第2条第4款责任免除条款约定"因下列情形之一导致被保险人身故或全残的，不承担身故保险金或全残保险金的给付责任……（5）被保险人酒后驾驶，无合法有效驾驶证驾驶，或驾驶无有效行驶证的机动车"。该条款释义第10条第17款约定，"无有效行驶证指下列情形之一：……（2）未依法按时进行或通过机动车安全技术检验"。保险公司对此进行了提示。法院判定："《中华人民共和国道路交通安全法》第13条第1款规定，对登记后上道路行驶的机动车，应当依照法律、行政法规的规定，根据车辆用途、载客载货数量、使用年限等不同情况，定期进行安全技术检验。李某某驾驶的逾期未年检机动车，本身属于违反法律中禁止性规定的情形，故原告认为被告未履行明确说明免责条款义务而免责条款不生效的主张不能成立。"

（三）免责条款说明义务的标准

对于免责条款的说明应当达到何种程度才符合"明确"的标准？本书认为，依据一般人的认知能力和认知水平判断，只要达到一般人的一般认知水平的明确标准，就应当认定保险人适当履行了免责条款明确说明义务。

二、说明义务的法律属性和依据

（一）说明义务的法律属性

我国保险法中明确规定保险人有向投保人进行说明的义务，即信息公开义务，也被称为"信息开示义务"。保险人的说明义务主要是对保险合同中的内容以及保险条款中的免责部分向投保人进行说明。保险人为什么要履行说明义务？其法律属性如何？

1. 保险人履行说明义务的原因

保险合同是不要物合同，保险合同不采用纸张化的书面形式，而是采取不要物合同的方式①。但是，有关保险合同的内容，基本上记载在保险人事先设计好的保险条款上。由于该条款是由保险人单方设计的，保险合同的另一方当事人无法参与制订，事先也无法知晓其详细内容，这种为了重复使用而预先拟订并在订立合同时未与合同相对方协商的合同，被称为"格式合同"②。即保险人将其事先拟订的保险条款作为保险合同的主要内容，将其提供给投保人，而不会就保险条款的内容去征求投保人的意见，或根据投保人的意见临时增减保险条款的内容。由于投保人对保险行业不熟悉，加之保险条款大量使用法律用语和保险行业用语，即便把保险条款放在投保人面前，投保人也可能根本无法完全了解保险条

---

① 《保险法》第13条第1款规定："投保人提出保险要求，经保险人同意承保，保险合同成立。保险人应当及时向投保人签发保险单或者其他保险凭证。保险单或者其他保险凭证应当载明当事人双方约定的合同内容。"从该条款的规定可以看到，我国保险法规定保险合同是"不要物合同"，但是，在同法同条又规定，"当事人也可以约定采用其他书面形式载明合同内容"，虽然不是直接规定保险合同为"要物合同"，但是从该规定中却可以直接推导出保险法将保险合同规定为"要物合同"前后矛盾的结论。详细请参照本书的有关论述。

② 投保人同保险公司在签订保险合同时，不采用双方临时逐条合意并设定的普通合同签订方式，而是采用格式合同的方式，主要原因有三：第一，保险产品的设计必须合法合规，在法律法规有规定的情况下，保险合同双方当事人没有讨论或交涉的余地，必须将其体现在保险合同中，因此保险公司必须将这些规定事先写入格式条款；第二，保险公司在保险产品设计等重大问题或基本问题上，除了合法合规之外，还必须根据保险经营的大数法则，对加入该保险产品的人群做到公平、公正，必须设置一些所有参保人都共同遵守的规则，而这些规则属于不能个别交涉、量身定做的范畴；第三，还有一部分内容，属于保险代理人无法代理保险人同投保人进行交涉的内容，只能由保险公司事先设计好，并写入格式条款。

款中的所有内容。

与投保方利益连接最为紧密的主要是保险条款中的保险人免责条款。因为，这些免责条款是由保险人单方面将有关保险人免责事项加以规定，投保方在加入保险时，基本是不知情的。如果发生属于保险人免责条款中规定的保险事故，保险人可以免于承担保险金给付的义务。即便投保人缴纳了保费，以金钱换取了同保险人达成协议的保障，若该保险事故属于免责条款中规定的事项，也无法从保险人那里领受到保险金。

保险合同双方当事人力量对比鲜明：一方是保险人，是保险产品交易中的供方，其特点是精通保险业务和保险技术，制订包括免责条款在内的保险合同条款；另一方是投保人，是保险产品交易中的需方，其作为普通消费者，几乎对保险技术和保险业务一无所知。双方当事人掌握的信息极为不对称（保险法领域称为信息偏在），导致对投保人的不公平。为调整保险人和投保人基于信息偏在而产生的利益不均衡，保险人应该将自己掌握的信息，向消费者、保险产品交易中的需方进行公开，让投保人在投保时事先知道，以便决定是否投保，或选择自己所需要的险种进行投保。

2. 保险人说明义务的法律属性

保险人的说明义务的性质属于"约定义务"还是"法定义务"？相关学说并不多见。

投保人和保险人作为保险合同的双方当事人，应当履行合同当事人的义务，与信息揭示相关的双方义务对等体现为：投保人在保险合同缔结之前，需要履行告知义务；相应地，保险人在保险合同成立之前需要履行说明义务。在保险合同成立之后，保险人解除旧保险合同变更为新的保险合同时（如保险公司增加承保的重大疾病类型，扩充重大疾病保险的承保范围），同样需要履行一定程度的说明义务。

本书认为，如果说投保人的告知义务是一种"自我义务，间接义务"，或不具有强制性的"弱义务"，那么，保险人说明义务的性质应当与之相同，同样不属于具有强制性的义务。因为一般情况下，保险人的说明义务也是一种在保险合同成立之前，向保险合同相对方——投保人履行的保险产品信息的告知义务。

虽然，我国保险法明文规定了保险人应当履行说明义务，使之具有浓厚的"法定义务"的色彩。但实质上保险人的说明义务是一种"间接义务"，该义务并非产生于保险合同双方当事人的约定，而是源自保险法的规定。该义务属于"法定义务"并非"约定义务"。尽管属于法定义务，但是保险人说明义务并不具有强制性，而是一种非强制性的"间接义务"。

首先，说明义务并非真正意义上的义务，并无具有法律约束力的强制性。说明义务不能强制履行，即使不履行也不必承担违约责任。合同法中，合同成立后，当事人必须按照合同约定的条件履行合同义务，否则需要承担违约责任。

我国保险法规定，对保险合同中免除保险人责任的条款，保险人在订立合同时应当在投保单、保险单或者其他保险凭证上作出足以引起投保人注意的提示，并对该条款的内容以书面或者口头形式向投保人作出明确说明；未作提示或者明确说明的，该条款不产生效力。可见，免责条款明确说明义务属于强制性法律规定。

由于保险人履行说明义务时，一般是保险合同尚未成立之前。而保险合同一旦成立，一般不需要再履行该项义务。这和投保人履行告知义务的性质是相同的，保险合同尚未成立，该说明义务的根据何在？投保人是否享有要求保险人履行说明义务的请求权？

其次，投保人对保险人的说明义务并无相对应的请求权。如保险人在实施说明行为时，投保人对说明行为有所请求，因为保险合同尚未成立，投保人对说明义务的请求权尚无法律依据，故无法行使。即便是保险人不履行说明义务，投保人也无法因保险人违反说明义务的行为向其请求损害赔偿。由此可见，保险人的说明义务其本身并非是合同订立后产生的一种约定义务，而是一种法定义务。

综上，说明义务的性质体现了保险合同的特殊性，出于对投保人利益的保护，以法律强制性规定要求保险人在保险合同缔结之前，将保险合同条款以及免责条款向投保人进行说明。说明义务虽不具有一般合同法义务所具有的可强制实施性，不是合同成立后产生的约定义务，而是具有准义务特征的法定义务。

（二）说明义务的理论根据

关于说明义务产生的理论根据，目前比较流行的学说主要包括"最大诚信说"和"双务公平说"。

1. 最大诚信说

最大诚信说认为，我国保险法将保险人的说明义务明确加以规定，是保险活动诚实信用原则在保险合同订立过程中的体现。商业保险主要险种的基本条款由金融监管部门制定，保险合同条款的内容为具有专业知识和业务经验的保险人所熟知。但对于一般的投保人来说，由于缺乏对专业知识的了解等因素，可能对保险合同条款内容产生误解，以致保险合同的不当订立。据此，保险人在保险合同订立时负有向投保人说明保险合同条款的义务。

2. 双务公平说

双务公平说认为，订立保险合同，投保人和保险人是互负义务的，其目的是由双方当事人共同确保保险合同的公平合理。在订立保险合同时，任何一方都不得误导对方，向对方提供不真实的情况，或作出不真实说明。结合我国保险业的发展阶段，保险事业在我国处于高速发展期，大多数投保人和被保险人对保险并不熟悉，且缺乏保险知识，在要求投保人充分履行告知义务的同时，要求保险人对由其制订的保险条款作出准确、具体的说明，以帮助投保人了解保险合同条款的内容。

据此，保险人的说明义务和投保人的告知义务是一对"武器对等"的义务设置，均源自保险合同的双务性，在公平的基础上，保险合同当事人各自应当向对方提供真实的情况。

3. 本书主张

上述两种学说虽然从不同侧面探讨了保险人说明义务的理论根据，但是仅就保险合同本身是最大诚信合同而推导出保险人的说明义务主要是根据该原则而制订的，本书认为其理论根据不足。当然，从保险合同是双务合同的角度推导出其根据是"双务""公平"，解释力也略显薄弱。

保险行业以及保险经营均具有特殊性，构成说明义务的根据不是保险合同本身决定的，而是保险行业所经营的保险产品的性质决定的。保险产品是一种技术性很强的产品，如果不进行详细的解释，消费者一般无法知晓产品的结构，也无法知道在"买"与"卖"的过程中消费者花了钱，到底买回来的是什么？投保人付出金钱之后，能否一定在发生保险事故后获得约定的保障？从保险经营的外观观察，消费者付出的是有形的钱财 A，而买回的是无形的保障，只能在发生保险事故后，才能转化为有形的钱财 A'。[①]

上述从 A – A'的财产形态转化，在既定的情况下是不能实现的：保险人在一定的情况下，可以免除给付保险金的责任。消费者在投保时，也具有一定的"风险"，这种风险就是如果发生的事故不在保险人承保的范围之内，保险人有权拒付保险金。那么，这种"拒付"或免责事项的存在，应当让消费者在决定是否投保或选择保险险种之时知道该"拒付"或免责事项的内容。如果保险人履行了说明义务，投保人就可以根据自身的情况或保险标的的情况，选择是否投保，或选择自己所需要的险种（投保人的该选择权仅限于商业保险，强制保险除外）。

保险行业的性质和保险产品的技术属性导致保险合同双方当事人无法基于对等信息平台进行交易，如果保险人不将该保险产品，尤其是保险人免除保险责任的情形，详细向投保人进行说明。那么，信息的不对称将对作为投保方的消费者显示出不公平。因此，根据保险合同的公平性原则，保险人自然有将保险产品向投保方进行明确说明的义务，并且必须将在何种情况下，保险人具有免除保险责任的事项，明确向投保人进行说明。

---

① 我们可以更为形象地概括保险经营的这一特征：投保人花费现实的真金白银，买回来的是保险人的一纸承诺，在电子保单高度发达的今天，甚至连"一纸"都没有。

德国保险合同法不仅规定了详尽的保险人说明义务①，并且规定了保险人对投保人的建议义务②，以保障保险人向保险消费者提供完整而全面的保险产品信息。对比观之，我国保险法有关说明义务的规定，实际上承载着双重功能：第一，将投保人购买的保险产品信息全面地揭示给投保人；第二，在全面揭示投保产品信息的基础上，将保险产品选择的自由交由投保人自行决定。

三、说明义务的履行

（一）说明义务的履行时间

在一般情况下，保险人履行说明义务的时间应当在保险合同成立之前。保险合同一旦成立，则无须再履行该项义务。从我国《保险法》第 17 条两个条款的表述中，可以推知前述结论，第 17 条第 1 款规定："……保险人向投保人提供的投保单应当附格式条款……"第 2 款规定："对保险合同中免除保险人责任的条款，保险人在订立合同时应当……明确说明……"对两款表述进行体系观察，并同保险合同条款的整体性因素，以及投保和提供保险合同条款的过程，可以推知：说明义务的履行应当在保险合同成立之前进行。

比如，在（2019）晋 0802 民初 3113 号案件中，被告保险公司虽然提供证据证明，于 2017 年 7 月 8 日在《保险单签收回执》投保人签名处亲笔签名，确认收到了保险合同，确认投保书影像件中各项告知与实际情况相符，清楚保险责任及责任免除等内容。并在被告对其进行电话回访时，被保险人樊某国本人接听，其回答再次证明被告在投保时对保险合同有关事项、保险责任和责任免除等内容尽到了询问、提示和说明义务。但是原告提供了保险合同起保日期为 2017 年 7 月 3 日的证据，证明投保人樊某国拿到保险合同书面文本时间在 2017 年 7 月 15 日之后，保险条款在保险合同书面文本中，投保人在投保时不可能见到保险条款。最终法院判定被告保险公司没有履行免责条款的明确说明义务，由其向原告支付重疾险保险金。

在（2019）吉 0502 民初 937 号案件中，被告保险公司提供了两份证明其向原告履行了说明义务和向投保人进行询问的笔录，但是两份询问笔录系被告于 2019 年 2 月 26 日作出，保险合同系 2018 年 9 月 1 日签订。最终法院判定保险公司败诉，向原告给付了本属于保险公司责任免除情形的保险金。

除了上述的一般情况外，还有比较特殊的情况，即使保险合同已经成立，保

---

① 德国《保险合同法》第 7 条第 1 款。

② 德国《保险合同法》第 6 条第 1 款规定："如果投保人对相关保险产品产生疑惑，则保险人应当询问投保人的投保意愿和需求，并根据投保人将要支付的保费针对某项特定保险产品做出建议并就上述建议详细说明理由，为其推荐合理的保险产品。"

险人仍需要履行说明义务，具体包括以下两种情况。

1. 特殊情况之一：保险合同转换

保险合同的转换包括两种类型：一是旧保险合同转换为新保险合同；二是电子保险合同转换为纸版保险合同。

如果在保险合同成立之后，需要将旧保险合同转换为新的保险合同时，保险人需要说明旧保险合同和新保险合同中保险人所负担的保险责任的变化，尤其需要对转换后保险人承担的保险责任进行说明。如果转换后的保险合同中涉及保险人免责的情形，则需要对这些免责情形进行明确说明。如我国保险公司推出的医疗保险产品，通常采取"余年续签，患病排除"的方式，这样一旦被保险人在保险期间内患了某种疾病，保险公司理赔后会将该种疾病排除在承保范围之外。在将已有的保险合同转换为新的保险合同时，保险公司需要对之前在承保范围内，此后被排除在承保范围以外的疾病进行明确说明。

保险合同转换也包括从电子合同转为纸版合同。互联网时代，以电子合同形式投保的情形越来越多。保险公司一般会在网页上将保险合同条款加以公示，投保人依据保险公司网页的引导完成电子保险合同的签订，根据险种的不同，不同的保险公司也会将纸版保险合同条款邮寄至投保人填写的地址处，这样就产生了保险合同由电子合同转换为纸版合同的问题。依据说明义务履行的时间要求，在电子合同中保险人需要就免责条款加以明确说明，通常是以投保人点击网页、完成电子签名的程序实现的。在纸版合同中，保险人也需要就免责条款进行明确说明，否则容易发生争议。

比如在（2019）豫09民终2032号案件中，作为投保人的当事人就提出如下主张："在投保提示书及电子投保申请确认书上签字，并不证明某保险公司濮阳支公司告知了相应免责、免赔率等保险条款。保险合同生效在先，纸质保险合同在后，王某臣签字时某保险公司濮阳支公司未提供保险条款，免责、免赔率等保险条款不生效。"

法院最终以电子合同作为认定保险公司履行了免责条款明确说明义务的证据，没有采纳该投保人的主张。法院认为，某保险公司濮阳支公司一审提交了人身保险（个险渠道）投保提示书及电子投保申请确认书，被保险人王某臣对该证据真实性无异议。有关意外伤残保险金的条款颜色有加黑，且电子投保申请确认书载明"本人确认某保险公司（以下简称贵公司）及贵公司代理人已提供本人所投保产品的条款，并对条款进行了说明，尤其是对免除保险人责任条款、合同解除条款进行了提示和明确说明。本人对所投产品条款及产品说明书已认真阅读、理解并同意遵守"，投保人在投保申请确认书上手写"本人已阅读保险条款、产品说明书和投保提示书，了解本产品的特点和保单利益的不确定性"，投保人高某某、被保险人王某臣签字确认，足以证明某保险公司濮阳支公司已将相应保险条款向投保人尽到提示和明确说明的义务。王某臣以投保人签字、保险合同成立在先，纸质保险合同交付在后为由，认为某保险公司濮阳支公司未尽到提示和明确说明义务，不能对抗人身保险（个险渠道）投保提示书及电子投保申请确认书的证明效力。

2. 特殊情况之二：中途追加或变更保险合同内容

有一些保险合同是长期合同，在签订保险合同之后，难免会有新的情况发生或需要对已经签订的保险合同承保的内容进行调整或补充等。如保险公司在推出重疾险产品后，鉴于监管规定的变化，扩大了之前重疾险的承保范围。此时，保险公司需要对扩大后的承保范围向投保人进行说明，以使投保人能够明确知悉新的重疾险保障内容。

（二）说明义务的履行方法

履行说明义务，尤其是免责条款明确说明义务的方法，是认定保险公司是否履行该义务的重要方面。一般而言，仅仅有投保人在保险合同文本上的签名不足以认定保险人履行了免责条款的明确说明义务。比如，在（2019）津0116民初61940号案件中，法院判决中载明："被告的主张在其没有提交其他证据的前提下，仅评签字显然不足以证明被告尽到了提示和说明义务。"那么，保险人在履行说明义务时，应当采取何种方法？"书面方式"还是"口头方式"？是由保险人亲自说明，还是委托保险代理人进行说明？

1. 书面方式与口头方式

我国《保险法》第17条规定，保险人必须向投保人"明确说明"，如果保险人在订立保险合同时对保险合同中关于保险人责任免除条款未明确说明的，该条款不产生效力。可见，我国保险法仅就保险人在履行说明义务的程度进行了规定，而没有对说明的方法加以规定。"书面方式"和"口头方式"都是符合法律规定的履行说明义务的方法。

但是为了避免日后发生纠纷时没有证据来证明保险人已经履行了说明义务，一般保险公司都会在投保人进行投保时，投保单上设有保险人进行说明的内容，在向投保人进行说明之后，要求投保人署名表示保险人已经进行了说明。

我国《保险法解释（二）》对保险人履行明确说明义务的方式作出了指引性质的规定，该解释第11条规定："保险合同订立时，保险人在投保单或者保险单等其他保险凭证上，对保险合同中免除保险人责任的条款，以足以引起投保人注意的文字、字体、符号或者其他明显标志作出提示的，人民法院应当认定其履行了《保险法》第十七条第二款规定的提示义务。保险人对保险合同中有关免除保险人责任条款的概念、内容及其法律后果以书面或者口头形式向投保人作出常人能够理解的解释说明的，人民法院应当认定保险人履行了《保险法》第十七条第二款规定的明确说明义务。"

《保险法解释（二）》第 13 条规定，保险人对其履行明确说明义务负举证责任。投保人对保险人履行本解释第 11 条第 2 款要求的明确说明义务在相关文书上签字、盖章或其他形式予以说明的，应当认定保险人履行了该项义务，但另有证据证明保险人未履行说明义务的除外。

法国保险法律规定保险人履行说明义务应当采用书面方式，《法国保险法》L. 11-2 条规定，有关对保险人免责事项以及担保的内容进行明确说明的说明资料（说明书）应当附加在保险合同书（le projet de cont pat）之中，并交付给投保人。该法还规定，上述的说明资料在交付给投保人时，要求投保人承认该说明资料在保险合同缔约之前已经领受到，并要求署名和签署日期。同时，该信息应该记载在保险单的底部。

2. 亲自说明与代理说明

保险公司对风险的厘定是根据大数法则进行的，保险合同承载的保险产品销售数量都是天文数字，保险经营者不可能亲自签署每一个保险合同，保险产品的销售基本上是通过保险公司的员工、个人保险代理人、保险代理公司以及保险经纪公司等渠道进行的。因此，保险人履行说明义务，都是经由销售过程中的具体营销人员予以实施的。

实践中还存在一种代理说明的情形，即由非保险代理机构，以出售会员服务卡等形式销售保险产品的，该机构向会员进行的说明也属于代理说明的范围。保险公司对此类提供会员服务卡的方式销售的保险产品需要承担说明义务，代理机构是否履行说明义务，是保险公司是否履行说明义务的直接依据。

如在（2019）冀 0132 民初 342 号案件中，安享公司（非保险代理机构）向外销售安享会员卡，该卡的购买者成为安享公司的会员，享受多种服务。附赠某保险公司与保险代理股份有限公司合作提供的汽车座位保险。在认定保险公司是否履行免责条款明确说明义务的时候，安享公司认为，原告在提交个人信息之前在网站会有保险公司的相关条款及保险责任、免责，理赔须知的相关信息，原告在提示确认后才可进行投保信息的提交，在提交之前所有会员对保险责任、责任免除等相关条款提示均已了解。法院根据某保险公司提交的投保流程彩页，判定："仅能证明在网络投保页面对免责事由进行了提示，并不能证明就保险责任、免责条款等对原告尽到了明确说明义务。"

3. 被动式说明与自发式说明

保险人在履行说明义务时，是"自发的、积极的"，还是"被动的"。所谓"自发的、积极的"就是保险人在履行该义务时，不需要外来的推动或请求，而是主动的履行该义务。"被动的"是指保险人在履行义务时受到外来因素的影响，进而被动地履行该义务。

由于保险人的说明义务属于"法定义务"，不需要投保人进行询问或要求保险人进行说明。因此，保险人履行说明义务不应当出于"被动"，而应当是"自发的、积极的"行为。

（三）说明义务的履行主体

说明义务应当由谁来履行？依据我国《保险法》第17条的规定，应当由保险人履行。在保险实践中，常常由中介机构代理保险公司进行保险销售，具有代理权限的保险代理公司以及保险经纪公司应否成为履行说明义务的适格主体？

1. 保险公司

保险公司是法律规定的履行说明义务的适格主体，这一点不容置疑。问题在于，保险人不可能与所有投保人实施签约行为，也无法亲自或直接向投保人履行说明义务，而必须由其工作人员或委托代理人履行该义务。我国的大多数保险公司没有实行员工制度，而是将销售保险产品的代理权中的部分权限委托给了个人保险代理人。在此保险实践背景下，虽然说明义务的履行主体是保险公司，但是实际上具体履行说明义务的主体是具有代理权限的保险代理人。个人保险代理人是否具有说明义务的代理权限，下文分析。

2. 保险代理公司以及保险经纪公司

保险代理公司以及保险经纪公司在销售保险公司的保险产品时，和被代理的保险公司或与之交易的保险公司之间都负有代表保险公司履行说明义务的责任。

保险公司将保险产品的销售委托给保险代理公司进行，保险代理公司与保险公司之间是保险代理和被代理的关系。说明义务是保险销售的一个重要环节，说明义务也应当包含在委托业务之中。可见，保险代理公司是说明义务的履行主体。

保险经纪公司是运用保险知识和技术，根据投保人的需求，为投保人设计或寻找合适投保人的产品，在保险合同签订的过程中，代表投保方同保险公司进行具体交涉的主体。理论上保险经纪公司是投保方的代理人，但是在保险实务中，保险经纪公司在代理投保人进行投保时所执行的功能与保险代理公司没有本质的差异。当投保人将投保的事务委托给保险经纪人之后，保险经纪人根据投保人的需求为投保人寻找合适的保险产品，而后与保险公司进行交涉，为投保人办理投保手续。在办理投保手续时，原本应当由保险人履行的说明义务，由保险经纪人向投保人履行。可见，保险经纪公司是说明义务的履行主体。

（四）说明义务的对象和内容

保险人履行说明义务的对象是什么？如何确定说明义务的范围？什么样的内容属于必须说明的内容？这是履行说明义务的关键问题。我国《保险法》第17条第1款明确规定，说明义务的对象是保险的"格式条款"，第2款规定，如果对"免除保险人责任的条款"不进行提示和明确说明，则该条款不产生效力。可见，我国保险法规定的说明义务侧重于"免责条款"。

如何判定免责条款的范围，是否仅以保险合同条款中规定在"免责条款"的章节的内容为限？从合同约定内容判断，隐含在其他条款之中，实际上免除保险人责任的条款是否属于保险法规定的"免除保险人责任的条款"？《保险法解释（二）》以司法认定标准，对此做了进一步的规定。该解释第9条规定：保险人提供的格式合同文本中的责任免除条款、免赔额、免赔率、比例赔付或者给付等免除或者减轻保险人责任的条款，可以认定为《保险法》第17条第2款规定的"免除保险人责任的条款"。保险人因投保人、被保险人违反法定或者约定义务，享有解除合同权利的条款，不属于《保险法》第17条第2款规定的"免除保险人责任的条款"。第10条规定，保险人将法律、行政法规中的禁止性规定情形作为保险合同免责条款的免责事由，保险人对该条款作出提示后，投保人、被保险人或者受益人以保险人未履行明确说明义务为由主张该条款不生效的，人民法院不予支持。

（五）适当履行免责条款明确说明义务的案件举例

在（2019）豫1303民初1277号案件中，法院认定保险公司适当履行免责条款明确说明义务。保险公司在庭审过程中提供了如下3个方面的证据：

（1）（投保人）在电子投保申请确认书、人身保险（个险渠道）投保提示书签字确认其已阅读保险条款、产品说明书和投保提示书；

（2）保险公司对免除保险人责任条款、合同解除条款进行了明确说明。被告保险公司在合同中将该免责条款进行了加粗、加黑及灰色背景标注；

（3）保险公司进行电话回访确认电子投保申请确认书、人身保险（个险渠道）投保提示书系原告本人所签，其已了解保险责任和责任免除。

四、违反说明义务的法律后果

（一）违反免责条款说明义务的法律后果

我国《保险法》第17条第2款规定了违反免责条款说明义务的法律后果，保险合同中规定有关于保险人责任免除条款的，保险人在订立保险合同时应当向投保人提示并明确说明，未作提示或者明确说明的，该条款不产生效力。可见，违反免责条款说明义务的法律后果是免责条款不产生效力。

（二）违反一般保险合同条款说明义务的法律后果

我国《保险法》第17条第1款规定："订立保险合同，采用保险人提供的格式条款的，保险人向投保人提供投保单应当附格式条款，保险人应当向投保人说明合同的内容。"但是，我国保险法对保险人违反免责条款以外的一般保险合同条款说明义务并未规定明确的法律后果。一般投保的保险实务操作程序中，投保人在递交投保单时往往得不到完整的保险合同条款，得到的只是某险种的宣传资料或介绍资料，在投保人缴纳保险费一段时间以后，才能获得保险合同文本（采取网络、电话等方式订立保险合同的，其保险合同条款体现为网页、音频、视频等形式）。有些保险公司销售保险产品，甚至只交付写有保险产品名称以及保险金额等简要信息的文本材料，并不提供完整的保险合同条款文本。实践中，许多车险产品的销售均如此。一旦投保人以保险人未履行免责条款明确说明义务为由要求保险公司进行理赔，保险公司拒赔而发生纠纷进行诉讼时，保险公司败诉的可能性极大。

第二章 免责条款明确说明义务法律适用的顺位和范围

第一节 法定免责与约定免责的法律适用顺位

一、《保险法》第45条与第17条法律适用的顺位

我国《保险法》第45条规定："因被保险人故意犯罪或者抗拒依法采取的刑事强制措施导致其伤残或者死亡的，保险人不承担给付保险金的责任。投保人已交足二年以上保险费的，保险人应当按照合同约定退还保险单的现金价值。"这一规定与我国《保险法》第17条的保险人说明义务以及免责条款明确说明义务的规定在法律适用的顺位上，实际上是法定免责优先适用的关系。一旦能够证明法定免责事由的存在，可以适用第45条的规定，就无须再证明保险人是否履行了免责条款的提示和明确说明义务。

但是，由于该规定的位置处于人身保险合同一节，财产保险中无法直接援引该规定作为对抗投保人的制度工具，导致在诸多财产保险中，尤其是在机动车第三者责任险中，即使存在被保险人醉驾的事实，也无法援引第45条作为抗辩依据。只能回到第17条的适用框架之中去，而如果保险公司一旦没有对免责条款进行提示或者明确说明，即使被保险人醉驾肇事，保险公司依然必须承担给付保险金的责任。[①]

不为犯罪埋单，是保险法制的必然要求。保险公司费率厘定必须遵守，将犯罪行为剔除出作为保险费率厘定基础的大数法则之外，否则无论何种险种，都与保险法制相违背。投保人没有支付相应保险费，对应的风险部分就不应该被保障，免责条款的约定都是在此前提之下。实际形成一个立体顺位的法律适用逻辑。将违反公序良俗、法律禁止性规定的行为列为不保风险，应是世界各国保险制度的应然要求。

---

① "醉驾发生交通事故，保险公司赔不赔？"，https://mp.weixin.qq.com/s/WGOV4gm0iU0bIhc P4dXO7A，2020年8月9日访问。

我国《保险法》将45条限于人身保险一节，导致该条的立法理念无法在财产保险之中运用。立法本身理念不通，导致法律适用时的局限。逾越立法缺陷的唯一路径恐怕是谨守保险原理，回到宏观保险制度存废基础，以及诚信原则，公共利益保护的规定，同时类推适用第45条，才是进路，亦是出路。

二、案件举例

2017年6月，赵某驾驶甲公司的泸牌车与黄某驾驶乙公司的粤牌车发生碰撞，造成车辆损坏的交通事故。经鉴定，赵某属于醉驾，交警认定赵某负全部责任，黄某无责任。泸牌车在A保险公司处投保了交强险及商业责任险，粤牌车在B保险公司处投保了商业责任险，商业责任险承保险种包括机动车损失险、第三者责任险等，事故发生时间在保险期间内。

发生交通事故后，B保险公司向乙公司理赔粤牌车的维修费及施救费共计75 584元。B保险公司认为其享有保险代位求偿权，故诉至法院，请求赵某、甲公司、A保险公司共同向其支付75 584元及利息。

A保险公司则主张，其和甲公司在保险合同免责条款中约定："下列情况下，不论任何原因造成被保险机动车的任何损失和费用，保险人均不负责赔偿：……（二）驾驶人有下列情形之一者：……2. 饮酒、吸食或注射毒品、服用国家管制的精神药品或者麻醉药品……"该责任免除条款以加黑加粗字体特别标注。而此次事故发生时，赵某存在饮酒（且醉酒）后驾驶的情形，因此其有权拒赔本案的财产损失。

一审、二审法院均作出了不利于保险公司的判决，其依据在于：《保险法解释（二）》第10条规定："保险人将法律、行政法规中的禁止性规定情形作为保险合同免责条款的免责事由，保险人对该条款作出提示后，投保人、被保险人或者受益人以保险人未履行明确说明义务为由主张该条款不生效的，人民法院不予支持。"根据上述司法解释的规定，即使将法律、行政法规中的禁止性规定情形作为保险合同免责条款的免责事由，保险人仍负有就该免责条款对投保人进行提示的义务。

这一判决结果令保险公司叫苦不迭，我们可以对本案做双向的审视：一方面，保险公司应当从中吸取教训，加强对保险合同条款的提示以及对免责条款的明确说明；另一方面，我国《保险法》第45条以及第17条的法律适用位阶应该被思考。如果在财产保险中增加对犯罪行为不予以保险的规定，不仅可以解决此类案件的法律适用问题，更可以使保险法律的规定更加符合保险法制的整体需求。

第二节 免责条款明确说明义务的适用范围

保险合同形式变化多端，主合同、附加合同以及特别约定在承保范围、免责范围上常常存在差异。法律实务中，常常需要甄别何种情况构成实质免责，作为是否适用免责条款明确说明义务的前提，现举出一个例子予以说明主合同、附加合同与特别约定不同时是否适用免责条款明确说明义务。

2020 年，一则"200 亿黄金变黄铜"① 的案件进入各大媒体视野，其中涉及的保险问题众说纷纭，保险公司是否应当赔付？保险合同的性质究竟是什么？信托公司是否有权向保险公司请求保险金？案涉黄金加工厂、信托公司、银行等各方主体法律权利义务关系如何界定？案情错综复杂，莫衷一是。虽然整个事态仍在发展之中，依据既有的媒体公布的材料，其中涉及的保险理赔问题已经明晰。案件的争议焦点集中在特别约定条款的解释问题。

一、案件基本事实②

（一）事件的基本脉络

（1）据财新记者报道，2015 年起，武汉金凰以"黄金质押 + 保单增信"的融资模式，开出了 74 笔、300 亿元的保单，获得来自金融机构的融资 200 亿元；自 2019 年下半年起，武汉金凰资金链断裂，债务发生违约。2019 年 12 月 27 日，信托机构依照合同向武汉金凰发送《贷款提前到期通知书》，宣布相关融资提前到期，并以武汉金凰为被告，起诉至武汉市中级人民法院，并申请法院依法对部分质押黄金进行了查封。2020 年 5 月 16 日至 5 月 18 日，武汉市中级人民法院组织评估检测机构对存放于银行保险箱的黄金进行现场评估。武汉金凰未到期的贷款 160.65 亿元，对应质押黄金标的 83.03 吨，涉及 15 家金融机构，并将在 2020 年 10 月全部到期。5 月 22 日，武汉市中级人民法院向信托机构送达检测报告，检测报告显示质押黄金质量和重量不符合保险单约定。

（2）据《财新周刊》报道，截至 2020 年 6 月 11 日，涉及武汉金凰的仍未到

---

① "中国版惊天魔盗团，200 亿黄金变黄铜，人保甩锅，15 家信托将暴雷"，https：//www. toutiao. com/i6844388843659985420/？ tt_from = weixin&utm_campaign = client_share&wxshare_count = 7& from = timeline&timestamp = 1593602926&app = news_article&utm_source = weixin&utm_medium = toutiao_android&use_new_style = 1&req_id = 2020070119284601002607721 72F17220A&group_id = 6844388843659985420，2020 年 7 月 2 日访问。

② 事实梳理人：高雅，吉林大学法学院金融与保险法治研究中心研究生。

期有效保单和涉诉保单 60 笔，保险金额 229.4 亿元。

（3）作为保单受益人的金融机构根据保单特别约定向人保财险提起保险索赔，人保财险认为，目前被保险人武汉金凰并未提出任何保险索赔，信托公司等机构提出保险索赔，不符合保险合同约定。

（4）目前发放贷款的信托机构已经起诉武汉金凰和人保财险，案件正在审理中。根据陕西省高级人民法院于 2020 年 9 月 4 日作出"中国人民财产保险股份有限公司武汉市分公司、中国人民财产保险股份有限公司与长安国际信托股份有限公司财产保险合同纠纷二审民事裁定书"①：中国人民财产保险股份有限公司武汉市分公司（以下简称人保武汉分公司）、中国人民财产保险股份有限公司（以下简称人保公司）不服西安市中级人民法院作出的（2020）陕 01 民初149 号民事裁定书提起上诉，依据的事实和理由如下："1. 长安信托只是作为接受案涉保险合同履行的人，并非合同的权利主体，不享有诉权；2. 本案为财产保险合同纠纷，非一审法院认定的担保合同纠纷；3. 依据《民事诉讼法》第 24 条和第 34 条规定，案涉财产保险合同的约定管辖条款无效"。陕西省高级人民法院经审查认为"1. 长安信托是否享有诉权的问题，不属于管辖权异议审查范畴，本案不予涉及；2. 本案为财产保险合同纠纷；3. 案涉保险合同所附的《特别约定清单》中的约定管辖不违反法律对级别管辖和专属管辖的规定，且不排斥约定管辖，本案诉讼管辖受该约定管辖约束，一审法院对本案享有管辖权。"

（二）双保险融资模式"黄金质押 + 保单增信"

1. 黄金质押

（1）质押物为"83 吨标号 Au999.9 的千足金"。

（2）黄金检验质押流程：涉案黄金从仓库中取出、抽样送检、验金测重、鉴定完成后的运送及密码设定均有保险公司、银行/信托机构、武汉金凰三方人员在场且全程视频录像。

2. 保单增信

保险人为人保财险武汉分公司（主要）和大地财险，武汉金凰为投保人与被保险人，根据特别约定第一受益人为"提供融资的金融机构"。

（1）基本保险条款——经银保监会正式备案的《财产基本险条款（2009版）》。保险合同第 3 条约定："本保险合同载明地址内的下列财产未经保险合同

---

① "中国人民财产保险股份有限公司武汉市分公司、中国人民财产保险股份有限公司与长安国际信托股份有限公司财产保险合同纠纷二审民事裁定书"，中国裁判文书网，https：//wenshu. court. gov. cn/website/wenshu/181107ANFZ0BXSK4/index. html？ docId = a9db3ab9b5c245e9bb59ac5000b7c085，2020 年 10 月 13日访问。

双方特别约定并在保险合同中载明保险价值的，不属于本保险合同的保险标的：
（一）金银、珠宝……"

保险合同第 5 条约定："在保险期间内，由于下列原因造成保险标的的损失，保险人按照本保险合同的约定负责赔偿：（一）火灾；（二）爆炸；（三）雷击；（四）飞行物体及其他空中运行物体坠落。"并附加投保了"盗窃、抢劫扩展条款"。

鉴于上述条款的限制，双方通过增加特别约定的方式，将黄金标的扩展承保。

（2）特别约定清单。第 2 条约定："标的黄金的质量和重量由保险人承保，在受益人需要处置标的黄金时，保险人有义务对受益人予以配合，保险人交付给受益人的标的黄金应经过双方认可的具有黄金鉴定资质的第三方检测机构检测合格（抽样检测）。如质量和重量不符合保单约定，即视同发生保险事故，由保险人承担全部赔偿责任。"

（三）保险承保条款

我们挑选出保险争议最为集中的保单承保条款部分，保险合同条款是中国人民保险集团股份有限公司《财产基本险（2009 版）》，保险公司承保的风险在条款中以下述方式约定：

（1）保险公司的主要保险责任是："在保险期间内，由于下列原因造成保险标的的损失，保险人按照本保险合同的约定负责赔偿：（一）火灾；（二）爆炸；（三）雷击；（四）飞行物体及其他空中运行物体坠落。"

（2）附加了"盗窃、抢劫扩展条款"，扩展承保因盗窃、抢劫发生的损失。

（3）同时，保单中又附加了"特别约定"，载明"标的黄金的质量和重量由保险人承保，在受益人需要处置标的黄金时，保险人有义务对受益人予以配合，保险人交付给受益人的标的黄金应经过双方认可的具有黄金鉴定资质的第三方检测机构检测合格（抽样检测）。如质量和重量不符合保单约定，即视同发生保险事故，由保险人承担全部赔偿责任"。

二、特别约定条款不应当适用免责条款的明确说明义务

回看保险公司提供的保险条款，由主险、附加险以及特别约定 3 个部分组成，全面系统地解读承保条款，并不存在异议。主险和附加险分别解决不同的承保范围，在本案中系属于并列关系：主险承保火灾、爆炸、雷击、飞行物体及其他空中运行物体坠落造成的黄金损失。本案中并无上述这些情形。

附加险扩展承保盗窃、抢劫导致的黄金损失，本案中负责保管保险标的的银行在存储保险标的期间并未发生盗窃、抢劫的事实。

值得一提的是特别约定，是否能够将特别约定单独加以解释成为本案法律适用以及决定保险公司是否理赔的关键。特别约定载明："标的黄金的质量和重量由保险人承保……如质量和重量不符合保单约定，即视同发生保险事故，由保险人承担全部赔偿责任。"

（1）从特别约定的内容本身来看，其特别约定的功能在于强调"保险公司有义务对受益人予以配合"以及强调"保险人交付给受益人的标的黄金应经过双方认可的具有黄金鉴定资质的第三方检测机构检测合格（抽样检测）"。并非割裂地单独表明"如质量和重量不符合保单约定，即视同发生保险事故，由保险人承担全部赔偿责任"。

绝对的、割裂地解释特别约定的字句，认为保险公司应该对所有导致黄金质量和重量不符合保单约定的事故承担责任，不仅与保险精算基础背道而驰，也与一般人的正常认知背道而驰。

（2）从特别约定与保险条款其他部分的关系来看，特别约定附着于保险合同之中，是保险条款的组成部分，并非单独的保险合同。特别约定与主要保险责任条款以及附加险条款是一体的，应当进行体系解释而非割裂的、单独的解释。否则解释结果会荒谬至极以至于不真实、不客观。

特别约定是对主保险条款以及附加保险条款的特别约定，是在主保险条款以及附加保险条款已经确立的承保范围的基础上进行的特别约定。对"质量和重量不符合保单约定，即视同发生保险事故"的解释，是建立在主保险条款以及附加保险条款约定基础之上的，即因为火灾、爆炸、雷击、飞行物体及其他空中运行物体坠落、盗窃、抢劫导致的质量与重量不符合保单约定。换言之，特别约定中的"保单约定"只有一种解释，并非漫无边际包括所有原因导致的黄金质量与重量不符合保单约定。

三、本案折射的免责条款明确说明义务的适用范围

在具体案件的处理过程中，免责条款明确说明义务似乎已经成为支撑投保人诉讼的一大法宝。但是，并非所有类型的保险争议案件均可以依据免责条款明确说明义务加以解决。本节列举的案件就是一个例证：对于关涉保险条款解释的问题，更应当诉诸保险合同的解释方法，然后判定是否存在两种或者两种以上解释，如果存在两种以上解释，再探查适用"疑义不利解释"相关规则的可能性。

在（2019）豫1323民初3448号案件的判决中，也存在类似问题，法院将不利解释和免责条款明确说明两种制度进行罗列，难以界定究竟根据哪一制度作出判决。法院判决中写道："对格式条款有两种以上解释的，应当作出不利于提供格式条款一方的解释……"的规定，保险人对保险合同中的免责条款负有提示

和明确说明义务，条款内容涉及专业术语时，说明义务的履行应当达到普通人通常情况下能够明白地知晓免责条款的内容、含义及法律后果的程度。

除此之外，司法实践中还常常出现《保险法》第 17 条与《保险法》第 19 条（格式条款法定无效的规定）交叠适用的问题。比如，在（2019）豫 1502 民初 5929 号中，被告保险公司在保险合同条款中限制被保险人采取特定的治疗方式，并将其作为是否支付保险金的条件，法院以这一条款属于免责条款，保险公司没有向投保人作出提示以及明确说明为由裁定该条款无效，进而判决保险公司向被保险人支付保险金。但是，在健康保险中，限制特定治疗方式的条款，因其实质上排除投保人、被保险人享有的医疗治疗方式选择权，应当属于《保险法》第 19 条规定的法定无效条款。

第二编
保险合同免责条款
典型案例评析

第一章 健康保险免责条款典型案例评析

第一节 被保险人未选择指定治疗方式
保险理赔纠纷案

投保人出于自身健康考虑选购了寿险公司的重大疾病保险，其目的是确保自己在万一患上重大疾病或疑难杂症时，可以获得一份经济上的保障，不至于"因病致贫"或"因病返贫"。多少家庭因一人得重病而掏空全部家资，一夜致贫。尽管人人都有医保，但是医保具有覆盖面广、保障水平低的特征。因此，需要商业健康保险，特别是重大疾病保险类的保险产品作为社保的补充，为人们提供更加充分的医疗健康保障。

如果有人在投保寿险公司的重大疾病保险一年后被确诊为脑肿瘤，因遵照医嘱没有采用手术以及放射性治疗的手段，而是采取了药物治疗的保守疗法，可是他在向保险公司申请理赔时却遭受拒赔。那么，保险公司的拒赔理由是什么呢？保险公司称，其拒赔理由早就写在保险条款中：采用手术以及放射性治疗才能理赔，药物治疗拒赔。但是这些信息均是投保人事先完全不知情的。以下本书通过一个具体的案例，（2018）京04民终第165号案件，揭示保险公司此种拒赔理由的理论构造，分析投保方对保险保障功能实施的期待，以及此类案件的正确走向。

一、案情概要

（一）案件基本事实

2017年3月，王某作为投保人和被保险人在某保险公司购买两全保险和附加提前给付重大疾病保险，主险和附加险保险金额均为22万元，保险期间为终身。所谓的提前给付为：被保险人患任何一种附加险所列轻症疾病，只要确诊后，不用等疾病治疗结束，保险公司即可给付附加险保险金额20%的轻症疾病保险金。

2018年2月，王某以被医院确诊为脑垂体瘤，该症属保险合同约定的轻症疾病为由，要求保险公司给付轻症疾病保险金44 000元（22万元的20%），并要求豁免该保险合同项下主险和附加险的续期保险费。某保险公司以王某未达到疾病标准为由拒赔后，王某诉至法院。

案涉重大疾病9.5条和9.5.6条内容如下，保险条款9.5条约定："轻症疾病指下面列出的50种轻症疾病"，保险条款9.5.6条约定："脑垂体瘤、脑囊肿"指经头颅断层扫描（CT）、核磁共振（MRI）或其他影像学检查被确诊为下列病变，并实际接受了手术或放射治疗：（1）脑垂体瘤；（2）脑囊肿。

（二）保险公司主张

某保险公司作为本案被告及被上诉人的主张及理由如下：

原告向被告某保险公司申请理赔，被告出具理赔批单，内容为，因被保险人本次所患疾病未达到轻症诊断标准，不予以赔付，保险责任继续有效。

根据保险合同约定，王某的病症没有达到轻症标准。保险条款中关于手术和放射性治疗规定与王某所说治疗方式限定没有任何关系。作为保险合同认定标准，重大疾病保险定义适用规范中很多疾病都是将治疗手段作为疾病的认定标准，这种标准已经综合考虑了保险原理和医疗规律，一种疾病设定一定赔付条件与医疗规律并不矛盾，合同约定赔付条件与治疗方式的原则属于不同的问题，王某是在偷换概念。

其作出拒赔的结论依据是：根据保险合同的约定，必须要满足两个条件，才能达到轻症的标准，才符合保险合同约定的责任。手术从侧面反映这种疾病的严重程度，如果说脑垂体瘤到一定的严重程度是需要手术治疗的，这也是进行保险产品设计的时候做了充分的考虑，是费率厘定的重要依据。至于什么样的治疗方式，是一种合同的约定。中国保险行业协会和中国医师协会联合制订的25种疾病当中有一项良性脑肿瘤，必须满足下列至少一项条件即实施了开颅手术或对脑肿瘤进行放射治疗。轻症疾病规定属于保险责任条款，不属于免责条款，并且关于治疗方式的约定是双方关于保险责任的具体约定。

（三）对方当事人主张

王某作为本案原告及上诉人的主张及理由如下。

王某的主要请求："1. 判令某保险公司给付轻症疾病保险金44 000元；2. 判令王某自2018年2月2日起不再交付续期保险费。"

（1）本案格式合同轻症脑垂体瘤条款中列写"并实际接受了手术或放射性治疗"以限定治疗方式免除保险责任。该条款无效，一审法院没有予以认定是错误的。某保险公司制订的重大疾病保险格式条款9.5.6中关于"并实际接受了手术或放射性治疗"的规定不属于对疾病症状、病情程度的解释和描述，是对王某患病时治疗方式的限定，该条款不符合医疗规律，违背保险合同签订的目的，违背了《保险法》第19条约定，应认定该条款无效。

（2）王某病症达到诊断为一种轻症的标准，在保险合同保险范围内。某保险公司认可王某患脑垂体瘤，合同中对脑垂体瘤又没有约定其他病状程度条款。手术治疗或放射治疗与病情程度无关，用药物治疗与病情程度也无关。病重，甚至达到生命垂危患者不一定选择实施手术或放射性治疗。不论是医院建议的方案，抑或是王某自主选择的方案，均是王某根据自身病情作出的认为最佳方案的选择。王某治疗疾病不会考虑保险利益，不会为了获取保险利益选择手术治疗或放射性治疗方式。

当王某没有采取限定治疗方式时，不应认定王某病症没有达到诊断为轻症的标准。其所患脑垂体瘤是否严重，不应根据是否进行手术或放化疗来认定。保险合同中格式条款对被保险人患病时的治疗方式作出限定，既不符合医疗规律，也违背保险合同签订的目的。被保险人有权根据自身病情自主选择治疗方式，而不必受保险合同关于治疗方式的限制。保险人以限定治疗方式来限制原告获得赔偿的权利，免除自身保险责任，根据《保险法》第 19 条的规定，该条应该认定为无效条款。被告不能因原告没有选择保险合同指定的治疗方式而免除赔偿责任。关于原告病情的程度问题，病历中记载手术对脑垂体周围创伤较大，建议药物治疗，医生对手术或者放化疗的意见是不宜采取手术的方法，这种治疗方式与原告的病情程度没有关联性。

（四）裁判要旨

1. 一审法院裁判要旨

（1）2017 年 3 月 24 日，原告王某作为投保人和被保险人在被告某保险公司投保人寿保险，险种为重大疾病保险，基本保险金额 22 万元，交费年期 20 年，保险期间为终身。

（2）2018 年 1 月 26 日至 2018 年 2 月 2 日，原告在天津市某医院入院治疗，入院诊断为患"鞍区占位垂体瘤"，结合具体功能检查考虑微腺瘤可能性大，肿瘤体积较小，手术对周围垂体创伤较大，医生建议药物治疗。向家属交代病情及治疗方案后，家属同意治疗方案。出院诊断为患"垂体微腺瘤（泌乳素型）"，遵医嘱出院后继续药物治疗。原告表示，因其上述疾病未实施手术或放射治疗。原告此次住院花费医疗费 8 258.04 元。

裁判理由在于：原告王某与被告某保险公司之间的保险合同系双方当事人真实意思表示，不违反法律法规的强制性规定，合法有效，一审法院予以确认。一审案件争议的焦点为原告所患疾病是否在一审案件所涉保险合同的保险范围内。根据保险条款约定，属于保险范围内的 50 种轻症疾病中包括的"脑垂体瘤、脑囊肿"是指"经头颅断层扫描（CT）、核磁共振（MRI）或其他影像学检查被确诊为脑垂体瘤、脑囊肿，并实际接受了手术或放射治疗"的疾病。该约定内容属于保险人与被保险人对保险责任范围的约定，亦即保险人只承担因手术或放射治疗情况下的脑垂体瘤的保险责任，对以药物治疗的脑垂体瘤不承担赔偿责任，该约定为保险范围的约定，不属于免责条款。原告主张该条款系限制原告获得赔偿的权利、免除被告自身保险责任，故应认定为无效条款，依据不足，一审法院不予采信。一审案件中王某所患的脑垂体微腺瘤是脑垂体瘤的一种，可经过手术治疗、放射治疗、药物治疗等治疗方式。诚然，患者在选择疾病治疗方式上有一定的自主权，但一审案件中，医疗机构在对王某病情的严重性作出专业判断后作出治疗建议，王某系遵医嘱选择药物治疗方式，现原告王某主张其选择的治疗方式与病情程度没有关联性，不受争议保险合同条款的限制，依据不足，一审法院不予采信。综上，王某所患疾病不在一审案件所涉保险合同的保险范围内，故对原告王某的诉讼请求，一审法院不予支持。

2. 二审法院裁判要旨

王某与某保险公司之间的保险合同系双方当事人的真实意思表示，不违反法律法规的强制性规定，合法有效。本案的争议焦点可确定为某保险公司应否为王某所患疾病承担保险责任。保险合同约定"经头颅断层扫描（CT）、核磁共振（MRI）或其他影像学检查被确诊为脑垂体瘤、脑囊肿，并实际接受了手术或放射治疗"，该条款是对保险责任范围的约定，不属于免除保险人责任条款。故王某主张该条款系以限定治疗方式免除保险责任，应为无效条款的上诉意见，缺乏事实及法律依据，法院不予采信。一审法院关于王某所患疾病不在本案所涉保险合同的保险范围内的认定并无不妥之处。故对王某的上诉请求，法院不予支持。

上诉人王某与被上诉人某保险公司人身保险合同纠纷一案，因没有新的事实、证据和理由，故不开庭进行审理，审理终结。

综上所述，王某的上诉请求不能成立，应予驳回；一审判决认定事实清楚，适用法律正确，应予维持。

（五）问题焦点

本案法院归纳争议焦点有二：

（1）保险条款关于治疗方式的规定是否符合重大疾病保险的原理？该免责部分是否属于免责条款？

（2）本案的情况是否适用豁免保费的规定？

本案关键点在第一争议的焦点，第二争议的焦点是跟随第一争议的焦点判定的。因此，本书将围绕第一争议的焦点展开分析。

二、第一个争议焦点保险公司的答辩理由

（一）保险责任限定不同于责任免除

保险公司认为：一些保险条款规定的疾病，不但包括疾病状态，还包括治疗

方式，不同于医学上界定的疾病。

王某的疾病状态，因未进行手术，不符合保险条款规定的疾病定义。认为王某提出的"脑垂体瘤不应根据是否进行手术或放化疗来认定"看似有道理，是混淆了医学上关于疾病的认定与保险合同关于该疾病是否应承担保险责任的认定。

保险公司声称如不对赔付条件进行限制，不但存在道德风险，保险公司的赔付率也将大大提高，最终将影响该保险产品的保险费率。

（二）治疗方式的约定不属"免除保险责任的条款"

保险公司认为：从法律规定的角度，具体的治疗方式的约定也不应界定为免责条款。并以《保险法解释（二）》第9条规定，保险人提供的格式合同文本中的责任免除条款、免赔额、免赔率、比例赔付或者给付等免除或者减轻保险人责任的条款，可以认定为《保险法》第17条第2款规定的"免除保险责任的条款"作为上述结论的依据。

同时认为：为明确保险责任范围，很多保险产品均设定一些限定条件，如观察期、治疗方式等。如将保险责任条款界定为免责条款作无效认定，从短期看维护了被保险人的利益，从长期看伤害的是保险行业的健康发展。

三、案件评析

（一）保险免责条款的定义

所谓保险免责条款，就是保险人不承担保险责任，并根据法律或保险合同的合法约定而免除保险责任的相关条款。

从逻辑上讲，保险合同中约定了保险人承担保险责任的部分，不承担保险责任的部分就是免责部分。不论其是在保险条款中冠有"责任免除"的小标题下罗列的条款，还是分散在各个保险条款中的规定，只要涉及保险人不承担保险责任的，均应视为保险责任免除规定条款。不能将冠有"责任免除"的小标题下罗列的条款才认定为"免责条款"，这是从保险诞生那天起，世界各国均认可的保险经营惯例。以本案中保险条款的2.2条为例："在本附加险合同有效期内，我们承担如下保险责任：轻症疾病保险金，若被保险人于本附加险合同生效或最后一次复效之日起90日内（含第90日）因意外伤害以外的原因经专科医生明确诊断罹患本附加险合同所列的轻症疾病（见9.5）的一种或多种，我们不承担该种轻症疾病的保险责任，该种轻症疾病的保险责任终止。"

本书认为，上述保险条款约定中，至少存在以下两方面的问题：

（1）90天等待期内保险公司免责，属于免责部分，理应放在免责条款部分，并向投保人明确说明90天等待期保险公司免责的内容。该保险公司将本应放入免责条款部分中的内容，放到了保险责任范围条款之中，混淆了保险责任约定同免责约定的条款性质。存在规避法律和司法解释规定的对免责条款需履行的说明义务之嫌。

（2）90天等待期，保险公司是收取投保人保费的，却以格式化条款方式单方面规定不承担责任，有违保险合同的双务性原则。

因此，该公司对保险免责条款的理解有误。"保险责任限定不同于责任免除"这句话本身是违反逻辑的，首先，"保险责任限定"的概念与"不承担保险责任限定"不是同一概念，是偷换概念。根据上述的解析可以认为，"不承担保险责任的限定"就是"除外责任"，换言之就是"责任免除"。

（二）"保险条款规定的疾病不同于医学上界定的疾病"辨析

保险公司认为：保险条款规定的疾病，不但包括疾病状态，还包括治疗方式，不同于医学上界定的疾病。这一主张不能成立，原因如下。

（1）目前市场上销售的保险，其保险条款的制订都没有经过保险当事人共同约定，而是由保险公司单方面编制的格式性条款。这些条款虽然经过保险监管机构的批准或向其报备，但不等同于双方当事人意思表示完全一致的约定内容，若有明显不利于投保人方的条款，依据保险法有关"疑义不利解释"的规定，法官或者仲裁机构应当作出有利于投保方的解释。

（2）重大疾病保险条款中约定的疾病，如果与医学上界定的疾病不同，而是依据保险公司的意愿，重新打造一种有关疾病，那么至少有两个问题需要保险公司予以明确说明：①保险公司所打造的新的疾病概念是否经过当事人双方协商？②作为当事人一方的投保人，是否在投保时已经知悉保险条款有关疾病的约定内容？若要求所有投保人都精通保险，研究保险几十年再来购买保险，是否过于苛刻？保险从其诞生之日起，就是按照人们普通生活和商业生活的模式构建起来的，按照一般民众的需求，承担投保群体生活中的风险，疾病保险同样如此。保险公司承保的重疾险，应当建立在社会对疾病的普遍认识和了解的基础上，与目前医学上认定的疾病概念和范畴保持一致，而非重新打造一个新的概念和范畴。毕竟不论通过定额方式还是补偿方式，保险就是对人们遭遇风险后的经济损失的补偿机制。

在本案中，被保险人在医院确诊患有肿瘤的情况下，不论采取手术、放射性治疗、还是遵照医嘱使用药物进行保守治疗，都是医生和患者之间达成的治疗方案，其目的均是消除已经确诊的疾患。如果，强调某种治疗方式能理赔，而其他方式不能理赔，这不是一种科学的保险条款的制定方法，有违医学、有违投保人的投保初衷。因此，既然保险产品是根据大众需求设计和厘定费率的，虽然保险公司排除治疗方式的条款具有费率厘定基础，其实际做法是将厘定肿瘤手术治疗风险的具体风险率（10 年以上的全国数据）、厘定肿瘤放射性治疗风险的具体风险率（10 年以上的全国数据），以及药物保守治疗风险的具体风险率（10 年以上的全国数据）进行综合考量，进而在保险产品中将药物保守治疗风险的具体风险率排除掉。但是，保险产品以及保险条款的设计应当根据投保群体的需求进行，保险费率的制定也应当符合投保群体以及一般大众对特定保险产品的常识性期待。否则，保险公司应当说明该产品的费率厘定基础。但是这在保险实践中是不可能的，一方面，保险公司很难控制保险销售的全过程；另一方面，即使保险公司能够将保险费率的厘定基础向所有投保人进行说明，投保人的理解能力也很难达到理解复杂的精算原理的水平。

同时，保险经营是根据大数法则而建立起来的，保费的厘定必须根据历史上的特定疾病的发生率和治愈率等大数据来进行，一般不会细分到使用哪种治疗方法的历史数据、大数据来具体厘定上百种重大疾病的各种治疗方法。因为，大数法则本身就是根据风险发生的概率来厘定风险发生率，来计算每个投保人需要缴纳多少保费，才能使风险发生后的补偿或理赔费用和其他费用与保险保持平衡状态，不至于实际发生风险过大，收取保费不足而造成该产品无法经营下去的后果。

可见，保险产品设计如果脱离了上述投保群体的需求，在保险条款的概念使用以及文字表达上采取大众所不理解的疾病概念，追求尽量减少理赔支出，实在是违背了保险产品设计的初衷，进而有违投保群体的期待，以至于产生很大争议。

四、对保险公司保险条款 2.2 条的质疑

（一）重大疾病保险条款 2.2 条内容

本案中，保险条款约定的保险责任包括："在本附加险合同有效期内，我们承担如下保险责任：轻症疾病保险金，若被保险人于本附加险合同生效或最后一次复效之日起 90 日内（含第 90 日）因意外伤害以外的原因经专科医生明确诊断罹患本附加险合同所列的轻症疾病（见 9.5）的一种或多种，我们不承担该种轻症疾病的保险责任，该种轻症疾病的保险责任终止。

若被保险人因意外伤害，或于本附加险合同生效或最后一次复效之日起 90 日后因意外伤害以外的原因，经专科医生明确诊断初次罹患本附加险合同所列的轻症疾病的，我们将额外按本附加险合同基本保险金额的 20% 给付轻症疾病保险金。

每种轻症疾病只给付一次轻症疾病保险金，给付后该种轻症疾病的保险责任终止，若被保险人同时患有两种及两种以上轻症疾病的，针对每种轻症疾病将给

付一次轻症疾病保险金；本附加险合同的轻症疾病保险金累计给付以五次为限，当累计次数达到 5 次时，本保险责任终止……

轻症疾病豁免保险费，如被保险人因意外伤害，或于本附加合同生效或最后一次复效之日起 90 日后因意外伤害以外的原因，经专科医生明确诊断初次罹患本附加险合同所列的轻症疾病的，我们将豁免本附加险合同及主险合同自轻症疾病确诊之日起的续期保险费，本附加险合同继续有效。"

（二）保险条款 2.2 条约定的评析

（1）90 天等待期内保险公司免责的约定属于免责部分，理应放在免责条款部分，并向投保人明确说明 90 天等待期保险公司免责的内容。

（2）90 天等待期内，保险公司是收取投保人保费的，却以格式化条款方式单方面规定不承担责任，有违保险合同的双务属性。

（3）"轻症疾病保险金只给付一次，给付后该种轻症疾病的保险责任终止"，条款中没有说明，"该种轻症疾病的保险责任终止"续期保费或期内保费是否减额？因为保险是根据患病风险的发生率来预测的，而保费的费率就是根据预测风险率来厘定的，既然排除这种疾病风险，不承担保险责任，那么理应对期内已付保费中的属于该风险承担费率的保费部分退还给投保人。而且在发生续期保费时，应当对上期保费进行减额后收取。

（4）对"累计次数达到 5 次时，本保险责任终止"的约定，主合同和附加保险合同是否全部终止？还是附加重大疾病保险合同终止？并不明确。

（5）"自轻症疾病确诊之日起的续期保险费"，确诊之日可能在保费期内，还不到支付续期保费之时，那么续期保费可以豁免，确诊之日起已经缴纳的期内保费是否可以退还？无法确认其准确含义。

五、结论

综上所述，本案的两级法院并没有根据保险的原理和保险法的规定，以及保险行业的惯例来判断，笔者认为本案应当由保险公司理赔。保险法作为一个独立的部门法，是建立在保险原理基础上的，保险法律制度也是遵照符合保险原理的保险经营实践和惯例设置的，错误和不当的援引民法以及合同法的基本原理就会导致保险法解释和适用的偏颇。同时，保险产品的设计、保险条款的约定内容以及保险费率的厘定基础，应当在遵照保险原理的基础上，与投保群体以及一般大众的常识性认知保持一致。

第二节 以被保险人非初次患病保险理赔纠纷案

一、案情概要

(一) 案件基本事实

蔡某鸿与中达电通股份有限公司系劳动合同关系。2013 年 2 月 28 日，中达电通股份有限公司向被告投保团体人身险，同年 3 月 1 日，被告平安保险上海分公司向中达电通股份有限公司出具一份《投保确认函》，4 月 22 日，被告平安保险上海分公司向中达电通股份有限公司签发团体人身保险保险单，保险期间自 2013 年 3 月 1 日零时起至 2014 年 2 月 28 日贰拾肆时止，被保险人为包括蔡某鸿在内的 1 933 人，受益人法定，其中重大疾病责任险的保险金额为 100 000 元。保险单中的特别约定载明，"＊＊＊刘某阳（身份证号：XXXXXXXXXXXXXXXXXX）不承担疾病身故和重大疾病责任，无其他特别约定"。《平安团体重大疾病保险条款》规定："被保险人经医院确诊初次发生重大疾病的，本公司按其保险金额给付重大疾病保险金，对该被保险人保险责任终止。被保险人在投保前发生重大疾病的，本公司不承担给付保险金的责任"，"重大疾病是指被保险人初次发生符合下列定义的疾病，或初次接受符合下列定义的手术。该疾病或手术应当由专科医生明确诊断。（四）重大器官移植术或造血干细胞移植术：重大器官移植术，指因相应器官功能衰竭，已经实施了肾脏、肝脏、心脏或肺脏的异体移植手术。" 2012 年 8 月 12 日，蔡某鸿因病入院；同年 8 月 15 日，行同种异体 "原位肝移植术"；同年 9 月 12 日，蔡某鸿出院，治疗结果：治愈。2012 年 10 月 18 日，蔡某鸿向被告申请理赔，同年 11 月 7 日，蔡某鸿收到被告赔付的重大疾病保险金 100 000 元。2013 年 5 月 22 日，蔡某鸿因 "肝移植术后 9 月，皮肤巩膜黄染伴瘙痒 4 月" 再次入院，次日，行 "二次原位肝移植术"，出院小结上载明的出院诊断为 "肝移植术后胆道并发症"。

2014 年 10 月 24 日，蔡某鸿死亡。原告叶某芬与蔡某鸿系夫妻关系，原告蔡某行系蔡某鸿与原告叶某芬之子，蔡某远系蔡某鸿的父亲，刘某衡系蔡某鸿的母亲，蔡某远与刘某衡均先于蔡某鸿死亡，两原告系蔡某鸿的法定继承人。

(二) 保险公司主张

蔡某鸿于 2013 年 5 月发生的保险事故不符合保险合同约定的给付保险金的条件，依据《平安团体重大疾病保险条款》第 4 条的规定，蔡某鸿此次患病属于之前所患重大疾病的复发，不符合初次发生重大疾病的条件，故被告不应给付重大疾病保险金。

（三）对方当事人主张

2013 年 3 月 1 日，蔡某鸿通过中达电通股份有限公司向被告投保了团体人身保险，其中重大疾病责任险的保险金额为人民币（以下币种同）100 000 元，保险期间自 2013 年 3 月 1 日零时起至 2014 年 2 月 28 日贰拾肆时止。2013 年 5 月 22 日，蔡某鸿因肝移植术胆道并发症入院，次日，进行了二次原位肝移植术。同年 11 月，蔡某鸿向被告申请理赔，被告以本次患病为前次所患疾病之并发症为由拒赔。两原告遂起诉，请求判令被告给付重大疾病保险金 100 000 元，并按银行同期同档次贷款利率支付自 2013 年 11 月 15 日起至实际支付之日止的利息，诉讼费由被告承担。

（四）裁判要旨

法院审理后支持原告的诉讼请求，判令被告向原告支付保险金人民币100 000 元。

原告认为，被保险人蔡某鸿在新的保险年度内行进肝移植术符合保险条款约定的初次发生重大疾病的情形，应当属于重大疾病险的保险责任范围。两被告认为，2013 年的"二次原位肝移植术"系 2012 年肝移植术后的并发症，并非初次患病，故不属于重大疾病险的保险责任范围。法院认为，根据保险条款的约定，在本合同有效期内，被保险人经医院确诊初次发生重大疾病的，被告按其保险金额给付重大疾病保险金，对该被保险人的保险责任终止。虽然被保险人蔡某鸿在2012 年已行肝移植术，但是在 2013 年 3 月 1 日起至 2014 年 2 月 28 日止的这一保险年度内，被保险人蔡某鸿系初次行肝移植术，符合保险条款约定的在合同有效期内，经医院确诊初次发生重大疾病的情形，故 2013 年的"二次原位肝移植术"属于重大疾病险的保险责任范围。

原告认为，被告在承保前就已经知道被保险人蔡某鸿患重大疾病，仍同意承保，故被告应当予以理赔。被告认为，被告并非以被保险人未履行如实告知义务为由不承担保险责任，且被告已经就该条款的内容向投保人作提示和明确说明，故系争免责条款应当对被保险人发生法律效力，被告不应予以理赔。法院认为，被告于 2012 年 11 月 7 日赔付蔡某鸿重大疾病保险金 100 000 元。2013 年 2 月，中达电通股份有限公司再次向被告投保时，被告应当知道被保险人蔡某鸿在投保前发生过重大疾病，却仍对蔡某鸿予以承保。现被告以被保险人蔡某鸿在投保前发生重大疾病为由拒绝理赔，有违诚信原则，法院不予支持，被告应当依照保险金额给付重大疾病保险金。由于系争保险单未指定受益人，被保险人蔡某鸿死亡后，被告应当向蔡某鸿的法定继承人履行给付保险金的义务。

（五）问题焦点

法院归纳总结本案的争议焦点有两个：

（1）"二次原位肝移植术"是否属于重大疾病险的保险责任范围；

（2）被告能否以被保险人蔡某鸿在投保前已经发生重大疾病为由拒绝给付保险金。

对于第二个争议焦点，属于投保人如实告知义务的讨论范畴，本书集中评述第一个争议焦点，将案件事实与保险公司团体重疾险的约定做对照，以检视本案中"二次原位肝移植"手术是否属于保险产品覆盖的重疾险范围。

二、案件评析

（一）对案件基本事实的回溯和观察

在对案件进行评析之前，我们首先回溯一下基本案件事实。被保险人由其所在单位投保团体重疾险，之后初次肝脏移植后向保险公司申请理赔，保险公司认定符合理赔标准，向被保险人给付保险金。2012 年 8 月 12 日，蔡某鸿因病入院；同年 8 月 15 日，行同种异体"原位肝移植术"；同年 9 月 12 日，蔡某鸿出院，治疗结果：治愈。2012 年 10 月 18 日，蔡某鸿向被告申请理赔，同年 11 月 7 日，蔡某鸿收到被告赔付的重大疾病保险金 100 000 元。

2013 年 5 月 22 日，蔡某鸿因"肝移植术后 9 月，皮肤巩膜黄染伴瘙痒 4 月"再次入院，次日，行"二次原位肝移植术"，出院小结上载明的出院诊断为"肝移植术后胆道并发症"。被保险人再次向保险公司申请理赔保险金遭拒，诉至法院。

被保险人两次申请理赔的依据均为被保险人单位为其投保的"团体重大疾病保险"，在被保险人第一次申请理赔以后，保险公司并没有将其患病的事实以及进行理赔的事实在新一轮的团体重大疾病保险单中加以记载和剔除。［保险单中的特别约定载明，"＊＊＊刘某阳（身份证号：XXXXXXXXXXXXXXXXXXX）不承担疾病身故和重大疾病责任，无其他特别约定"］

我们注意到具体事实的细节部分，获取事实的总体走向：保险公司向被保险人提供团体重大疾病保险，之后被保险人患重疾获得赔付；保险公司连续向被保险人所在单位承保团体重大疾病保险，没有将本案中被保险人剔除；被保险人再次实施肝移植手术，向保险公司申请理赔。

我们再观察被保险人两次手术的联系和病情属性：医学的专业知识笔者不懂，但至少从两次手术的医学最终界定可知，第一次手术被定性为"原位肝移植术"，第二次手术被定性为"二次原位肝移植术"。从一般人对文字的理解，以及常识判断，我们可以得出结论：被保险人两次手术是同质的，第一次肝移植手术发生的"皮肤巩膜黄染伴瘙痒4月"再次入院实施了第二次手术。

（二）保险公司败诉的经营层面原因

顺接前述案件基本事实的回溯以及观察的结果，我们作出以下设问：为什么被保险人第一次手术后没有被纳入"特别约定"的范围？原因可能在于两个方面：第一方面，保险公司认为在合同条款中已经约定了"初次发生符合定义的疾病"才给付保险金，不必将一部分已经做过重疾手术的被保险人剔除出保险理赔范围；第二方面，保险公司核保人员的工作失误，漏掉了被保险人已经患重疾的事实。从给出的事实判断，第二种可能性较大，因为在2013年的团体重大疾病保险单中，已经把对团体中的一个成员以特别约定的形式进行了剔除（至于剔除的标准是否是该成员已经患过约定重疾不得而知）。

（三）本案团体重疾险条款约定评析

《平安团体重大疾病保险条款》约定，"被保险人经医院确诊初次发生重大疾病的，本公司按其保险金额给付重大疾病保险金，对该被保险人保险责任终止。被保险人在投保前发生重大疾病的，本公司不承担给付保险金的责任"，"重大疾病是指被保险人初次发生符合下列定义的疾病，或初次接受符合下列定义的手术。该疾病或手术应当由专科医生明确诊断。……（四）重大器官移植术或造血干细胞移植术：重大器官移植术，指引相应器官功能衰竭，已经实施了肾脏、肝脏、心脏或肺脏的异体移植手术"。

回溯至（一）中对案件基本事实的分析和结论，本书认为：被保险人在2013年进行的手术不属于"初次发生重大疾病"以及"初次接收符合下列定义的手术"的情况，依据保险合同条款，保险公司不应当给予理赔。并且，保险合同条款约定并未限定时间范围，对是否属于"初次"的判断加上时间（保险合同效力期间等）的限定不符合汉语解释的科学性要求。

三、结论

人民法院以"在本合同有效期内，被保险人经医院确诊初次发生重大疾病"为由判断被保险人应当获得保险金系对保险合同条款约定的误读，不当加入时间限定会导致合同条款约定无限限缩或者扩大，引发保险公司责任无限被放大或者缩小。故此，笔者个人不太认同本案的判决结果。

第三节　保险合同申请复效等待期出险理赔纠纷案

一、案件概要

（一）案件基本事实

2016 年 10 月 18 日，原告与被告签订《保险合同》，原告为被保险人和投保人向被告投保健康无忧 C 款重大疾病保险，基本保险金额为 20 万元，保险期间为终身，交费方式为年交/20 年，交费期为每年 10 月 19 日，直至 2035 年 10 月 19 日，保险费为每年 5 380 元。系争保险条款第 5 条保险责任第 2 项重大疾病保险金第 1 款中约定："被保险人于本合同生效（或合同效力恢复）之日起 180 日内，因疾病原因由本公司认可医

（2019）沪 74 民终 350 号案件二维码

院的专科医生确诊初次发生本合同所指的重大疾病（详见释义），本公司给付重大疾病保险金，其金额为本保险实际交纳的保险费（详见释义）的 1.1 倍，本合同终止。"上述文字并未以背景突出显示、使用不同字体或字体加粗加黑放大等方式予以特别标识。系争条款的第 6 条为责任免除，使用了加黑加粗字体予以标识。同日，原告签署电子投保申请确认书和人身保险投保提示书，确认被告已就免责条款、合同解除等条款向原告做了提示及明确说明。同年 10 月 23 日，原告签署保险单签收回执，确认收到保险单，以及了解保险责任及责任免除等。《保险单》载明保险合同成立日期为 2016 年 10 月 18 日，合同生效日期为 2016 年 10 月 19 日。

2016 年 10 月 25 日，被告客服人员对原告进行电话回访，电话中客服人员告知原告：保单约定交费 20 年，每年交费 1 次，保险的重大疾病责任在观察期内赔付方法会有所不同，详细情况请查看合同条款。原告缴纳了首期保险费，2017 年 10 月 19 日第二年交费期届满时，原告未及时交费，导致合同效力于 2017 年 12 月 19 日中止。2017 年 12 月 25 日，被告告知原告欠费事宜。原告于 2018 年 1 月 5 日续费，当日，被告客服人员再次电话回访原告，原告称被告没有通知其交费，并确认现在可以办理复效手续。

2018 年 4 月，原告在体检时发现患有 XXX 疾病，于 4 月 9 日至上海市第六人民医院入院治疗，4 月 12 日进行手术治疗，4 月 15 日出院，目前还在后续治疗；2018 年 7 月 26 日，被告支付原告按照已付保费 1.1 倍计算的保险金11 836元。

被告出具《人身保险投保提示书》载明，"……三、请您详细了解保险合同的条款内容……重点关注保险责任、责任免除、投保人及被保险人权利和义务、免赔额和免赔率的计算、申请赔款的手续、退保相关约定、费用扣除、产品期限等内容。……四、请您了解'犹豫期'的有关约定……五、'犹豫期'后解除保险合同请您慎重……"

（二）保险公司主张

原告所患疾病属于保险责任范围，但不同意原告诉请。（1）保险合同成立后，投保人按约支付保费是其法定义务，保险单中明确约定了交费时间，被告也用短信等方式一直提醒原告，故未交费导致合同效力中止的责任在于原告；（2）保险合同约定，合同生效或复效之日起180日内发生的保险事故按保费1.1倍赔付的条款属于保险责任条款，保险人对保险责任的描述清楚明确，并未概括表述"观察期"或"等待期"，并非免责条款，保险人无须对其提示和明确说明；（3）被告不仅对免责条款进行了提示和说明，对保险责任条款也进行了明确说明，原告对此签字认可，被告的说明义务已高于法律规定，不存在瑕疵。

（三）对方当事人主张

原告请求被告支付保险理赔款188 164元。原告主张，涉案条款降低了保险公司赔付的比例，符合《保险法解释（二）》关于免责条款的定义。具有免责性质的条款不论存在于保险合同哪个部分，就应认定为免责条款。在此基础上保险公司应依法尽提示和明确说明的义务。保险单约定了重疾险保险金为20万元，但保险事故发生时只退还已交保险费一万余元，保险公司明显排除了被保险人的权利，减轻了自己的义务。保险公司对系争免责条款未提示和明确说明，应根据保险单载明的重疾险基本保险金额的约定赔偿保险金20万元，扣除已收到的部分，还需赔偿保险金188 164元。

（四）裁判要旨

1. 一审法院裁判要旨

法院判定被告向原告支付重大疾病保险金188 164元。原因在于：根据《保险法解释（二）》第9条第1款的规定，保险人提供的格式合同文本中的比例赔付或给付等免除或减轻保险人责任条款可以认定为免责条款，这不仅指"责任免除"部分的条款，还包括其他各章节中限制或免除保险人责任的条款。系争条款虽设置在"保险责任"部分，但其关于保险合同复效180天内发生重大疾病仅支付已付保费1.1倍的约定显著减少了保险人的赔偿责任，应属于免责条款。

根据《保险法解释（二）》第11条第1款的约定，保险人对于免责条款应以足以引起投保人注意的文字、字体、符号或者其他明显标志作出提示，但被告未对系争条款作出足以引起投保人注意的提示，不能区别于保险条款其他内容。被告客服人员虽在电话回访中提示系争保险在"观察期"内赔付方法会有所不同，但保险条款中对于何为"观察期"并未作出明确解释，原告仅为普通消费者，被告不能在未明确解释的情况下要求原告理解该专业保险术语。故被告对于系争条款未尽到提示义务，该条款不发生效力。

2. 二审法院裁判要旨

二审法院判决驳回上诉，维持原判。并且新华人寿上海公司还应调整格式条款设置，优化投保文件的提示内容，确保投保人对保险合同中自身权利义务的知情权。

二审法院认为，等待期（观察期）条款是指保险合同生效（或复效）后的指定期间内，保险公司对该期间内的保险事故不承担保险责任，或承担给付与已交保费金额大致相当的合同责任的条款。保险公司虽然将系争条款设置于保险责任条款中，但不影响系争条款为等待期条款的性质。

首先，系争等待期条款为免责条款。从涉案保险合同可以看出，保险合同约定的风险保障范围自合同生效至合同到期始终恒定，无论是否在等待期内，保险标的均无变化。等待期条款改变的是保险人的赔付金额。保险的本质是集合风险分担金，向少数发生风险的成员提供经济保障的制度。若发生保险事故后保险人给付的保险金相当于投保人交纳的保险费，明显不符合保险的特征，实际为返还保费后终止合同，而非对约定风险提供保险保障。免除保险人责任的条款应视具体条款内容和性质而定，不能仅依据其在格式保险条款中章节位置及所属条款名称而定。等待期条款大幅降低（部分等待期条款甚至免除）了投保人投保时能够预见到的保险事故发生后被保险人可获得的保险金，将保险有效期内的一段时间排除于保险人承担合同约定的保险责任范围之外，当属免除保险人责任的条款。需要履行提示与明确说明义务。

其次，格式保险条款将等待期条款纳入保险责任条款不适当。格式保险条款是保险人事先拟订的合同条款，投保人、被保险人无修改权，只能全盘接受或不接受。本案等待期条款设置于保险责任条款项下，是保险人自行对格式条款的设置与安排，并无法律和行政监管规范性法律文件的依据。直至保险合同生效后，保险公司客服人员在回访电话中方告知"观察期"赔付方法会不同。该告知并非在投保期间，保险合同已成立并生效，不能认定为投保时保险人履行了提示和特别说明的义务；告知内容也不明确，保险合同中并未出现"观察期"字样，投保人无法找到相应的条款内容和法律后果。

（五）问题焦点

法院归纳总结本案的争议焦点有两个：

（1）保险条款第 5 条第 2 项第 1 款仅支付已付保费 1.1 倍的保险金的约定是否属于免责条款？

（2）被告对于系争条款是否尽到了提示和明确说明义务？

结合法院总结的争议焦点，本书集中探讨当事人申请复效以后，等待期是否属于免责条款的问题？

二、案件评析

（一）本案需要解决问题的三个层次

（1）本案第一个层次需要解决的问题是引发本案诉讼的主要原因是什么？本案中，原告向被告投保的保险产品为《健康无忧 C 款重大疾病保险》，依据该产品条款，被保险人等待期内患重疾和等待期外患重疾给付保险金的标准不同。

（2）本案第二个层次需要解决的问题是被保险人在哪一个等待期内患重疾？本案涉及投保人申请复效的问题，被保险人是在申请合同复效以后患重疾。因而，本案第二个层次的事实在于：被保险人不是在合同生效之后的等待期内患重疾，而是在合同复效之后的等待期内患重疾。

（3）本案第三个层次需要解决的问题是初次签订生效合同的等待期和复效之后的等待期法律性质是否相同？

（二）重疾险中等待期的功能

我国重疾险中常常包括等待期的条款，这是我国重疾险的一个特殊之处。德国以及日本的保险经营实践中，罕有所谓等待期的约定，而是以投保人如实告知义务实现风险的控制，防止重疾险以及其他健康保险中的带病投保问题。我国则不然，在重疾险等保险中设置一段时间的等待期，其初衷和欲实现的功能应当是防止投保人的逆选择、控制保险公司的风险以及防止投保人带病投保。

（三）保险合同复效的法律属性

我国《保险法》第 36 条和第 37 条规定了人身保险合同的效力中止和复效制度，从法律属性上，保险合同的复效是对原来保险合同效力的恢复，而非新保险合同的订立。复效制度保障了在长期保险合同背景下投保人的利益，防止因为投保人暂时的经济支付能力不足等原因造成保险合同效力终止的情形出现。

但是，投保人在法定期间内申请复效同样涉及保险公司风险控制的问题，因而，虽然是对原来保险合同效力的恢复，与保险公司控制风险相关的合同条款效力常常延伸至复效的合同中。本案中涉及的重疾险等待期条款即如此：保险公司为了防止被保险人带病申请复效，约定从合同效力恢复之日起 180 天之内发生重疾给付保费1.1倍的金额。

（四）等待期内发生保险事故，保险公司给付1.1倍保险费的法律性质

从等价有偿角度，等待期内一旦发生保险事故，保险人不承担责任，相应地，也不应当收取保险费。本案中的条款约定"被保险人于本合同生效（或合同效力恢复）之日起180日内，因疾病原因由本公司认可医院的专科医生确诊初次发生本合同所指的重大疾病（详见释义），本公司给付重大疾病保险金，其金额为本保险实际交纳的保险费（详见释义）的1.1倍，本合同终止"。

对于等待期内发生重疾的，保险公司条款中使用的是"给付重大疾病保险金"的字样，但是从其支付金额以及支付性质上判断，保险公司向被保险人支付的实质上并非保险金，而是返还的保险费。

（五）等待期属于免责条款还是承保范围

前述分析可知：等待期的目的在于控制保险公司风险，防止投保人逆选择。等待期内发生保险事故的，保险公司仅附加一些利息返还保险费，而并不承担给付保险金的责任。经过等待期发生保险事故的，保险公司才承担保险责任。可见，等待期的法律性质是保险公司在保险合同效力期间内，不承担保险责任的时段。

免责条款的基本属性在于：在保险人的承保风险的范围之内，剔除特定风险作为保险人免责的范围。等待期符合这一属性特征，风险的剔除是通过限定保险合同责任期间之内的特定期间实现的。

因而，等待期应当属于免责条款。在（2019）内7103民初68号案件中，法院将等待期作为免责条款，审查保险公司是否对之加以明确说明，以此作为判决的基础。

（六）投保人申请复效时保险人应否就免责条款向其进行提示和明确说明

我国《保险法》第17条第2款仅规定在保险合同订立时，保险公司应当对免责条款加以提示和明确说明，并未规定在申请复效时的该项义务。

由于申请复效和保险合同订立的免责条款常常统一（本案即如此），但也存在申请复效约定的免责条款和合同订立的免责条款不一致的情况。因而，申请复效时保险人也应当对免责条款进行提示和明确说明。

三、结论

依据以上分析的结论，本书认同法院的判决结果，但是法院释明法律的过程过于简单，甚至没有列明案涉保险产品中等待期内以及等待期外发生重疾的不同

约定，更没有对等待期内向被保险人支付费用的法律性质、等待期的功能等问题进行阐释，对案件事实，以及对案件诉讼的主要原因并没有精准的把握。

第四节　投保人违反如实告知义务保险理赔纠纷案

一、案件概要

（一）案件基本事实

2018年6月1日，贺某领与太平洋财险豫东分公司签订了人身保险合同，贺某领为其儿子贺某琪（2002年4月16日生）在太平洋财险豫东分公司投保少儿超能宝两全保险（3.0版），保费9 315元；XX保险（3.0版），保费3 045元；祥宁幸福保意外伤害保障计划，保费100元。贺某领于当日交纳保费共计12 460元。合同约定保险期间为2018年6月2日0时起至2048年6月1日24时止或本合同列明的终止性保险事故发生时止。保险受益人均为贺某领。被保险人贺某琪，2002

（2019）豫1621
民初2290号
案件二维码

年4月16日生。2018年5月17日至2018年6月16日贺某琪患极重型再生障碍性贫血在郑州大学第一附属医院住院治疗。2018年9月30日贺某琪因病死亡。贺某领在贺某琪死亡后向太平洋财险豫东分公司申请理赔，太平洋财险豫东分公司以投保人在投保时未履行如实告知义务为由，拒绝理赔，并拒绝退还保费。

（二）保险公司主张

被告太平洋财险豫东分公司辩称，贺某领在投保时在保险人的书面询问中未履行如实告知义务，隐瞒了在投保前被保险人贺某琪患有极重型再生障碍性贫血，带病投保，对此应依据《保险法》第16条的规定处理，即投保人故意不履行如实告知义务的，保险人有权解除保险合同并且不退还其缴纳的保险费用。

（三）对方当事人主张

原告贺某领向法院提出如下诉讼请求：

（1）请求依法撤销贺某领与太平洋财险豫东分公司之间签订的人身保险合同。

（2）依法判决太平洋财险豫东分公司返还原告保费12 460元。

（3）由太平洋财险豫东分公司承担法院诉讼费用。

（四）裁判要旨

法院判决如下：

（1）撤销原告贺某领与被告太平洋财险豫东分公司2018年6月1日所签订人身保险合同。

（2）被告中国太平洋财险豫东分公司于本判决生效之日起五日内返还原告贺某领保费12 460元。

法院认为：本案合同为太平洋财险豫东分公司提供的格式合同，太平洋财险豫东分公司业务人员对贺某领在投保时询问被保险人状况时，应尽到明确说明义务，除了保单上提示投保人注意外，还应当对免责条款的概念、内容及法律后果等，以书面或者口头形式向投保人作出解释，以使投保人明确该条款的真实含义和法律后果。太平洋财险豫东分公司不仅应当向贺某领明确具体疾病内容，还应当对向投保人明示保险合同中如实告知义务的法律后果，该行为足以影响投保人作出是否投保的意思表示，贺某领仅在个人人身保险投保单上签名不足以说明太平洋财险豫东分公司尽到了明示义务，即本案投保人贺某领在投保时存在重大误解和过失，其与太平洋财险豫东分公司签订合同属于可撤销合同。《保险法》第16条第5款规定：投保人因重大过失未履行如实告知义务，对保险事故的发生有严重影响的，保险人对合同解除前发生的保险事故，不承担赔偿或者给付保险金的责任，但应当退还保费。故贺某领请求撤销其与太平洋财险豫东分公司签订的人身保险合同，并要求太平洋财险豫东分公司退还保费的请求，法院予以支持。太平洋财险豫东分公司辩称，贺某领在投保时故意不履行告知义务，证据不足，法院不予采信。

（五）问题焦点

法院归纳总结本案争议焦点为贺某领与太平洋财险豫东分公司签订保险合同是否存在重大误解，是否属于可撤销合同。

本书认为，本案的争议焦点在于：投保人违反如实告知义务的法律后果，是否属于免责条款明确说明义务的范畴？我们将围绕这一问题进行评析。

二、案件评析

本案的基本事实是明确的，投保人在为其子投保重疾险之前，其子已经患再生障碍性贫血，并在医院治疗。投保人没有将其子患病的情形告知保险公司，其子死亡后投保人向保险公司申请理赔遭拒，投保人诉至法院要求撤销保险合同，退还保险费。

本案需要解决的问题在于：存在投保人违反如实告知义务的事实（带病投保），但保险人并未释明违反如实告知义务的法律后果（保险人有权解除合同），此种情形下投保人是否可以依据保险法中规定的保险人的各项义务解除保险合同，退还保险费？

（一）本案可否直接适用重大误解的有关规定

重大误解是民事法律中规定的制度，本案属于保险纠纷。在准据法选择上，本案并不存在直接跨越保险法既存制度体系框架，适用其他部门法的前提。保险法作为一个独立的部门法，是专门调整保险法律关系的法律，对保险纠纷均有约束力。在部门法划分的立法、法律调整对象、理论依据等方面是解决所有保险争议的准据法。只有在保险法没有规定或者规定不完全的前提下，才有适用其他法律的可能性。本案中涉及两个基本的保险法律制度，投保人如实告知义务，以及保险人说明义务。在保险法中，这两种制度规范是明确的，制度本身也是自洽的。不遵从保险法作为独立的部门法的独特功能，适用其他法律的规定，有违我国法律体系的内在运行逻辑，以及部门法律适用的科学性。本案所涉及的是保险合同关系争议，应当适用我国保险法的规定处理。越过保险法规定，直接适用其他部门法的规定有违立法和法律适用的基本规律。

（二）投保人未如实告知是故意还是重大过失

本案中被保险人在投保人为其投保时正在接受重大疾病的治疗，投保人不存在不知或者不应知等属于过失或者重大过失未履行如实告知义务的情形。法院裁决因为保险人未向投保人释明违反如实告知义务的后果，所以投保人未如实告知属于重大过失，因果关系不成立。判定行为人的主观状态，应当根据行为人所处的具体情境进行客观判断，而非直接以法律规定反推。本案中基础事实是十分明确的：投保人之子（被保险人）已经患病，正在接受治疗。投保人向保险人购买重疾险时未告知其子患病的事实。投保人未告知的主观状态属于故意，而不属于重大过失。

（三）依据如实告知义务的法律规定，投保人是否存在减轻或者免除该义务的抗辩情形

依据法律适用的逻辑顺序，如果一项义务中已经包括了免除或者减轻主体法定义务的情形，义务主体具有法律规定的抗辩事由，义务主体就可以依据这些抗辩事由主张减轻或者免除自身的义务。

依据我国《保险法》第16条的规定，投保人故意未履行如实告知义务的，存在以下两种抗辩事由。

（1）依据第16条第3款，保险人在法定的时间内（自保险人知道有解除事由之日起，超过30日不行使而消灭。自合同成立之日起超过2年的，保险人不得解除合同）没有行使合同解除权的，保险人不得解除合同，发生保险事故，

保险人应当承担赔偿或者给付保险金的责任。

（2）依据第 16 条第 6 款的规定，保险人在合同订立时已经知道投保人未如实告知的情况的，保险人不得解除合同；发生保险事故的，保险人应当承担赔偿或者给付保险金的责任。

可见，本案的基础事实无法满足在投保人如实告知义务法律规定中赋予的投保人抗辩的条件。投保人无法依据第 16 条主张保险人解除权消灭或者保险人不得行使解除权。

（四）投保人违反如实告知义务的法律后果，是否属于免责条款明确说明义务的范畴

本案中，保险人只询问了投保人，并未将投保人故意违反如实告知义务的法律后果向投保人释明。我国《保险法》第 16 条中仅规定投保人违反如实告知义务具有何种法律后果，以及只有在保险人询问的范围内，投保人具有如实告知义务。并没有规定保险人需要向投保人释明其违反如实告知义务的法律后果。这样，依据这一规定无法解决本案诉争问题。投保人要实现撤销（解除）保险合同，拿回保险费的诉求，必须借助于保险法中其他法律规定。

如果保险人未向投保人释明不履行如实告知义务的法律后果，投保人在不知保险人有权解除保险合同的前提下未如实告知，投保人有权撤销（解除）该保险合同，使保险合同的效力归溯至保险合同订立之前：保险人无须承担给付保险金责任，投保人可以取回保险费。这样，唯一可以与这一诉求相匹配的制度为免责条款明确说明义务。但是，运用这一义务的障碍在于：免责条款的范围能否包括投保人告知事项的法律后果？

依据我国《保险法》第 17 条规定："订立保险合同，采用保险人提供的格式条款的，保险人向投保人提供的投保单应当附格式条款，保险人应当向投保人说明合同的内容。对保险合同中免除保险人责任的条款，保险人在订立合同时应当在投保单、保险单或者其他保险凭证上作出足以引起投保人注意的提示，并对该条款的内容以书面或者口头形式向投保人作出明确说明；未作提示或者明确说明的，该条款不产生效力。"从该条中不能判断包含保险人询问事项的投保单是否属于保险合同条款的组成部分。一般而言，投保单是投保人向保险人提出要约，表明自身具有投保意思的证明文件。保险人在投保单中设置的询问事项，是为了确定投保人是否符合投保条件，以及确定保险费率。因而，投保单不属于保险合同条款的内容和组成部分，而是投保人提出要约的部分。

本书认为，投保人违反如实告知义务的法律后果，不属于免责条款明确说明义务的范畴，保险人不具有向投保人作出提示以及明确说明的义务。一旦投保人故意违反该义务，就应当依据我国《保险法》第 16 条的规定，承担不利于投保

人的法律后果。

三、结论

从案件的事实本身，以及保险法提供的各种制度路径，本案无法作出能够满足投保人诉求的裁判结果。但是，从本案法律适用的应然结果以及比较法视角来看，我国《保险法》第 16 条的规定确实有进一步完善的必要。德国《保险合同法》第 19 条规定投保人告知义务的同时，在该条第 5 款规定了保险人向投保人释明违反告知义务法律后果的义务："保险人应当在单独的书面文件中向投保人说明不履行如实告知义务的法律后果，否则保险人不享有本条第 2 款至第 4 款规定的合同解除权……"

我国有些保险公司在投保流程以及保险合同条款的设计上，将违反投保人如实告知义务的法律后果直接纳入保险条款之中，并作为免责条款的组成部分一并加以明确说明，从而杜绝了此类争议的发生。比如，在（2019）粤 1803 民初 2885 号案件中，作为原告的保险公司向法院提供的保险条款中包含了如下内容："订立本主险合同时，我们会向您说明本主险合同的内容。对本主险合同中免除我们责任的条款，我们在订立合同时会在投保书、保险单或其他保险凭证上作出足以引起您注意的提示，并对该条款的内容以书面或口头形式向您作出明确说明，未作提示或者明确说明的，该条款不产生效力。我们就您和被保险人的有关情况提出询问，您应当如实告知。如果您故意或者因重大过失未履行前款规定的如实告知义务，足以影响我们决定是否同意承保或者提高保险费率的，我们有权解除合同。如果您故意不履行如实告知义务，对于本主险合同解除前发生的保险事故，我们不承担给付保险金的责任，并不退还保险费……"法院最终支持了保险公司要求被告返还保险金的诉讼请求。

第二章　人寿保险免责条款典型案例评析

第一节　被保险人死因不明保险理赔纠纷案

一、案件概要

（一）案件基本事实

储某甲分别于 2012 年 5 月 9 日及 2012 年 12 月 13 日向两被告投保了红双喜盈宝瑞两全保险（分红型），两份保险的被保险人均为储某甲，受益人均为法定继承人，基本保险金额分别为 104 000 元与 144 480 元，保险费分别为 10 万元与 14 万元，保险期间分别为 2012 年 5 月 10 日零时起至 2017 年 5 月 9 日 24 时止及 2012 年 12 月 14 日零时起至 2017 年 12 月 13 日 24 时止。《红双喜盈宝瑞两全保险（分红型）条款》2.3.2 疾病身故或身体全残保险金条款（以下简称"疾病身故条款"）约定："……2. 被保险人于本合同生效之日起 1 年后因疾病身故或身体全残，本公司按被保险人身故或身体全残时所处的以下不同情形给付疾病身故或身体全残保险金，本合同终止……（2）若身故或身体全残时被保险人处于 18 周岁保单生效对应日之后，则其疾病身故或身体全残保险金为基本保险金额与累积红利保险金额二者之和的 1.05 倍。"2.3.4 一般意外身故或身体全残保险金条款（以下简称一般意外身故条款）约定："被保险人因本条第 2.3.3 款以外的意外伤害或身体全残，本公司按被保险人身故或身体全残时所处的以下不同情形给付一般意外身故或身体全残保险金，本合同终止……（2）若身故或身体全残时被保险人处于 18 周岁保单生效对应日之后，则其一般意外身故或身体全残保险金为基本保险金额与累积红利保险金额二者之和的 1.5 倍。"4.2 保险事故通知条款（以下简称未通知免责条款）约定："投保人、被保险人或受益人应在知道保险事故发生之日起 10 日内通知保险人。如投保人、被保险人或受益人因故意或重大过失未及时通知保险人，致使保险事故的性质、原因、损失程度等难以确定的，保险人对无法确定的部分，不承担给付保险金的责任……"6.7 条款将意外伤害解释为以外来的、突发的、非本意的、非疾病的客观事件为直接且主要原因导致的身体伤害。

2014 年 9 月 1 日，因储某甲家中电灯两天未关，原告与居委会人员共同至储某甲家中查看，敲门无人应答遂报警。警方到场后打开房门发现储某甲摔倒在浴缸边上已死亡，现场照片显示浴室地面布满血迹，在浴缸边缘、马桶内均发现血迹。经刑科所检验认定，储某甲死亡时间为 2014 年 8 月 30 日至 2014 年 8 月 31 日，死亡原因排除外界暴力性、致死性损伤。原告事后向被告新华人寿上海分公司申请理赔，被告新华人寿上海分公司于 2014 年 11 月 18 日向原告发出《赔付依据与赔款说明》，载明两份保单保险金额分别为 104 000 元和 144 480 元，年度红利分别为 2 237.11 元和 2 296.29 元，终了红利分别为 424.95 元和 293.55 元，适用疾病身故条款分别赔付 111 973.92 元与 154 408.65 元，合计 266 382.57 元，保险合同终止。此后，被告新华人寿上海分公司向原告赔付了保险金 266 382.57元。

另外，储某甲丈夫刘某某于 2011 年 1 月 8 日去世，双方无子女。原告与储某乙为储某甲姐姐，系法定继承人。储某乙签署《委托及放弃声明》，委托原告储某敏办理新华保险理赔，并自愿放弃继承理赔款。

（二）保险公司主张

两被告辩称：原告无证据证明被保险人死亡为意外导致，根据其调查及结合法医现场了解情况，其认为被保险人死亡原因为疾病，故按照疾病身故赔偿保险金；保险合同约定被保险人和受益人在知道保险事故之日起 10 日内应通知保险公司，如因故意或重大过失没有通知，导致事故的原因、性质难以查明的，保险人不承担保险责任。

（三）对方当事人主张

原告储某敏诉称：投保人储某甲分别于 2012 年 5 月 9 日及 2012 年 12 月 13 日向两被告投保了红双喜盈宝瑞两全保险（分红型），两份保险的被保险人均为储某甲，受益人均为法定继承人，基本保险金额分别为 104 000 元与 144 480 元。2014 年 9 月 1 日其接到居委会电话称储某甲家中灯两天没关，其遂与居委会书记一同前往储某甲家中，敲门无人应答。居委会书记当即报警，警方到场后打开房门发现储某甲摔倒在浴缸边上已死亡。警方确认死亡时间为 2014 年 8 月 30 日至 2014 年 8 月 31 日间，死亡原因排除外界暴力性致死性损伤。其系储某甲姐姐，为两份保险合同的受益人，遂向被告申请理赔。被告新华人寿上海分公司于 2014 年 11 月 18 日向其发出《赔付依据与赔款说明》，认为两份保单计算给付疾病身故或身体全残保险金分别为 111 973.92 元与 154 408.65 元，合计 266 382.57元。上述保险金被告新华人寿上海分公司已向其赔付，但其认为储某甲系意外身故而非疾病身故，保险人应按意外身故给付保险金 380 597.85 元，故起诉要求两被告支付保险金差额 114 215.28 元。

（四）裁判要旨

法院判决被告新华人寿上海分公司、被告新华人寿保险股份有限公司于本判决生效之日起 10 日内支付原告储某敏保险金 113 856.03 元。其理由为：

（1）未通知免责条款适用问题。保险合同约定适用未通知免责条款应满足受益人故意或重大过失未通知的条件，本案中原告给出的解释为原告虽知晓储某甲购买了人身保险，但保险合同放置在储某甲家中，且原告对合同内容并不知晓。事故发生后，原告忙于料理后事，故未及时通知保险人。法院认为原告解释尚属合理，难以认定原告系故意或重大过失未通知保险人，且被告新华人寿上海分公司在此前亦未以此为由拒赔而是按疾病身故条款支付了保险金，故两被告不得据此条款免责。

（2）疾病身故条款与一般意外身故条款适用问题。保险合同将意外伤害解释为以外来的、突发的、非本意的、非疾病的客观事件为直接且主要原因导致的身体伤害。本案刑科所出具的结论仅排除了外界暴力性致死性损伤，而未对储某甲死亡的具体原因作出认定。现具体的死亡原因已无法查实，但死因不明并不构成两被告免责事由。两被告虽主张储某甲死亡系疾病引起，但并未能提供充分证据证明其主张，而根据现场血迹情况，无法排除储某甲因摔倒磕碰的外力作用即意外伤害致死的可能性。在此情形之下，法院认为两被告对死因不明的情形应按照较高标准即一般意外身故条款予以理赔，理赔金额具体计算为（104 000 元 + 2 237.11 元）×1.5 + 424.95 元 +（144 480 元 + 2 296.29 元）×1.5 + 293.55 元 = 380 238.60 元。除被告新华人寿上海分公司已给付的 266 382.57 元外，两被告仍应支付差额 113 856.03 元。

（五）问题焦点

法院归纳总结本案争议焦点有两个：

（1）两被告是否得因原告未尽通知义务而免责？

（2）两被告应按疾病身故条款还是一般意外身故条款支付保险金。

综合本案基本事实，依据原被告双方诉求的核心意见，本书将评析的问题总结为：被保险人死因不明，是否构成保险公司免责事由？

（2015）虹民五（商）初字第 111 号案件二维码

二、案件评析

（一）涉案保险合同条款解读

案涉保险合同为《红双喜盈宝瑞两全保险（分红型）》。依据该保险产品条款，保险公司给付保险金包括两种情况：

1. 疾病导致被保险人身故或者全残的保险金给付

《红双喜盈宝瑞两全保险（分红型）》条款 2.3.2 疾病身故或身体全残保险金条款（以下简称疾病身故条款）约定："……2. 被保险人于本合同生效之日起1 年后因疾病身故或身体全残，本公司按被保险人身故或身体全残时所处的以下不同情形给付疾病身故或身体全残保险金，本合同终止：……（2）若身故或身体全残时被保险人处于 18 周岁保单生效对应日之后，则其疾病身故或身体全残保险金为基本保险金额与累积红利保险金额二者之和的 1.05 倍。"

2. 意外伤害导致被保险人身故或者全残的保险金给付

《红双喜盈宝瑞两全保险（分红型）》条款 2.3.4 一般意外身故或身体全残保险金条款（以下简称一般意外身故条款）约定："被保险人因本条第 2.3.3 款以外的意外伤害或身体全残，本公司按被保险人身故或身体全残时所处的以下不同情形给付一般意外身故或身体全残保险金，本合同终止：……（2）若身故或身体全残时被保险人处于 18 周岁保单生效对应日之后，则其一般意外身故或身体全残保险金为基本保险金额与累积红利保险金额二者之和的 1.5 倍。"

依据以上条款内容，保险公司对被保险人在约定期间内的死亡或者全残予以承保，承保限定条件是被保险人身故或者全残是由疾病或者意外导致的。可见，本案中被保险人的死亡原因对于保险公司是否给付保险金具有重要意义。换言之，案涉保险合同承保：疾病以及意外伤害导致的被保险人死亡和全残；不承保：疾病和意外伤害以外其他原因导致的被保险人死亡和全残。

（二）被保险人死亡原因对保险金给付的影响

由于保险合同条款约定不同原因导致的死亡，保险金给付数额并不相同，确定被保险人的死亡原因对于保险公司是否给付保险金，以及给付多少保险金具有决定意义。但是，本案公安机关能够给出的结论意见是："排除外界暴力性致死性损伤"，而没有对直接死亡原因提供确定结论。这样，在保险理赔层面，保险公司以及保险金请求权人能够提供证据证明的被保险人死亡原因，成为案件判定的关键。

法院以"根据现场血迹情况，无法排除储某甲因摔倒磕碰的外力作用即意外伤害致死的可能性"为依据，判令保险公司按照较高标准（一般意外身故）给付保险金。

三、结论

保险合同条款中规定对造成死亡的原因不同给付不同标准的保险金，是引发案件争议的根本原因。保险条款的这种设计具有其保险精算层面的正当性：疾病身故与意外身故所依据的精算基础不同，保险费以及保险金的标准均存在差别。

法院依据被保险人死亡周边环境以及当时场景（警方到场后打开房门发现储某甲摔倒在浴缸边上已死亡，现场照片显示浴室地面布满血迹，在浴缸边缘、马桶内均发现血迹），作出被保险人死亡系属意外的可能性更大的判断，符合民事证据"高度概然"的要求。因而，本案中，法院判令保险公司按照一般意外身故的标准给付保险金符合事实以及保险合同条款的约定。

第二节 被保险人未达到约定"全残"标准保险理赔纠纷案

一、案件概要

（一）案件基本事实

2012 年 1 月 16 日，原告父亲朱某甲向被告投保至爱无双终身寿险（万能险）一份，被保险人为原告，期交保险费 6 000 元，交费期间为 5 年，基本保险金额 12 万元，保证利率 2.5%。被告的保险格式条款载明：2.1 保险金额为基本保险金额和保单账户价值之和；2.3 保险责任为身故或身体全残保险金，被保险人于本合同生效之日起 1 年内因疾病身故或身体全残（详见释义），本公司按本保险实际缴纳的保险费与保单账户价值二者中较大者给付身故或身体全残保险金，本合同终止。被保险人因意外伤害（详见释义）或于本合同生效之日起 1 年后因疾病身故或身体全残，本公司按保险金额给付身故或身体全残保险金，本合同终止；保险条款释义 7.3 载明，"身体全残，本合同所述身体全残指下列情形之一：1. 双目永久完全失明……8. 中枢神经系统机能或胸、腹部脏器机能极度障碍，导致终身不能从事任何工作，为维持生命必要的日常生活活动，全需他人扶助的。……为维持生命必要的日常生活活动，全需他人扶助：指食物摄取、大小便始末、穿脱衣服、起居、步行、入浴等，皆不能自己为之，需要他人帮助。"嗣后，投保人朱某甲收到被告保险单及保险条款，并按约缴纳了保险费。

2014 年 6 月 30 日，原告因右侧颞顶叶脑出血和高血压，入住华东医院神经外科治疗，并行右颞脑内月血肿清除和去骨瓣减压术，出院体征为神清、左侧偏瘫等。同年 10 月，原告因右颞顶部颅骨缺损再次入院，但因其病情恶化，未能行颅骨修补。同年 12 月，原告取得载明二级 XXX 残疾的残疾人证。2015 年 2 月，原告经上海市劳动能力鉴定中心鉴定，该中心根据《上海市因病、非因工负伤丧失劳动能力程度鉴定标准（修订本）》，认为原告符合神经科第 1 条第 4

项的规定，为完全丧失劳动能力。

（二）保险公司主张

保险条款中对"全残"已作出解释，即以《人身保险残疾程度与保险金给付比例表》的第一级所列残疾程度为标准，原告的身体情况不符合该全残标准，故不同意支付保险金。

（三）对方当事人主张

2012 年 1 月 16 日，原告父亲朱某甲以原告为被保险人投保被告至爱无双终身寿险（万能型），保险金额为 12 万元。保险合同约定，被保险人因意外伤害或于本合同生效之日起 1 年后因疾病身故或身体全残，按保险金额给付身故或身体全残保险金。2014 年 6 月 30 日，原告突发脑溢血导致瘫痪，经上海市劳动能力鉴定中心鉴定，为完全丧失劳动能力。原告认为已达到全残标准，要求被告给付保险金 12 万元。

原告认为："全残"非正规词汇，现能查到的"全残"一词大多出自劳动法规，故可推断"全残"的含义等同于完全丧失劳动能力。保险公司在格式条款中对含义不明确的词汇单方作出对其有利的解释，限制了其保险责任，在订立合同过程中又未尽解释说明义务，损害了被保险人权益，不应采纳。

（四）裁判要旨

法院驳回原告的诉讼请求，没有支持其向保险公司提出的理赔申请。

法院认为：原、被告保险合同依法成立，对双方均有法律约束力。本案双方对原告未达到保险条款中的全残标准并无争议，而对保险条款中的全残标准能否采用产生争议。因保险条款释义中列出的全残标准，文字表述意思清楚，且内容不属免责条款，被告无须对此作出特别解释说明。并且，中国保监会曾在《人身保险产品定名暂行办法》第 12 条中明确表明"全残"指中国保监会颁布的《人身保险残疾程度与保险金给付比例表》第 XXX 残疾（即永久完全残疾），该指向与被告在保险条款中载明的全残标准一致，被告引入该标准作为保险条款的内容，并无不当。相关条款既为合同约定，应对原告产生约束力。劳动能力鉴定中心所作鉴定系以是否丧失劳动能力为标准，原告以完全丧失劳动能力即为达到全残标准的说法，并无依据。

二审法院判决驳回上诉，维持原判。

二审法院认为，保险条款释义中关于全残标准并不属于免除保险人责任的条款，且根据相关司法解释的规定，保险人在其提供的保险合同格式条款中对非保险术语所做的解释符合专业意义的，人民法院应予认可。

（五）问题焦点

法院并未归纳总结本案的争议焦点，结合本案事实以及庭审过程，本书将本案的问题焦点总结为：被保险人没有达到保险合同约定的全残标准，保险公司是否可以免责？本案的评析也以此焦点为核心展开。

二、案件评析

（一）被保险人伤残事实的认定

本案中，被保险人伤残为不争事实，存在争议之处在于被保险人是否构成全残：原告认为全残和完全丧失劳动能力等同，且依据《上海市因病、非因工负伤丧失劳动能力程度鉴定标准》认为被保险人为完全丧失劳动能力，因而属于全残。被告则主张，依据保险条款中的《人身保险残疾程度与保险金给付比例表》的第一级所列残疾程度标准，原告未达到全残标准。

由此，原被告双方对"全残"标准认定依据产生分歧。

全残的事实认定，包括多个层次：一般人的一般常识性标准；特定部门依据本部门职能发挥为导向制定的具体标准（本案中劳动部门的标准就是一个例子）；特定法律关系中依据合同约定的标准。本案中对全残的认定应当属于保险法律关系中，依据保险合同条款确立的认定标准。各个层次的全残认定，服务于不同的法律调整需要以及不同的认知需要。在保险法律关系中，尤其涉及保险金赔付的问题，不能将常识性认定以及其他认定标准任意的平移甚至替代保险合同条款中约定的认定标准。因为保险合同条款内容关涉科学的保险原理的贯彻，以及保险法律关系的稳定。

（二）对原告采取的诉讼策略的观察

1. 能否适用不利解释规定

本案中，原告是借由不利解释以及说明义务两种方式并同展开诉求的。依据我国《保险法》第30条规定："采用保险人提供的格式条款订立的保险合同，保险人与投保人、被保险人或者受益人对合同条款有争议的，应当按照通常理解予以解释。对合同条款有两种以上解释的，人民法院或者仲裁机构应当作出有利于被保险人和受益人的解释。"从法律适用层面分析，该法条的适用包括几个前提：第一，必须是采用保险人提供的格式条款订立的保险合同，对于非格式条款订立的保险合同，以及格式条款非由保险人提供的情形均不适用；第二，对合同条款有两种以上解释，如果依据合同的解释方法并不存在两种以上解释，则不能适用该条规定。合同的解释，通常包括文义解释、目的解释、整体解释、历史解释（交易习惯解释）等方法，不利解释是穷尽所有解释方法以后，依然存在两种以上解释的时候适用的解释规则。本案中，保险合同条款约定的确定全残的标准并无歧义，不符合适用不利解释规定的前提。因而，从诉讼策略选择上，运用不利解释并不合适。

2. 能否适用免责条款明确说明义务的规定

本案中，原告在诉求中提及保险人应当说明的问题，但并未就此展开论证。依据我国《保险法》第 17 条规定，保险人对整个保险合同具有说明义务，但并未规定保险人违反该说明义务的法律后果；保险人对免责条款具有提示和明确说明义务，同时规定了违反该义务的法律后果，未提示或者明确说明的免责条款无效。这样，适用《保险法》第 17 条，尤其是第 17 条第 2 款的规定，存在一个前提：相关的保险合同的条款必须属于免责条款。本案中，由于原告没有针对保险人这一义务具体展开论证，法院也没有认定被告保险公司是否违反了免责条款的明确说明义务。但是在判决中提及了对保险合同条款中约定的确定全残的标准性质的认定（法院认为这一标准不属于"免责条款"）。

本书在第二编第三章第三节中对该问题详细进行论述，认为纳入保险合同条款内容的《人身保险伤残程度与保险金给付比例表》应当属于免责条款。故此，本书认为：本案具有适用免责条款明确说明义务的条件。

三、结论

虽然本案是一起较为简单的案件，原被告双方均没有具体的展开各自的诉讼主张，但是从判决结果上观察，即使是简单案件，也同样需要对保险法的具体规定、具体规定适用的前提和具体路径有较为充分的论证和拣选。笔者认为，本案先以保险合同中约定的确定全残的比例表属于免责条款为基础，主张保险人未尽明确说明义务，进而主张该条款无效。然后再以其他相关部门的确定全残的标准替代保险条款中约定的标准，最终依据替代性标准，主张被保险人属于全残。原告或有更大胜诉希望。

第三节　保险销售过程存在欺诈保险理赔纠纷案

一、案件概要

（一）案件基本事实

2018 年 1 月 2 日，原、被告签订合同（组）号码为 2018 - 310000 - SA2 - XXXXXXXX - 6 的保险合同，投保单号为 XXXXXXXXXXXXXXX；合同成立日

期为 2018 年 1 月 2 日；合同生效日期为 2018 年 1 月 3 日；投保人为陈某芳；交费方式为年交；险种名称为国寿盛世御享年金保险（被保险人为陈某芳、保险金额 5 790 元、保险期间 20 年、交费期满日 2021 年 1 月 2 日，标准保费 100 000 元）。现金价值表载明：保单年度末第 1 年的现金价值为 683.700 元、第 2 年的现金价值为 1 615.100 元，第 3 年的现金价值为 2 719.300 元。解除合同说明载明：在合同有效期间内（宽限期间除外）解除合同的，现金价值的计算时点为合同终止之日；在宽限期间内解除合同、在因超过宽限期间仍未交付保险费导致的合同效力中止后解除合同或在宽限期间内因本合同约定的借款事项（如有）导致合同效力中止并解除合同的，现金价值的计算时点为最后一期已交保费的交至日。

2018 年 1 月 5 日，原、被告签订合同（组）号码为 2018 - 316900 - 291 - XXXXXXXX -6 的保险合同，投保单号为 XXXXXXXXXXXXXXXXX；合同成立日期为 2018 年 1 月 5 日；合同生效日期为 2018 年 1 月 6 日；投保人为陈某芳；交费方式为趸交；险种名称为国寿鑫尊宝终身寿险（万能型）（A 款）（被保险人为陈某芳、首期保费 50 元）。同日，原、被告签订合同（组）号码为 2018 - 316900 - 290 - XXXXXXXX - 2 的保险合同，投保单号为 XXXXXXXXXXXXXXXXX；合同成立日期为 2018 年 1 月 5 日；合同生效日期为 2018 年 1 月 6 日；投保人为陈某芳；交费方式为趸交；险种名称为国寿鑫尊宝年金保险（万能型）（B 款）（被保险人为陈某芳、首期保费 50 元）。

2018 年 1 月 3 日，原、被告签订合同（组）号码为 2018 - 310000 - SA2 - XXXXXXXX -4 的保险合同，投保单号为 XXXXXXXXXXXXXXXXX；合同成立日期为 2018 年 1 月 3 日；合同生效日期为 2018 年 1 月 4 日；投保人为陈某芳；交费方式为年交；险种名称为国寿盛世御享年金保险（被保险人为陈某芳、保险金额 5 790 元、保险期间 20 年、交费期满日 2021 年 1 月 3 日，标准保费 100 000 元）。现金价值表载明：保单年度末第 1 年的现金价值为 683.700 元、第 2 年的现金价值为 1 615.100 元，第 3 年的现金价值为 2 719.300 元。解除合同说明载明：在合同有效期间内（宽限期间除外）解除合同的，现金价值的计算时点为合同终止之日；在宽限期间内解除合同、在因超过宽限期间仍未交付保险费导致的合同效力中止后解除合同或在宽限期间内因本合同约定的借款事项（如有）导致合同效力中止并解除合同的，现金价值的计算时点为最后一期已交保费的交至日。

2018 年 1 月 4 日，原、被告签订合同（组）号码为 2018 - 316900 - 291 - XXXXXXXX -0 的保险合同，投保单号为 XXXXXXXXXXXXXXXXX；合同成立日期为 2018 年 1 月 4 日；合同生效日期为 2018 年 1 月 5 日；投保人为陈某芳；交费方式为趸交；险种名称为国寿鑫尊宝终身寿险（万能型）（A 款）（被保险人

为陈某芳、首期保费 50 元）。同日，原、被告签订合同（组）号码为 2018 –
316900 – 290 – XXXXXXXX – 0 的保险合同，投保单号为 XXXXXXXXXXX
XXXXX；合同成立日期为 2018 年 1 月 4 日；合同生效日期为 2018 年 1 月 5 日；
投保人为陈某芳；交费方式为趸交；险种名称为国寿鑫尊宝年金保险（万能型）
（B 款）（被保险人为陈佩芳、首期保费 50 元）。

国寿鑫尊宝终身寿险（万能型）（A 款）条款第 1 条（保险合同构成）载
明：国寿鑫尊宝终身寿险（万能型）（A 款）合同由保险单及所附条款、声明、
批注、批单以及与本合同有关的投保单、复效申请书、健康声明书和其他书面协
议共同构成。第 23 条（投保人解除合同的处理）载明：投保人于本合同成立
后，可以要求解除本合同。投保人要求解除本合同时，应填写解除合同申请书，
并提交保险合同和投保人法定身份证明。本合同自本公司接到解除合同申请书时
终止。投保人于签收保险单后 10 日内要求解除本合同的，本公司在接到解除合
同申请书之日起 30 日内向投保人退还已收全部保险费，但投保人已申请部分领
取个人账户价值的，本公司需扣除已申请的部分领取金额。投保人于签收保险单
10 日后要求解除本合同，本公司于接到解除合同申请书之日起 30 日内向投保人
退还本公司接到解除合同申请书时本合同的现金价值。对于已收取的本合同终止
日之后的风险保障费，本公司将无息一并退还。第 24 条（现金价值）载明：本
合同的现金价值等于个人账户价值扣除相应的退保费用后的余额。退保费用占个
人账户价值的比例为下表中各保单年度对应的数值：第一年退保费用比例 5%、
第二年退保费用比例 4%、第三年退保费用比例 3% ⋯⋯

国寿鑫尊宝年金保险（万能型）（B 款）条款第 1 条（保险合同构成）载
明：国寿鑫尊宝年金保险（万能型）（B 款）合同由保险单及所附条款、声明、
批注、批单以及与本合同有关的投保单、复效申请书、健康声明书和其他书面协
议共同构成。第 23 条（投保人解除合同的处理）载明：投保人于本合同成立
后，可以要求解除本合同。投保人要求解除本合同时，应填写解除合同申请书，
并提交保险合同和投保人法定身份证明。本合同自本公司接到解除合同申请书时
终止。投保人于签收保险单后 10 日内要求解除本合同的，本公司在接到解除合
同申请书之日起 30 日内向投保人退还已收全部保险费，但投保人已申请部分领
取个人账户价值的，本公司需扣除已申请的部分领取金额。投保人于签收保险单
10 日后要求解除本合同，本公司于接到解除合同申请书之日起 30 日内向投保人
退还本公司接到解除合同申请书时本合同的现金价值。第 24 条（现金价值）载
明：本合同的现金价值等于个人账户价值扣除相应的退保费用后的余额。退保费
用占个人账户价值的比例为下表中各保单年度对应的数值：第一年退保费用比例
3%、第二年退保费用比例 2%、第三年退保费用比例 1% ⋯⋯

被告向法院提交了电子投保确认单，原告在落款处签名并书写"本人已阅

读保险条款、产品说明书和投保提示书，了解本产品的特点和保单利益的不确定性"。人身保险投保提示书落款处载明"本人已仔细阅读并理解保险条款、产品说明书及以上事项"，原告在落款处签字。原告在被告提交的年长客户购买保险特别提示（针对年龄超过 60 周岁或以上客户）的声明人处签字。

就主张的回访录音，被告向法院提供了刻录光盘及录音整理书面稿，旨在说明原告在接受电话回访时，确认收到了《国寿盛世御享年金保险》《国寿鑫尊宝终身寿险万能型 A 款》《国寿鑫尊宝终身寿险万能型 B 款》的正式保险合同，原告直接在保险合同的回执上签名，投保确实系原告本人，电子投保单上也是原告本人签名。投保单上风险提示是原告亲笔抄录的，也阅读了产品说明书和投保提示的内容，了解保险责任、责任免除和保险期间。同时说明原告了解涉案保险产品的保险期限、缴费方式、缴费年限。原告也确认投保时接受了录像，录音录像的陈述是原告的真实意思表示。

（二）保险公司主张

被告不同意原告的诉请，提出以下抗辩理由：（1）本案中原告向被告投保的涉案两份保险合同是原告真实意思表示，在投保时原告签署了相应的电子投保单等投保材料，均确认原告已知悉保险条款、免责条款以及退保所承担的损失，并在被告电话录音回访时原告是否知晓保险相关条款时，原告也称知晓，所以被告不存在欺诈的行为；（2）被告认为，原告称保险业务员存在欺诈行为，根据保监会的规定，应该由保监会对业务员的行为作出认定，目前保监会没有对业务员相应的销售误导作出认定；（3）原告在 2018 年 1 月 3 日签订合同，被告在 2018 年 1 月 10 日对其进行电话回访确认保险条款，即使原告认为保险公司的陈述与其在诉状中的陈述有偏差，也已经超过法律规定的 1 年的解除权的期限。综上，被告认为，本案不存在因欺诈解除保险合同的情形，本案保险合同因原告未在 2019 年 1 月 3 日缴纳保费，目前保险属于失效的状态，如果原告现在要解除合同的话，可以按照保单的现金价值予以退保处理。

（三）对方当事人主张

原告请求人民法院：（1）判令撤销原、被告于 2018 年 1 月 3 日签署的《保险合同》（保险合同号：2018 - 310000 - SA2 - XXXXXXXX - 6）、撤销原、被告于 2018 年 1 月 4 日签署的《保险合同》（保险合同号：2018 - 310000 - SA2 - XXXXXXXX - 4）；（2）判令被告向原告退还保费人民币 200 200 元及利息（以 200 200 元为本金，自 2018 年 1 月 5 日起按照中国人民银行同类同期银行贷款利率计算至实际支付之日止）；（3）判令被告承担本案的所有诉讼费用。

原告主张：（1）被告在本案人身保险合同签订过程中存在欺诈行为、其提供的相关保险条款信息以及向陈某芳所作承诺与最终合同条款完全不符，违反了诚实守信原则。（2）原告有权行使撤销权。根据原《民法总则》第152条的规定，本案中，原告是2018年1月签订的保险合同，在2018年9月20日才知道自己被骗了，在此之前完全不知情。此情况符合法律规定的自知道或者应当知道撤销事由之日起1年内，故原告的撤销权符合法定的期间。（3）被告所提供的保险合同及录音回访等证据格式条款无效。综上，根据原《民法总则》第148条、152条、原《合同法》第54条第1、第2款，原告主张涉案保险合同在签署时存在严重的欺诈行为的嫌疑，签订合同的过程存在重大瑕疵、业务员在纸质上让原告快速浏览，具体的条款内容并没有被知悉和了解，并不是原告真实意思的表示，及保险合同是原告存在重大误解且违反真实意思的情形下签署的，原告依法对合同享有撤销权。

（四）裁判要旨

1. 一审法院裁判要旨

一审法院没有支持原告撤销保险合同的请求，驳回了其诉讼请求。

一审法院认为：保险合同遵循最大诚信原则，将意思自治视为交易的内在构成要素，意思自治是合同权利的本质属性。合同的撤销，是指因意思表示不真实，通过撤销权人行使撤销权，使已经生效的合同归于消灭。重大误解，是指误解人作出意思表示时，对涉及合同法律效果的重要事项存在着认识上的显著缺陷，其后果是使误解人受到较大损失，以至于根本达不到缔约目的。综观本案，结合法院查明的事实，原告确认，签字都是原告本人所签。原告亦表示，本案诉请要求撤销涉案合同，除了原告主张的理由外，没有其他证据。但原告请求被告补正黄某显在销售保险过程中的违规违法和欺诈行为。目前已经无法联系到黄某显，也无法找到他。原告在认为存在被欺骗的情况后，给保监局打过电话，但是没有去过公安部门，也不需要法院给予时间前往保监局，要求法院依法裁决。被告则表示，保险合同上所有的签字都是经过原告本人确认的，其签字已经代表认可。原告虽多次强调不知晓保险合同内容，但是确认涉案保险合同均系其本人签署，原告提供的现有证据无法证明本案保险合同的签订过程中存在可撤销的情形。

2. 二审法院裁判要旨

二审法院判决驳回上诉，维持原判。

二审法院认为，根据已查明的事实，本案系争保险合同均系由陈某芳本人签署，在购买这些保险产品时，亦同时在电子投保确认单上、人身保险投保提示书、年长客户购买保险特别提示等文件上签名，表示本人已详细阅读并理解保险产品、产品说明书以及人身保险投保提示书所提示的事项，理解所揭示的风险，愿意承担可能出现的风险及损失，并且以手书形式抄录"已阅读保险条款、产品说明书和投保提示书，了解本产品的特点和保单利益的不确定性"的内容。上述文件签署后，在人寿保险公司为客户所做的电话回访中，陈某芳亦明确表示收到保险条款，并再次确认在投保前已阅读了产品说明书和投保提示内容，对保险责任、保险期间等均已了解，清楚中途停止缴纳保费或退保会有一定损失。

陈某芳购买的本案保险产品约定为 3 年交费期间，根据保险条款约定，人寿保险公司在本案系争保险合同项下的保险责任包括特别生存金、年金、满期保险金以及身故保险金四个类别。无论被保险人是否生存至保险期满，被保险人或被保险人的继承人在各种情形下所能领取的保险金均不会低于其所缴纳的保费总额，因此该保险产品并非不合格产品。至于陈某芳所称其本意是购买理财产品以实现财产增值后用于养老的目的，因属于缔约的背后动机，不能以此作为认定合同存在可撤销事由的依据。

（五）问题焦点

法院归纳总结本案的争议焦点为：原告是否可以以合同订立过程中存在"欺诈行为、违反诚信"原则为由撤销本案的合同。

（2019）沪 74 民终
824 号案件二维码

二、案件评析

（一）本案简评

本案的总体特点是：保险合同已经签订，保险公司也能够提供证据证明自己履行了免责条款明确说明义务，但是原告主张保险销售过程中存在欺诈，从而请求人民法院撤销保险合同。单纯从本案原告提供的证据，以及欲证明的"保险销售欺诈"事实判断，原告确实没有达到程序法要求的证明标准。投保人已经在保险合同文本以及"免责条款明确说明"的文件上签名，并且已经交纳保险费，以原告口头的、事后的叙述，推翻所有文本的、签名的证据确实缺乏法律要求的证明力。

（二）保险销售欺诈的实例

笔者曾经处理过类似的保险消费者问询，基本事实和本案存在区别，但总体走向是相同的：投保人在混沌不知的情形下，受到保险销售人员的欺诈而签订了保险合同。笔者最终没有建议该投保人走诉讼程序，原因就是投保人手中没有能够证明存在"保险销售欺诈"事实的证据。基于笔者对投保人的了解，其所叙述的事实应当是符合实际情况的，保险公司的销售人员为了完成业绩和实现自身销售业绩最大化，确实在诱导投保人签订各类保险合同以及书面文件（包括免责条款明确说明证明文件）的过程中存在欺诈。①

在前述帮助投保人处理该问题的过程中，笔者切实知晓在这类专业性较强，又是标准合同文本的保险合同订立过程中，专业的、流程熟悉的保险销售人员欲实施欺诈行为，诱导投保人签订其根本不想签订的保险合同存在很大可能性。可见，从生活经验以及对投保过程逆推判断，本案中原告主张的保险销售欺诈有可能是事实。

（三）专业退保获利现象的存在

同时，在我国一些地区已经出现专门替人退保，赚取佣金甚至进行诈骗的集团或者个人。这些人打着帮客户维权的幌子，通过"恶意投诉"逼保险公司进行非正常退保，以达到全额退保的目的。有些购买了保险产品，但是无力继续支付保险费，或者交费以后后悔的投保人，想要退保，囿于保险合同约定的退保扣费过高，在诸如"退保代理人"的劝诱下，采取向监管部门投诉等手段，获得全额退保。该退保代理人收取退保金额一定比例的费用作为手续费（佣金）。②

三、对保险销售欺诈类案法律调整的思考——代结论

以本案为核心，我们拓展至保险销售欺诈的类案，可见：一方面，保险销售特点和保险产品特点会引发实践中出现保险销售欺诈、销售误导等情况。需要以法律制度以及法律适用的过程对这些状况加以调整。另一方面，保险行业的利润诱发出退保产业链，不当适用以保险欺诈等事由允许投保人退保，会导致退保产业链的恶性发展。故此，保险销售欺诈的法律调整应当做多个维度的综合考量。

（1）从保险监管层面，加强对保险公司销售过程的监管，要求保险公司能

---

① 笔者了解的该起事件事实如下：投保人投保的一份保险合同已经完成了保险费的缴纳，依据保险合同条款约定，该合同的效力期间覆盖投保人有生之年。但是，保险销售员致电投保人，说现在可以领钱了，将投保人骗至保险公司，让投保人在几个文本上签字。投保人完全相信在保险公司里的销售员，没有阅读文件就在文件末尾签名。销售员还以钱会打入投保人的银行卡为由，索要了投保人的银行卡账号。之后，投保人收到该银行卡支付短信：收取其5万元费用。向银行询问才知道这笔费用是保险公司收取的。投保人此时才知道，自己已经通过之前的销售员将之前缴纳完保险费的保险合同做了退保处理，退保费用支付了另一个保险合同的第一期保险费。此次银行代付的是第二期保险费。整个过程中投保人全然不知，是银行卡消费短信提示以后，向保险公司打听才明白发生了什么。而此时距离销售人员让其在各类文本签字已经经过了一年，保险合同退保犹豫期已经经过。再找当时的销售员，该人已经离职无法联系到了。这样，投保人之前本应已经享受保险合同利益的保险合同被解除，不想购买却已经购买了一份需要继续缴纳20年费用（总额达到100万元）的保险。

② "金融恶意投诉黑色产业链系列调查"，https：//static. nfapp. southcn. com/content/202008/14/c3895510. html？colID=0&code=200&msg=% E7% 99% BB% E5% BD% 95% E6% 88% 90% E5% 8A% 9F&evidence=2f3128b9－1bf2－4a0c－91bd－c25aa22ca09f&firstColID=4935&appversion=6850&from=groupmessage&isappinstalled=0&date=bnVsbA% 3D% 3D&layer=6，2020年9月1日访问。

够提供保险销售过程的录音、录像等证据，防止保险销售欺诈的发生。

（2）从法律制度完善层面，当事人主张保险销售欺诈而退保或者撤销保险合同时，设置举证责任倒置的制度，由保险公司而不是投保人负责举证，证明保险公司销售过程合法合规。

（3）从投保人角度，可以将包括本案在内的原告败诉案件加以整理，通过保险监管部门网站等渠道向公众公示，进而引导投保人强化权利意识，在签字前对保险销售欺诈有所警觉，进而敦促投保人阅读所签署的文件、保障自身的权利。

第四节　保险纠纷和交通事故纠纷混同
保险理赔纠纷案

本书选择本案的意义在于，揭示多重案件事实背景下，保险纠纷的处理方式。有鉴于此，本案案件概要部分内容做了类型化以及缩略处理。本案历经一、二审，且根据（2018）黔民申 2110 号民事裁定书，贵州省高级人民法院已经将本案指令由贵州省黔西南布依族苗族自治州（以下简称黔西南州）中级人民法院再审。

一、案件概要

（一）案件基本事实

1. 交通事故纠纷相关事实

2016 年 12 月 28 日，曾某驾驶贵 EXXXXX 号轻型普通货车（车载王某、张某）由贞丰经晴兴高速公路往兴义方向行驶，15 时 08 分，行至晴兴高速公路 48 公里 +80 米时，撞上因车辆故障停在右边行车道上由兰某钦驾驶的贵 EXXXXX 号中型厢式货车左后尾部，造成贵 EXXXXX 号轻型普通货车驾驶人曾某及乘车人王某、张某 3 人死亡及两车受损的交通事故。2017 年 1 月 25 日，黔西南州公安局交警支队高速公路交通警察大队作出"州高速公交认（2016）第 00031"号道路交通事故认定书认定：（1）驾驶人曾某承担此次事故主要责任；（2）驾驶人兰某钦承担此次事故次要责任；（3）乘车人王某、张某无责任。同时还查明，贵 EXXXXX 号中型厢式货车车辆所有人系兰某阔，该车已在天安财险黔西南支公司投保有交强险。事故发生后，天安财险黔西南支公司已预付事故赔偿款 80 000 元至交警部门，兰某钦通过交警部门向王某刚、李某芬、蒋某、王某一、王某二赔付了 20 000 元，并支付了运尸费（3 具尸体）6 600 元，王某刚、李某芬、蒋某、王某一、王某二共计在交警部门领取赔偿款 60 000 元。

受害人王某生于 1986 年 6 月 15 日，其父王某刚与其母李某芬共同生育子女 3 人。王某与蒋某登记结婚后共同生育王某一、王某二二子女。另查明，曾某生于 1975 年 11 月 8 日，其父曾某云，其母魏某玉，其与苏某于 1995 年举行婚礼后同居生活，未领取结婚证，二人共同生育曾某州、曾某一二子女。

2. 保险纠纷相关事实

曾某生前在太平洋人寿保险黔西南支公司购买安行宝两全保险、祥和意外伤害保障计划及智慧安享年金保险（分红型）三类保险，投保人及被保险人均为曾某，安行宝两全保险及智慧安享年金保险（分红型）均未指定受益人，祥和意外伤害保障计划中明确身故受益人及分配方式为法定。

（1）安行宝两全保险保险期间为 2015 年 5 月 19 日至 2045 年 5 月 18 日，基本保险金额为 100 000 元，每期保险费为 1 672 元，交费方式为按年（10 年）交清。该保险条款的第 2.3 交通工具意外身故保险金或者交通工具意外全残保险金项约定："若被保险人以乘客身份乘坐水陆公共交通工具，或者被保险人驾驶或者乘坐他人驾驶的非营业机动车，在交通工具上遭受意外伤害，并自该意外伤害发生之日起 180 日内以该次意外伤害为直接原因导致身故或全残，我们按如下约定的金额给付'交通工具意外身故保险金'或'交通工具意外全残保险金'，本合同终止：（1）若被保险人身故或确定全残时未满 75 周岁（不含 75 周岁），'交通工具意外身故保险金'或'交通工具意外全残保险金' = 10 × 本合同基本保险金额……"

第 2.4 责任免除项约定："因下列情形导致被保险人身故或全残的，我们不承担本保险条款（14）被保险人驾驶超载机动车，因车辆超载引起的意外事故而遭受的伤害，发生上述其他情形导致被保险人身故或全残，本合同终止，对于本保险合同条款'2.3 保险责任'中约定的任何一项保险金，如果我们均不承担给付责任，我们向您退还保险单的现金价值。"

第 3.1 受益人项约定："被保险人身故后，有下列情形之一的，保险金作为被保险人的遗产，由我们依据《中华人民共和国继承法》的规定履行给付保险金的义务：（1）没有指定受益人或者指定受益人无法确定的……"该保险的保险条款第 6.1 现金价值约定项"指本合同保单所具有的价值，通常体现为解除合同时，根据精算原理计算的，由我们返还的那部分金额，现金价值见本合同相应栏目"，个人人身保险保险单上注明"保单现金价值（人民币元/份）第 0 保单年度末 0.00；第 01 保单年度末 436.00；第 02 保单年度末 1 145.00；第 03 保单年度末 2 005.00；第 04 保单年度末 2 980.00"。

（2）祥和幸福意外伤害保障计划的保险期间为 2015 年 5 月 19 日至 2016 年 5 月 18 日，保险费为 200 元，交费方式为一次性，保险金额为：意外伤害住院补贴 100 元/天×17.5 天；意外伤害医疗 3 000 元；意外伤害身故、残疾 70 000 元。

（3）智慧安享年金保险（分红型）（五年限缴），保险期间为：自 2013 年 3 月 12 日至终身止，或合同列明的终止性保险事故发生时止，缴费方式为年缴，保险费 10 000 元，投保份数 10 份，基本保险金额为 6 380 元。该保险条款的身故保险金项下约定"若被保险人在 70 周岁后的首个合同生效之日对应日以前身故，我们按下列两项中金额较大者给付身故保险金，本合同终止：（1）被保险人身故时您根据本合同约定已支付的保险费总额；（2）被保险人身故时保险单的现金价值"。截止至投保人曾某身故时，其按约定缴纳 4 年保费，总计 40 000 元。条款中现金价值项下约定"指本合同保单所具有的价值，通常体现为解除合同时，根据精算原理计算的，由我们返还的那部分金额，现金价值见本合同相应栏目"，个人人身保险保险单上注明："保单现金价值（份/元）第 01 保单年度末 296.00；第 02 保单年度末 773.00；第 03 保单年度末 1 341.00；第 04 保单年度末 1 964.00；第 05 保单年度末 2 673.00"。

（二）保险公司主张

二审中，被上诉人苏某、曾某州、曾某一、曾某云、魏某玉、兰某钦、兰某阔、天安财险黔西南支公司、原审被告太平洋人寿保险黔西南支公司均未作答辩陈述。

（三）对方当事人主张

1. 一审原告诉求

王某刚、李某芬、蒋某、王某一、王某二向一审法院诉请：

（1）判令苏某、曾某州、曾某一、曾某云、魏某玉、兰某钦、兰某阔、天安财险黔西南支公司、太平洋人寿保险黔西南支公司赔偿死亡赔偿金、丧葬费等各项损失共计 932 885.9 元，其中由天安财险黔西南支公司先在交强险限额范围内赔偿 406 66.67 元，剩余部分由曾某的遗产继承人苏某、曾某州、曾某一、曾某云、魏某玉在其遗产继承价值范围内承担 70% 即 624 553.6 元（此 70% 赔偿责任先由曾某的遗产继承人苏某、曾某州、曾某一、曾某云、魏某玉在其遗产价值范围内赔付，不足部分由曾某之妻苏某承担）。

（2）其余 30% 即 267 665.77 元由兰某钦、兰某阔赔偿；

（3）由太平洋人寿保险黔西南支公司在曾某投保的保险金额内予以赔偿；

（4）本案诉讼费由苏某、曾某州、曾某一、曾某云、魏某玉、兰某钦、兰某阔、天安财险黔西南支公司、太平洋人寿保险黔西南支公司承担。

2. 二审上诉人诉求

上诉人王某刚、李某芬、蒋某、王某一、王某二所提上诉请求：

（1）依法改判或发回重审。

（2）一、二审诉讼费由被上诉人承担。

（四）裁判要旨

1. 一审法院裁判要旨

（1）交通事故纠纷裁判要旨。一审法院认为：曾某驾驶的贵 EXXXXX 号轻型普通货车（载张某与王某）与兰某钦驾驶的贵 EXXXXX 号轻型普通货车相撞，造成张某、王某、曾某共同死亡的交通事故，各方当事人对交警部门出具的事故责任责任书均无异议，应作为本案的定案依据。

因兰某钦驾驶的贵 EXXXXX 号轻型普通货车在天安财险黔西南支公司投保有交强险，本次事故发生在保险责任期内。根据《中华人民共和国道路交通安全法》第 76 条、《最高人民法院关于审理道路交通事故损害赔偿案件适用法律若干问题的解释》第 16 条的规定，天安财险黔西南支公司应先行在交强险责任总额 122 000 元的范围内先行赔偿。交强险赔偿后不足的部分，参照交警部门事故责任认定书并综合全案后，确定由曾某承担 70% 的责任。

对于曾某应承担的责任部分，因其已在该事故中身亡，其应该承担的赔偿责任是否属于夫妻共同债务，苏某是否应当承担共同偿还责任，其余近亲属是否应承担赔偿责任，经查，苏某与曾某系 1995 年按照农村习俗举行婚礼后同居生活，至今未领取结婚证，故王某刚、李某芬、蒋某、王某一、王某二主张曾某的侵权行为产生的侵权之债属于其与苏某的夫妻共同债务，没有法律依据，不予支持。曾某已故，其侵权行为造成的损害后果，应该由其继承人在其继承的遗产限额内予以赔偿，因其继承人在庭审中已明确陈述放弃继承其所有遗产，根据原《中华人民共和国继承法》第 33 条的规定，苏某、曾某州、曾某一、曾某云、魏某玉不承担赔偿责任。

（2）保险纠纷裁判要旨。曾某生前在太平洋人寿保险黔西南支公司投保有人身保险及分红险，其中安行宝两全保险及智慧安享年金保险（分红型）均未指定受益人，祥和意外伤害保障计划中明确身故受益人及分配方式为法定，根据《保险法》第 42 条"被保险人死亡后，有下列情形之一的，保险金作为被保险人的遗产，由保险人依照《中华人民共和国继承法》的规定履行给付保险金的义务：（一）没有指定受益人，或者受益人指定不明无法确定的；（二）受益人先于被保险人死亡，设有其他受益人的；（三）受益人依法丧失受益权或者放弃受益权，没有其他受益人的。"其保险合同中"被保险人身故后，有下列情形之一的，保险金作为被保险人的遗产，由我们依据《中华人民共和国继承法》的规定履行给付保险金的义务：（1）没有指定受益人或者指定受益人无法确定的……"的约定，故该人身保险及分红险的保险金应当作为其遗产处理。因曾某的继承人已明确放弃继承，该财产可用以清偿其生前债务，故由太平洋人寿保险黔西南支公司根据保险合同的约定，将曾某应当获赔的保险金直接支付给本案王某刚、李某芬、蒋某、王某一、王某二既不损害其他当事人的合法权益，亦减少了各方当事人的诉累节省司法资源，故对于王某刚等五人要求太平洋人寿保险黔西南支公司将保险金直接支付给王某刚、李某芬、蒋某、王某一、王某二的诉讼请求予以支持。

除以上遗产外，王某刚、李某芬、蒋某、王某一、王某二提出曾某生前在兴义幸福保泰花园有房屋一套，但仅有口述，无任何证据予以证实，且遭到苏某的否认，故对该陈述不予确认。而曾某驾驶的事故车辆虽属其遗产，但王某刚、李某芬、蒋某、王某一、王某二并未要求对该车的残余价值进行处理，故不予处理。

关于曾某从太平洋人寿保险黔西南支公司具体应当获赔多少保险金的问题。对于安行保两全保险，根据保险合同的约定，曾某系驾驶营运车辆，且其超载超速，故根据保险合同的约定，符合保险公司免赔的事由，只需退还其保单的现金价值。因曾某交了 3 年的保费，故根据保险合同中现金价值表中"第 3 保单年年度末 2 005.00"的约定，截至曾某死亡时，其安行保两全保险的现金价值为 2 005 元，因太平洋人寿保险黔西南支公司在庭审中称愿意以 5 016 元退还，对此视为该公司对其诉讼权利的处分，故对于安行保两全保险曾某应获赔的数额以 5 016 元进行确认。

对于祥和意外伤害保障计划，根据合同中"意外伤害身故、残疾 70 000 元"约定，太平洋人寿保险黔西南支公司愿意赔偿 70 000 元，符合合同的约定，予以确认。

对于智慧安享年金保险（分红型），根据保险条款中"若被保险人在 70 周岁后的首个合同生效之日对应日以前身故，我们按下列两项中金额较大者给付身故保险金，本合同终止：（1）被保险人身故时您根据本合同约定已支付的保险费总额；（2）被保险人身故时保险单的现金价值"的约定，曾某因本次事故意外身故，根据该约定，太平洋人寿保险黔西南支公司应该给付保险费总额或者身故时的保单现金价值。又据合同中对于保险现金价值的约定，曾某依约支付了 4 年的保费，其保单现金价值应该为 10 份 × 1 964 元/份 = 19 640 元，该金额少于曾某已支付的保险费总额（40 000 元），故针对该保险，太平洋人寿保险黔西南支公司应该给付保险金 40 000 元。综上所述，太平洋人寿保险黔西南支公司共计应当理赔金额为：安行宝 5 016 元 + 祥和意外伤害保障计划 70 000 元 + 智慧安享年金保险（分红型）40 000 元 = 115 016 元。

对于王某刚、李某芬、蒋某、王某一、王某二、兰某钦、兰某阔及天安财险黔西南支公司共同提出的曾某投保的安行宝两全保险的免责的条款属于霸王条款，曾某是在对此并不知情的情况下签订的合同，故太平洋人寿保险黔西南支公司对于安行宝两全保险主张的免赔事由不予成立的辩称，根据《保险法解释

（二）》第 11 条"保险合同订立时，保险人在投保单或者保险单等其他保险凭证上，对保险合同中免除保险人责任的条款，以足以引起投保人注意的文字、字体、符号或者其他明显标志作出提示的，人民法院应当认定其履行了《保险法》第 17 条第 2 款规定的提示义务"的规定，保险合同中的免责条款字体用加黑加粗或者以阴影的形式体现，且投保提示书中亦有曾某的签字确认，根据《保险法解释（二）》第 13 条之规定，保险公司已尽到了提示义务，故对该辩称不予采信。

判决：（1）天安财产保险股份有限公司黔西南中心支公司于本判决生效之日起 10 日内在交强险责任限额范围内赔偿王某刚、李某芬、蒋某、王某一、王某二因其近亲属王某在本次交通事故中死亡产生的死亡赔偿金、丧葬费、办理丧葬事宜的交通费、误工费及精神损害抚慰金共计 3 505.2 元；（2）中国太平洋人寿保险股份有限公司黔西南中心支公司于本判决生效之日起 10 日内替代赔偿王某刚、李某芬、蒋某、王某一、王某二因其近亲属王某在本次交通事故中死亡产生的死亡赔偿金、丧葬费、办理丧葬事宜的交通费、误工费及精神损害抚慰金共计 59 095.22 元。

2. 二审法院裁判要旨

（1）交通事故纠纷裁判要旨。本案中，各方当事人对本案事故发生的经过及交通事故责任划分不持异议，法院对此予以确认。同时，各方当事人对一审判决计算的本次交通事故造成的死亡赔偿金、丧葬费、办理丧葬事宜的交通费和误工费、精神损害抚慰金等金额均未提出上诉，一审判决具备事实和法律依据，予以确认。

（2）遗产承担赔偿责任纠纷裁判要旨。二审法院作出驳回上诉，维持原判的判决。（理由略）

（五）问题焦点

从保险金赔付的纠纷出发，本书集中讨论：在交通事故赔付纠纷中保险纠纷的处理。

二、案件评析

（一）本案纠纷的两个层次

本案包括两个层次的纠纷：交通事故纠纷以及保险理赔纠纷。本书在梳理案件基本事实将此两类纠纷分别列出，对交通事故纠纷中的事实、诉请以及判决做了缩略处理，以凸显保险纠纷在整个案件中的走向。

保险理赔纠纷主要集中在曾某生前购买的 3 种保险中：向太平洋人寿保险黔

（2017）黔 23 民终
1728 号案件二维码

西南支公司购买的安行宝两全保险、祥和意外伤害保障计划及智慧安享年金保险（分红型）。其中免责条款明确说明义务相关的内容体现在：王某刚、李某芬、蒋某、王某一、王某二、兰某钦、兰某阔及天安财险黔西南支公司共同提出曾某投保的安行宝两全保险的免责的条款属于霸王条款，曾某是在对此并不知情的情况下签订的合同；太平洋人寿保险黔西南支公司提出对于安行宝两全保险主张的免赔事由不予成立的抗辩。

（二）免责条款明确说明义务纠纷的基本事实

从错综复杂的案件事实中将前述争议所依托的基本事实抽离出来，可知：安行宝两全保险保险期间为 2015 年 5 月 19 日至 2045 年 5 月 18 日，基本保险金额为 100 000 元，每期保险费为 1 672 元，交费方式为按年（10 年）交清。该保险条款的第 2.3 交通工具意外身故保险金或者交通工具意外全残保险金项约定"若被保险人以乘客身份乘坐水陆公共交通工具，或者被保险人驾驶或者乘坐他人驾驶的非营业机动车，在交通工具上遭受意外伤害，并自该意外伤害发生之日起 180 日内以该次意外伤害为直接原因导致身故或全残，我们按如下约定的金额给付'交通工具意外身故保险金'或'交通工具意外全残保险金'，本合同终止：（1）若被保险人身故或确定全残时未满 75 周岁（不含 75 周岁），'交通工具意外身故保险金'或'交通工具意外全残保险金' ＝10×本合同基本保险金额……"

第 2.4 责任免除项约定"因下列情形导致被保险人身故或全残的，我们不承担本保险条款 2.3 的保险责任：被保险人驾驶超载机动车，因车辆超载引起的意外事故而遭受的伤害，发生上述其他情形导致被保险人身故或全残的，本合同终止，对于本保险合同条款'2.3 保险责任'中约定的任何一项保险金，如果我们均不承担给付责任，我们向您退还保险单的现金价值"。

在交通事故纠纷中，曾某驾驶的是营运车辆，发生交通事故时系超速超载行使，符合第 2.4（14）中约定的免责情形。

（三）免责条款明确说明义务纠纷的法院判定

对于王某刚、李某芬、蒋某、王某一、王某二、兰某钦、兰某阔及天安财险黔西南支公司共同提出的曾某投保的安行宝两全保险的免责的条款属于霸王条款，曾某是在对此并不知情的情况下签订的合同，故太平洋人寿保险黔西南支公司对于安行宝两全保险主张的免赔事由不予成立的辩称，根据《保险法解释（二）》第 11 条"保险合同订立时，保险人在投保单或者保险单等其他保险凭证上，对保险合同中免除保险人责任的条款，以足以引起投保人注意的文字、字体、符号或者其他明显标志作出提示的，人民法院应当认定其履行了保险法第十七条第二款规定的提示义务"的规定，保险合同中的免责条款字体用加黑加粗或者以阴影的形式体现，且投保提示书中亦有曾某的签字确认，根据《保险法解释（二）》第13条之规定，保险公司已尽到了提示义务，故对该辩称不予采信。

（四）免责条款明确说明义务履行标准及证据认定

将前述与免责条款明确说明义务关涉的基本事实，以及法院对免责条款明确说明义务纠纷的判定作对应观察可知，除了交通事故纠纷、保险纠纷的事实以及法院判决的分离之外，本案进一步将免责条款明确说明义务的纠纷从保险纠纷中分离。

从免责条款明确说明义务的角度出发，本案相对比较简单，问题集中在：如何认定保险公司已经履行了免责条款明确说明义务？保险公司提供了两个证据：（1）保险合同条款的内容；（2）带有曾某签名的免责条款明确说明提示书。同时，交通事故纠纷中能够证实曹某系超载行使肇事，因而法院作出了免责条款有效的判定。

三、结论及本案引发的新问题

（一）结论

免责条款明确说明义务在保险法理论中常常被称为投保人应对保险公司的"三大法宝"之一，在保险纠纷中应用较为广泛。法院审理此类诉请的案件，一般会如本案所揭示的过程一样。首先，审查保险合同条款中的免责条款内容是否能够满足保险法和相关司法解释规定的提示（足以引起投保人注意）的要求；其次，审查保险公司是否向投保人履行了明确说明义务；最后，再与保险事故的具体情境比对，看是否符合免责条款的约定。

本案同时也凸显出保险纠纷和交通事故纠纷的叠加，虽然基本事实存在交叉甚至重合，但是保险纠纷单独一类纠纷，其准据法是《保险法》，在司法活动中应当遵循保险法律制度加以裁决。

（二）本案引发的新问题——被保险人故意实施违法行为的保险法调整

本案中，安行宝两全保险第2.4责任免除项约定"因下列情形导致被保险人身故或全残的，我们不承担本保险条款2.3的保险责任：被保险人驾驶超载机动车，因车辆超载引起的意外事故而遭受的伤害，发生上述其他情形导致被保险人身故或全残的，本合同终止，对于本保险合同条款'2.3保险责任'中约定的任何一项保险金，如果我们均不承担给付责任，我们向您退还保险单的现金价值"。

这一约定的实质是，被保险人实施了违法行为，保险人免责。我国《保险法》在人身保险一节中规定了被保险人故意实施犯罪行为，保险人免责。"因被保险人故意犯罪或者抗拒依法采取的刑事强制措施导致其伤残或者死亡的，保险人不承担给付保险金的责任。投保人已交足二年以上保险费的，保险人应当按照合同约定退还保险单的现金价值。"对于被保险人故意实施违法行为的，没有明确的法律规定；在财产保险中没有类似规定①。只能通过保险合同约定将被保险人实施违法行为导致的保险事故排除在保险理赔范围之外。而约定的方法又必须满足免责条款明确说明义务的规定，否则不发生法律效力。这样，就会产生一个问题：被保险人实施违法、甚至犯罪行为，但是依然可以获得保险赔付。这一问题如何解决，是借助于立法中增加被保险人故意实施违法行为保险人免责的规定？还是减轻被保险人故意实施违法行为，保险人免责约定的明确说明义务？有待进一步探讨。

①　《德国保险合同法》第103条规定："如果投保人故意实施违法行为导致第三人遭受损害的，保险人有权拒绝赔偿。"保险实践无须借由保险合同约定，而是直接通过法律规定，保险人即可免责，与我国情况显然不同。

第三章　意外伤害保险免责条款典型案例评析

第一节　监管部门出新规，原保险合同所附规定作废后保险理赔纠纷案

一、案情概要

（一）案件基本事实

2013 年，上海林天市政建筑工程有限公司（以下简称林天公司）向史带财险上海分公司投保团体意外伤害保险。史带财险上海分公司同意承保后，同年 4 月 9 日出具《团体意外伤害保险（2011 版）保险单》（保险单号：AAAF0000YTH 2013B000003）一份，载明："合同生效日为 2013 年 4 月 29 日零时；合同期满日为 2014 年 4 月 28 日 24 时；总保费人民币 19 850 元（以下币种均为人民币）；团体意外伤害保险（2011 版）计划 A 的保险金额为 80 万元，计划 B 的保险金额为 20 万元；附加团体意外伤害医疗保险计划 A 的保险金额为 2 万元，计划 B 的保险金额为 3 万元；备注：1. 为了保证您的自身权益，请在确认投保本保险前，仔细阅读理解保险合同的各项规定，尤其是免除保险人责任的规定……请确保您对保险公司业务人员的说明完全理解，没有异议，如未询问，则视同已经对合同内容完全理解并无异议……4. 本保险单与投保单、报价单（如有）、保险条款、批单或者批注（如有）及其他约定书均为保险合同的构成部分；……6. 被保险人名单详见附件。"该保单所附《被保险人清单》载明：陈某喜为被保险人，保险计划为 A 计划；所附《团体意外伤害保险条款（2011版）》，第 5 条约定："……（二）残疾保险责任在保险期内，若任一被保险人遭受意外伤害事故，并自该事故发生之日起 180 日内因该事故造成本保险合同所附《人身保险残疾程度与保险金给付比例表》所列残疾之一的，保险人按该表所列给付比例乘以保险金额给付残疾保险金，如第 180 日治疗仍未结束的，按当日的身体情况进行残疾鉴定，并据此给付残疾保险金。……（三）烧烫伤保险责任

在保险期间，若任一被保险人遭受意外伤害事故，造成本保险合同所附《三度烧伤与给付比例表》所列烧烫伤程度之一者，保险人按该表所对应的烧烫伤程度及下列约定给付意外伤害烧烫伤保险金。1. 被保险人因同一意外事故导致烧烫伤或者残疾的，无论是否发生在身体同一部位，保险人仅按给付金额较高的一项给付保险金；……"；第8条约定："保险金额是保险人承担给付保险金责任的最高限额。……"；释义部分约定："……3. 三度烧烫伤：是指被保险人在本合同有效期内，因本合同约定的意外事故导致的机体软组织的烧烫伤，烧烫伤程度达到三度。三度烧烫伤的标准为皮肤（表皮、皮下组织）全层的损伤，累及肌肉、骨骼、软组织坏死、结痂、最后脱落。烧烫伤的程度及烧烫伤的面积计算均以临床鉴定标准《新九分法》的评定为准。……"该保险条款附有《人身保险残疾程度与保险金给付比例表》〔保监发（1999）237号〕。同日，林天公司按约支付了保险费，史带财险上海分公司开具发票一张。

2013年5月20日，陈某喜发生保险事故，被送至案外人上海交通大学医学院附属瑞金医院救治。同日，该院出具《入院记录》一份，载明：初步诊断为二度烧伤（火焰烧伤，面部、前躯干、双上肢、右下肢，总体表面积13%，Ⅱ度13%）。陈某喜于同年6月3日出院，《出院小结》载明的出院诊断同于入院诊断结论。

出院后，陈某喜至华东政法大学司法鉴定中心就其伤残进行鉴定。该中心于同年8月13日出具《司法鉴定意见书》一份，认为陈某喜因火焰烧灼致躯干及肢体部皮肤软组织损坏，现遗留瘢痕达体表面积12%以上，评定九级伤残。陈某喜为此支付了2 300元的鉴定费，该中心出具发票一张。

2014年7月28日，史带财险上海分公司给付林天公司医疗保险金2万元。

本案系争《人身保险残疾程度与保险给付比例表》系中国保险监督管理委员会《关于继续使用的通知》〔保监发（1999）237号〕中规定的统一标准。2013年6月4日，中国保险监督管理委员会发布《中国保险监督管理委员会关于人身保险伤残程度与保险金给付比例有关事项的通知》〔保监发（2013）46号〕第6条规定，本通知下发之日起执行，前述〔保监发（1999）237号〕同时废止。2013年6月8日，中国保险行业协会、中国法医学会联合发布《人身保险伤残评定标准》，该标准适用于意外险产品或包括意外责任的保险产品中的伤残保障，用于评定由于意外伤害因素引起的伤残程度，其中第8.1条最后一项载明"皮肤损伤导致瘢痕形成，且瘢痕面积大于等于全身体表面积的5%"，构成九级伤残，给付保险金比例为20%。

双方对赔偿依据及金额产生争议，诉至法院。本案经过一审、二审两个审级，二审法院维持了一审判决。

（二）保险公司主张

史带财险上海分公司则认为《人身保险残疾程度与保险金给付比例表》虽已经作废，但作为双方之间保险合同约定的一部分，还应适用。

（三）对方当事人主张

陈某喜认为史带财险上海分公司所附的《人身保险残疾程度与保险金给付比例表》已经作废，按照《人身保险伤残评定标准》，史带财险上海分公司应赔偿陈某喜20%比例的烧伤伤残保险金。

（四）裁判要旨

1. 一审法院裁判要旨

林天公司向史带财险上海分公司投保意外伤害保险，史带财险上海分公司承保后，保险合同关系依法成立生效。陈某喜作为被保险人有权依约向史带财险上海分公司主张相应的保险金。对现陈某喜因意外烧伤导致二度烧伤，且烧伤面积达到全身13%这一事实，史带财险上海分公司不持异议。

《人身保险残疾程度与保险金给付比例表》及《人身保险伤残评定标准》均为保险行业适用的一种计算赔付金额的方法，上述标准系通过当事人合意，作为保险条款的一部分，内化于保险合同关系中，并不是强制适用的标准，即使行业主管部门颁布新的标准予以代替，亦不能影响作为合同约定内容的相应给付比例表。因此，《人身保险残疾程度与保险金给付比例表》为本案系争保险合同约定的赔付计算方法和条件，应适用于本案赔付，且约定内容清楚准确，并无歧义。现陈某喜烧伤程度仅为二度，未达到赔付条件，故对陈某喜要求给付保险金的诉讼请求，不予支持。

陈某喜主张由史带财险上海分公司承担相应的伤残鉴定费用，但是系争保险合同并未约定上述费用由作为保险人的史带财险上海分公司承担，亦无相应法律法规作此规定，故对陈某喜要求史带财险上海分公司承担鉴定费的申请，亦不予支持。

2. 二审法院裁判要旨

首先，陈某喜主张史带财险上海分公司应按约承担残疾保险责任项下之赔偿义务。而史带财险上海分公司则认为陈某喜经诊断为二度烧伤，不符合保险合同约定的烧烫伤保险责任范围。从系争保险合同的约定来看，史带财险上海分公司作为保险人所应承担的保险责任包括身故保险责任、残疾保险责任及烧烫伤保险责任。现陈某喜因意外被烧伤致残，故其有权依据保险合同所约定的残疾保险责任主张权利。其次，关于史带财险上海分公司是否应在残疾保险责任范围内对陈某喜进行赔偿一节，陈某喜认为系争保险条款中所约定适用的《人身保险残疾程度与保险金给付比例表》已失效，史带财险上海分公司理应按照新颁布的

《人身保险伤残评定标准》予以赔偿。而史带财险上海分公司则主张仍应按照《人身保险残疾程度与保险金给付比例表》确定是否予以理赔。对此，法院认为，《人身保险残疾程度与保险金给付比例表》是作为保险金的计算标准约定于系争保险合同条款中，史带财险上海分公司及陈某喜均应恪守。虽该比例表在陈某喜发生保险事故后已被废止，但因该比例表仅是保险人所应承担赔偿责任的计算方法，而非强制执行之标准，故作为保险人的史带财险上海分公司主张依约适用该比例表，于理有据。鉴于陈某喜的伤残等级尚未达到保险合同所约定之残疾等级，故史带财险上海分公司有权拒赔。关于陈某喜提出史带财险上海分公司未在保险条款中载明《人身保险残疾程度与保险金给付比例表》一节，《人身保险残疾程度与保险金给付比例表》是行业主管部门颁布的保险金计算标准，并非史带财险上海分公司自行制作，史带财险上海分公司已在保险合同中明确按照该比例表计算保险金，故陈某喜以保险合同未列明该比例表内容来对抗史带财险上海分公司的拒赔主张，于理无据。对于陈某喜提出的上诉理由，法院不予采信。关于史带财险上海分公司是否应当承担鉴定费，由于系争保险合同中并未就鉴定费的承担作出明确约定，且从鉴定意见书的内容显示，委托单位为上海市嘉定区人民法院，故陈某喜要求史带财险上海分公司在本案中承担该笔鉴定费，缺乏事实和法律依据，不予支持。最终，二审法院维持了原审判决。

（五）问题焦点

法院归纳总结本案主要争议焦点有两个：

（1）史带财险上海分公司可否依据保险条款拒赔；

（2）史带财险上海分公司是否应当承担鉴定费。

为与本书的写作重点契合，我们不讨论鉴定费用的问题，集中探查保险监管部门出台新规，保险公司能否依据原有合同条款免责的问题。

（2015）沪二中民六（商）终字第485号案件二维码

二、案件评析

（一）案涉《人身保险残疾程度与保险金给付比例表》与《人身保险伤残评定标准》

本案中，团体保险合同中所附的保险金支付标准和依据《人身保险残疾程度与保险金给付比例表》（中国人民银行1998年发布）是前保监会于1999年颁布并通知采纳使用的。其后，根据保监会的要求，各大保险公司将其纳入保险合同条款之中，作为保险金支付的依据和标准。2013年6月8日，中国保险行业协会、中国法医学会联合发布《人身保险伤残评定标准》，该标准适用于意外险产品或包括意外责任的保险产品中的伤残保障，用于评定由于意外伤害因素引起的伤残程度。

2013 年保监会颁布《关于人身保险伤残程度与保险金给付比例有关事项的通知》[保监发（2013）46 号]该通知规定："需要调整伤残程度与保险金给付比例的保险条款，应于 2013 年 12 月 31 日前完成重新备案和条款更换工作。对于已经生效的保险合同，保险合同应做好客户服务工作，确保产品调整工作平稳有序进行。"自该通知下发之日起，《关于继续使用〈人身保险残疾程度与保险金给付比例表〉的通知》[保监发（1999）237 号]同时废止。

该通知是保险监管部门依据相关法律法规，以及保险行业的情况变化，对保险公司经营行为的调整和规范。"随着我国经济的快速发展和保险业服务覆盖面的不断扩大，特别是《道路交通事故受伤人员伤残评定》和《劳动能力鉴定——职工工伤与职业病致残等级分级》先后发布，《残疾给付表》已不能适应行业发展和消费者的现实需求，迫切需要根据实际情况修改完善相关制度，对保险条款约定伤残程度的定义及对应保险金给付比例进行规范"[1]。

此后，保险监管部门发布监管函，对未能依据《人身保险伤残评定标准》中的给付比例标准设定"残疾程度与保险金给付比例表"的保险公司下达"停止使用保险产品条款"等的监管要求。[2]

（二）保险监管部门明示保险公司应当对合同条款作出调整的法律效力

我国乃至全世界的保险行业均采取保险市场化与政府统一监管相结合的方式开展保险经营。依据我国《保险法》第 133 条的规定，保险监督管理部门（银保监会）具有监督管理保险业的职责。其监管方式包括依据保险市场的变化，颁布各项部门规章。保险公司根据这些规章及时调整保险经营方法，包括保险合同条款的内容。

从前文对《人身保险残疾程度与保险金给付比例表》与《人身保险伤残评定标准》纳入保险合同条款的过程，以及我国保险监管机构的系列文件的梳理可以判定，我国保险监管机构对保险公司提出的行业监管要求是：以《人身保险伤残评定标准》替代《人身保险残疾程度与保险金给付比例表》。这一要求具有强制性特征，新的标准出台以后，保险公司必须依据保险监管部门的要求调整保险合同条款内容。即使对已经生效的保险合同，保险监管部门也要求保险公司作出调整。虽然没有进一步明确调整的方法，但是从投保群体利益保护以及保险市场的变化角度，保险监管部门敦促保险公司以《人身保险残疾程度与保险金

---

① 中国银行保险监督管理委员会网站，http：//www. cbirc. gov. cn/cn/view/pages/ItemDetail. html？docId = 365991＆itemId = 915＆generaltype = 0，2020 年 8 月 21 日访问。

② "中国保监会监管函（监管函【2017】76 号）"，载 http：//www. cbirc. gov. cn/cn/view/pages/ItemDetail. html？docId = 359931＆itemId = 932＆generaltype = 0，2020 年 8 月 24 日访问。

给付比例表》作为保险金给付标准的意图十分明确。

三、结论

两审法院严格依据保险合同条款的约定，遵从我国《保险法》有关免责条款明确说明义务的规定，作出保险公司胜诉的判决无可厚非。[①]

同时，从保险行业监管的角度出发，本案中，涉案保险公司并没有依据保险监管部门的要求，对保险合同中给付保险金的依据作出及时调整，有违保险经营的基本规律、不利于保护投保群体利益。如果此案投保人投诉到保险监管部门，保险监管部门受理投诉后，首先会核实保险公司销售或者理赔中是否存在违法违规行为。如果存在，保险监管部门会启动行政处罚、下发监管函等措施。涉及横向的权利义务问题，调解不成的话，再告知通过诉讼程序解决。从规范保险公司经营行为的角度，此案保险监管部门会责令涉案保险公司停用依据《人身保险残疾程度与保险金给付比例表》制作的保险合同条款，敦促其使用《人身保险伤残评定标准》作为相关产品保险条款的组成部分。

第二节 保险公司依据自行制订的《伤残程度与给付比例表》主张免责保险理赔纠纷案

一、案情概要

（一）案件基本事实

严某龙通过网络投保了昆仑健康保险公司的保险产品，昆仑健康保险公司出具了吉祥行意外伤害（A款）保险电子凭证保险单，保险单上载明投保人和被保险人均为严某龙，保险费人民币340元（以下币种均为人民币），保险期间为1年，保险合同生效日为2013年5月14日，保险责任为意外残疾保险金500 000元、意外医疗30 000元。保险单另载明《吉祥行意外伤害保险（A款）条款》《附加吉祥行意外医疗费用医疗保险条款》《附加吉祥行意外住院津贴医疗保险条款》

---

① （2015）浦民六（商）初字第3606号判决结果与本案一致，均以保险条款约定的伤残标准作为支付保险金的标准。法院认为：涉案保险合同于2013年1月9日零时生效，被告已将保险合同及条款交付投保人即上海韵达货运有限公司，并在合同特别约定部分、条款后均附列了《比例表》，投保人亦签章确认保险人已说明保险合同内容，保险条款对双方产生约束力；依据中国保险行业协会的通知，《人身保险伤残评定标准》适用2014年1月1日起新生效的保单，而涉案保单在2013年1月9日已经生效，并不适用该标准。

为本保险凭证的适用条款。《吉祥行意外伤害保险（A 款）条款》第 6 条 "意外伤残保险金" 段落载明：被保险人因遭受意外伤害，并自事故发生之日起 180 日内，以此事故为直接且单独原因造成本合同所附《残疾程度与给付比例表》所列伤残之一者，本公司按照表中对应的给付比例，乘以保险金额，给付意外伤残保险金。若届时治疗仍未结束，则对第 180 日被保险人的身体情况进行伤残鉴定，并据此给付意外伤残保险金。《残疾程度与给付比例表》中按照残疾程度分为 7 个等级，第七级给付比例最低，给付比例为 10%。《附加吉祥行意外医疗费用医疗保险条款》第 6 条载明：被保险人因遭受意外伤害，并以此事故为直接且单独原因在医院治疗，本公司就其自此事故发生之日起 180 日内实际支出的合理且必要的医疗费用超过 100 元部分给付意外医疗费用保险金；若被保险人的医疗费用已通过其他途径（包括但不限于社会医疗保险机构、公费医疗、农村合作医疗保险、工作单位和本公司在内的任何商业保险机构等）获得补偿，本公司仅对被保险人的医疗费用扣除该等补偿后余额超过人民币 100 元部分给付意外医疗费用保险金。第 16 条载明：在申请意外医疗费用保险金时，申请人须提交医疗费用原始凭证。

2013 年 5 月 15 日 10 时 20 分，案外人童某某驾驶浙 A5XXXX 轿车行驶至宝山区蕴川路、友谊路路口东侧约 5 米处与骑自行车至此的严某龙相撞，造成严某龙受伤，后经交警部门认定，童某某负事故全部责任。严某龙已经另案起诉童某某等机动车交通事故责任纠纷要求赔偿医疗费 49 809.23 元等费用，医疗费已经上海市宝山区人民法院（2014）宝民一（民）初字第 473 号民事判决书确认支持且全额赔付履行完毕。

事故发生后，经上海华医司法鉴定所鉴定，严某龙 4 根以上肋骨骨折被评定为道路交通事故 XXX 伤残。严某龙表示对《吉祥行意外伤害保险（A 款）条款》《附加吉祥行意外医疗费用医疗保险条款》及《残疾程度与给付比例表》内容均不知晓，其网络购买昆仑健康保险公司保险产品时只需在 "投保申明确认" 下方勾选 "我接受以上投保申明" 即可确认购买，无须点击相关保险条款，网页中也并未主动弹出相关保险条款内容。昆仑健康保险公司确认网页中确无主动弹出相关保险条款内容，需点击相关链接才能阅读相关保险条款。投保申明确认部分第 3 条载明：本投保人已阅读该产品详细条款，投保申明确认下方有勾选 "我接受以上投保申明" 才能确认购买。昆仑健康保险公司确认本案并无书面保险单，是通过电子邮件形式发送给严某龙的。昆仑健康保险公司亦确认并未以书面形式告知严某龙本案相关保险条款。

（二）保险公司主张

昆仑健康保险公司作为本案被告及上诉人的主张及理由如下。

一审中，昆仑健康保险公司辩称：严某龙通过中民保险网上投保其保险产品昆仑吉祥行意外伤害保险计划（A款）时，通过网站的链接阅读并认可该保险产品所对应的条款的内容，是投保的必经手续，严某龙是知晓和认可保险条款，保险条款以《残疾程度与给付比例表》或《意外烧伤与给付比例表》为标准认定被保险人伤残登记，故不同意赔付医疗伤害保险金，且严某龙未提供医疗费原始凭证，已从他处获得了赔偿，属重复理赔，不符合医疗费医疗保险的理赔条件。故请求驳回严某龙的诉请。

昆仑健康保险公司不服，提出上诉称：（1）严某龙的伤残等级与系争意外伤害保险条款第六条约定的保险金给付条件不符，应当以条款约定的标准即《伤残等级与给付比例》认定严某龙的伤情。（2）严某龙主张的医疗费已从侵权人处获得赔偿，系争意外医疗费用医疗保险属于补偿性医疗保险，具有财产性质，按照该保险条款第6条的约定，其理赔时有权扣除被保险人已通过其他途径获得的医疗费补偿，且严某龙未提供医疗费用原始凭证，不符合申请医疗费理赔应当提供相关材料的合同约定。（3）系争意外伤害保险条款第6条和意外医疗费用医疗保险条款第6条的约定均不属于免责条款，且严某龙在网络投保时，其在网页上已用红色字体显示保险条款地址链接，严某龙已经在"投保人申明"处勾选确认，表明严某龙已经阅看了保险条款，其已尽到提示和明确说明义务。（4）其向严某龙电子邮箱发送了电子保单，已经提示严某龙可登录其网站查询相关保险条款的详细内容，且在系争保险合同生效前，严某龙通过网络数次投保其同样的保险产品，可见严某龙知悉系争保险条款的内容。故请求撤销原审判决，改判驳回严某龙的所有诉讼请求。

（三）对方当事人主张

严某龙作为本案原告及被上诉人的主张及理由如下：

一审中，严某龙诉称：其遭受意外伤害经鉴定4根以上肋骨骨折构成XXX伤残，经治疗花费医疗费共计48 074.73元。治疗结束后严某龙根据保险单向昆仑健康保险公司索赔，昆仑健康保险公司却以严某龙XXX伤残未达到昆仑健康保险公司规定的七级以上伤残为由拒赔。严某龙遂起诉要求判令：（1）昆仑健康保险公司支付其意外伤残保险金50 000元；（2）昆仑健康保险公司支付其意外医疗费30 000元；（3）昆仑健康保险公司赔偿其律师费损失3 000元。审理中，严某龙撤回了律师费损失的主张。

二审中，被上诉人严某龙辩称：（1）其系因交通事故致残，理应按照道路交通事故受伤人员伤残评定的标准认定伤残等级，其根据鉴定机构出具的XXX伤残评定意见，按照系争保险条款《伤残等级与给付标准》的最低XXX伤残认定，并无不当。（2）系争意外医疗费用医疗保险是意外伤害保险的附加险，意外伤害保险属于人身保险范畴，不应适用补偿原则，人的身体、健康无价，不存在重复赔偿。（3）其在网络投保过程中从未看到过系争保险条款的全文，电子保单上的免责条款中未包含伤残等级、医疗费补充赔付的内容，昆仑健康保险公司对此未尽到提示和明确说明义务，该条款对其不产生效力。（4）其虽曾多次投保，但在本案之前从未申请理赔，且该情节也不能免除保险人的提示及明确说明义务。故请求驳回上诉，维持原判。

（四）裁判要旨

1. 一审法院裁判要旨

严某龙、昆仑健康保险公司之间的人身保险合同关系合法有效，受法律保护。严某龙因事故造成人身伤害后经鉴定机构鉴定了伤残等级，理应可以通过人身保险合同要求昆仑健康保险公司履行赔付义务，昆仑健康保险公司辩称所涉及的条款《吉祥行意外伤害保险（A款）条款》第6条及所附《残疾程度与给付比例表》属于列举式条款，未能涵盖全部人身伤残，排除了部分被保险人享有的权利，《附加吉祥行意外医疗费用医疗保险条款》第6条限制了被保险人获得赔偿的权利，上述条款均是直接涉及被保险人权益减少、风险加大等重大利益以及保险人免除或减少保险责任的内容，且均为保险人的格式条款。按照法律的规定，订立保险合同，采用保险人提供的格式条款的，保险人向投保人提供的投保单应当附格式条款，保险人应当向投保人说明合同的内容。对保险合同中免除保险人责任的条款，保险人在订立合同时应当对该条款的内容向投保人履行提示和明确说明义务，未作提示或者明确说明的，该条款不产生效力，而本案的争议焦点在于昆仑健康保险公司是否就其格式合同中免除保险人责任的上述条款向投保人履行了提示和明确说明义务。严某龙表示其订立保险合同时并不清楚系争保险条款内容，昆仑健康保险公司确认其并未以书面形式告知严某龙本案系争保险条款，称其已履行相关提示和明确说明义务的做法为：投保人通过网络阅读确认相关保险条款，在"投保申明确认"中载明投保人已阅读详细条款，并最终由投保人在投保申明确认下方勾选"我接受以上投保申明"。原审法院认为，提示和明确说明义务应由保险人主动积极履行的，而不是基于投保人的请求才被动产生的，本案中投保人如需要阅读具体保险条款，需主动在网页中点击所链接的保险条款，昆仑健康保险公司亦确认网络中并无主动弹出保险条款页面，应当认定其并未主动向投保人出示提供保险条款，保险人未能尽到提示和明确说明义务，有违诚实信用原则，保险条款中免除保险人责任的上述条款均不产生效力。综上，严某龙按照最低标准即给付比例10%主张意外伤残保险金，并无不当，予以支持，昆仑健康保险公司辩称拒赔意外伤残保险金的理由无事实和法律依据，不予采信。本案是人身保险合同纠纷，严某龙虽然已经通过另案得到侵权人赔偿了医疗费，其仍可基于人身保险合同约定向被保险人主张意外医疗费，该诉请并不违反法律规定，予以支持，昆仑健康保险公司辩称需要提供医疗费单据原件和医疗费不能重复赔偿的辩称无法律依据，不予采信。据此，依照原《中华人民共和国合同法》第 8 条、《中华人民共和国保险法》第 17 条、第 23 条第 1 款及《中华人民共和国民事诉讼法》第 142 条的规定，作出判决：（1）昆仑健康保险公司于判决生效之日起 10 日内支付严某龙意外伤残保险金 50 000 元；（2）昆仑健康保险公司于判决生效之日起 10 日内支付严某龙意外医疗费 30 000 元；如果昆仑健康保险公司未按判决指定期间履行给付金钱义务，应当依照《中华人民共和国民事诉讼法》第 253 条之规定，加倍支付迟延履行期间的债务利息。本案受理费减半收取为 900 元（严某龙已预缴），由昆仑健康保险公司负担。

2. 二审法院裁判要旨

（1）关于第一个争议焦点。二审法院认为，订立保险合同，采用保险人提供的格式条款的，保险人向投保人提供的投保单应当附格式条款，保险人应当向投保人说明保险合同的内容。互联网投保作为新兴的保险营销模式，与柜面投保等传统保险销售模式在保险合同的订立流程和形式上存在显著差异，但是保险人仍应秉持最大诚信原则，按照法律规定履行格式条款的交付和说明义务。首先，昆仑健康保险公司负有向投保人交付保险条款的义务，这是其履行格式条款说明义务的必要条件和重要形式。系争保险合同以互联网为载体而订立，保险条款、保单等合同资料均是以网页这一数据电文的形式呈现，若有证据证明投保人在网络投保过程中已经阅看了保险条款等保险合同资料的相关网页并经相应的勾选确认环节，可视为保险人已尽到了格式保险条款的交付和说明义务。从系争保险的网络投保过程看，昆仑健康保险公司仅在投保网页上提供了保险条款的地址链接，须投保人点击后方能跳转至保险条款全文阅览页面，没有设置嵌入式网页等能够在投保必经流程的网页上全文显示格式保险条款的模块和功能。而保险人交付条款应当主动为之，并非应投保人的要求方才作为。即便投保人勾选了载有"已阅读投保须知和保险条款……"等内容的投保人声明，如果保险人没有主动在网页上出示保险条款的全文供投保人在网络投保过程中阅览，而投保人又否认曾自行点击保险条款地址链接的，就不能免除保险人的条款交付和说明义务。昆仑健康保险公司没有证据证明严某龙在系争保险网络投保过程中曾点击保险条款全文的链接地址，应当认定其未尽到保险条款交付和说明义务。其次，格式保险条款中对非保险术语所做的解释应当符合专业意义，若保险人所作解释与相关专业意义有较大差异的，应就有关差异向投保人予以揭示。系争保险条款中的《伤残程度与给付比例表》系保险人自行制定，与《道路交通事故受伤人员伤残评定》等涉及人身伤残认定的相关国家标准存在显著差异，伤残程度和等级均有所缩窄，不利于投保人、被保险人和受益人。在此情况下，以投保人严某龙作为普通消费者的认知能力，昆仑健康保险公司理应在订立系争保险合同过程中提请投保人予以充分关注和理解。而昆仑健康保险公司没有证据证明曾向严某龙交付系争保险条款，严某龙亦否认曾经阅看条款全文，故可以认定昆仑健康保险公司未曾就保险条款中的《伤残程度与给付比例表》与相关人身伤残认定国家标准存在的差异向投保人严某龙揭示过。最后，对格式条款的理解发生争议的，应当按照通常理解予以解释。对格式条款有两种以上解释的，应当作出不利于提供格式条款一方的解释。本案中，昆仑健康保险公司与严某龙对《伤残等级与给付比例表》的不同理解系针对非保险专业术语而产生，由于昆仑健康保险公司的解释与伤残鉴定的相关国家标准不符，应当作出对昆仑健康保险公司不利的解释。故可以认定系争保险合同并未要求被保险人的伤残状况必须与《伤残等级与给付比例表》中所列情形完全吻合。综合上述分析，严某龙根据第三方鉴定机构认定的伤残XXX套定为系争保险条款中《伤残等级与给付比例表》的最低等级七级，亦属合理，并无不当。

（2）关于第二个争议焦点。二审法院认为，被保险人因第三者的行为而发生死亡、伤残或者疾病等保险事故的，保险人向被保险人或者受益人给付保险金后，不享有向第三者追偿的权利，但被保险人或者受益人仍有权向第三者请求赔偿。对保险合同中免除保险人责任的条款，保险人在订立合同时应当履行提示及明确说明义务，否则该条款不产生效力。首先，《保险法》第46条确认了被保险人在发生人身保险事故时，有权向第三人和保险人分别主张赔偿，这两种请求权基于不同的法律关系而产生，并非竞合关系，通常不适用财产保险的"损失填平"原则。系争意外医疗费医疗保险以被保险人所受伤害的治疗行为作为保险标的，虽然具有财产利益的特征，但是其以被保险人身体受到意外伤害为条件，涵盖于意外伤害保险业务之中，是意外伤害保险的附加险种，仍属于保险法规定的人身保险业务。其次，根据昆仑健康保险公司的主张，系争意外医疗费医疗保险定位于费用补偿性医疗保险，即仅对被保险人通过其他途径未能获得赔偿的实际发生的医疗费用予以赔偿。中国保险监督管理委员会制定的《健康保险管理办法》规定了医疗保险按照保险金的给付性质可划分为费用补偿型和定额给付型。可见，昆仑健康保险公司将系争意外医疗费医疗保险定位于费用补偿型医疗保险，符合监管规定以及行业惯例，法院对此予以充分尊重。但是，由于系争意外医疗费医疗保险对医疗救治费用的赔偿金额限定于被保险人未实际获得赔偿的部分，实际上限制了被保险人依据《保险法》第46条规定行使赔偿请求权，减少了保险人向被保险人支付医疗保险金的数额。故系争意外医疗费医疗保险条款第6条中有关扣除被保险人通过其他渠道已经获得医疗费赔偿的约定，属于保险法规定的免除保险人责任的条款，昆仑健康保险公司应当向投保人履行提示和明确说明义务，否则该条款不产生效力。法院在对第一个争议焦点的论述中已对昆仑健康保险公司在网络投保过程中未尽格式条款交付义务进行了认定，不再赘述。而该条款又属于免责条款，因昆仑健康保险公司未主动向严某龙出示保险条款全文，且其针对该条款亦未采取字号、字体等显著区别于其他条款的方式予以提示，据此可认定其以网页、音频、视频等形式尽到明确说明义务。严某龙是否存在对同一险种的投保经历，亦不能免除昆仑健康保险公司在系争保险合同订立过程中的提示和明确说明义务。故应当认定该保险条款对严某龙不生效。最后，保险事故发生后，按照保险合同请求保险人赔偿或者给付保险金时，投保人、被保险人或者受益人应当向保险人提供其所能提供的与确认保险事故的性质、原因、损失程度等有关的证明和资料。严某龙已经向昆仑健康保险公司提供了医疗费用单据，虽然是复印件，但因原件已经在另案侵权赔偿案件中交予赔偿义务人，在本案中无法提供原件亦属合理，且根据医疗费用单据的复印件已经能够证明严某龙因意外伤害进行医治所产生的医疗费用，损失程度能够确定，故严某龙主张赔偿医疗费的请求，具有合同和法律依据。

最终，二审法院作出了驳回上诉、维持原判的判决。

（五）问题焦点

二审归纳总结本案的争议焦点有两个：

（1）昆仑健康保险公司能否以严某龙所受意外伤害程度不符《伤残程度与给付比例表》的标准为由拒绝赔偿意外伤残保险金；

（2）昆仑健康保险公司能否在严某龙已从他处获得医疗费实际赔偿的情况下免除意外医疗费保险项下的理赔责任。

（2015）沪二中民六（商）终字第52号案件二维码

二、案件评析

本案中，以下两个方面的内容颇值关注。

（一）对网络销售保险中免责条款明确说明义务履行方式的解析

随着互联网的普及，越来越多的保险公司采取网络销售保险的形式拓展业务。但是，在网络销售过程中，保险公司如何履行免责条款明确说明义务？成为困扰保险公司的一个重要问题。保险合同条款本身具有格式条款的特征，动辄长篇累牍，而且保险专业术语和法律术语等充斥其中。网络销售的保险产品使得这种抽象、不易懂的保险合同条款更加难以契合投保人的阅读习惯。即使投保人认真阅读，以一般投保人的知识储备以及理解能力也难以彻底读懂保险合同条款的内容。可见，在司法裁判过程中偏重保护投保人的利益，对保险公司提出更严格的履行免责条款明确说明义务的要求不失公允。

本案的裁判过程充分体现了法院在审理网络销售的保险产品争议中的基本立

场：不仅探查保险公司网页设置的方式是否能够起到向投保人提示和明确说明免责条款内容的作用，同时将向投保人提供纸质保险合同条款认定为保险公司应当主动承担的义务。在保险公司没有向投保人提供纸质保险合同条款的前提下，判令保险公司没有履行免责条款明确说明义务。

（二）保险公司未采取保险监管部门颁布的伤残认定标准的法律风险

本案与上一节的案件不同，上一节的案件中，保险公司的合同条款将保险监管机构旧版的人身伤残标准列为合同内容；本案中涉及的人身伤残标准是由保险公司自行设计并纳入保险合同条款的。本案依据免责条款明确说明义务判决保险公司败诉，在保险合同法以及监管法的其他规定中，保险公司采取自行设计的人身伤残标准作为给付保险金的标准，也同样存在法律风险。

1. 被认定为无效格式条款的风险

保险监管部门以及其他国家公权力机关设计、制定的人身伤残相关标准一般符合当时的法律法规要求，也与医疗技术标准保持一致，因而具有普适性特点。在关涉侵权损害赔偿认定、工伤赔偿认定等法律事务中均具有相应的约束力。保险公司采取这些公权力机关（尤其是保险监管部门）制定（或者认定）的标准，一方面可以避免保险合同条款存在争议时的不利解释，另一方面可以同投保群体的一般认知保持一致。

我国《保险法》第19条规定："采用保险人提供的格式条款订立的保险合同中的下列条款无效：（一）免除保险人依法应承担的义务或者加重投保人、被保险人责任的；（二）排除投保人、被保险人或者受益人依法享有的权利的。"根据这一规定，如果保险公司自行采取的人身伤残认定标准与国家公权力机关制定的人身伤残标准不一致，同时，依据保险公司的认定标准保险金给付的范围或者数额小于或者少于依据国家公权力机关制定的认定标准，符合第19条规定的"加重投保人、被保险人责任"的情形。（法院在审理此案过程中也有所提及）

2. 被保险监管部门勒令整改的风险

前一节中，我们梳理了我国保险监管部门对保险公司采用《人身保险伤残评定标准》的相关文件以及敦促保险公司调整保险合同条款内容的监管函。本案中，保险公司没有采用保险监管部门要求所有保险公司人身保险产品均需采用的《人身保险伤残评定标准》，而是自行制订新的不同标准。一旦被监管部门查证属实，监管部门会通过下达监管函的方式促使保险公司停止使用原有保险条款，采用包含《人身保险伤残评定标准》的保险条款。

三、结论

诚信经营是保险法以及保险制度对保险公司提出的基本要求，网络环境下同样如此。我国《保险法》第 5 条规定了保险活动的诚实信用原则，"保险活动当事人行使权利、履行义务应当遵循诚实信用原则。"保险行业的特殊性决定了保险活动的诚实信用标准较高，在英美法系中使用"最大诚信原则"加以表征。本节所解决的问题正是保险活动参与主体，不限于保险公司，也包括保险代理人，以及所有以保险公司、保险代理机构名义参与保险经营活动的主体，均应当以诚实信用、"最大诚信"的原则为行为的指引。而保险监管与保险合规经营，就是维护和落实诚实信用原则的具体制度路径。

第三节　将《人身保险残疾程度与保险金给付比例表》纳入免责条款保险理赔纠纷案

一、案件概要

（一）案件基本事实

2013 年 10 月，原告家中建造房屋，雇用了案外人许某某做泥水匠，原告向被告购买了一份《建筑工人团体人身意外伤害保险》，保险期间为 2013 年 12 月 21 日至 2014 年 10 月 24 日。2013 年 12 月 21 日，许某某在施工时摔伤，由此产生医疗费用等损失。2014 年 5 月 5 日，许某某向上海市浦东新区人民法院起诉原告，要求原告赔偿各项损失共计人民币 101 644.52 元。法院判决后，原告于 2014 年 8 月 25 日将 101 644.52 元的赔付款支付给许某某。后原告要求被告支付理赔款被拒，诉至法院。

2013 年 10 月 21 日，被告天安财产保险股份有限公司签发《天安保险股份有限公司保险单》，投保险种为物质损失、第三者责任、施工人员人身意外伤害 3 种，其中施工人员人身意外伤害险的每人身故残疾赔偿限额为 10 万元，每人医疗赔偿限额为 3 万元，保险期间为 2013 年 10 月 25 日至 2014 年 10 月 24 日；每次事故绝对免赔为 300 元。保单载明保单适用条款为：天安保险股份有限公司《建筑工程一切险条款》《建筑工程团体人身保险条款》《团体意外伤害医疗保险条款》。天安保险股份有限公司《团体意外伤害医疗保险条款》第 5 条约定保险人承担下列保险金给付责任："一、被保险人所支出的必要且合理的、符合保单签发地社会医疗保险主管部门规定可报销的由被保险人实际承担的医疗费用，保险人扣除人民币 100 元绝对免赔额后，按 80% 比例给付医疗保险金。……"

《建筑工程团体人身保险条款》第 5 条第 2 款"残疾保险责任"约定："在保险责任期间内，被保险人遭受意外伤害事故，并自该事故发生之日起 180 日内因该事故造成本保险合同所附《人身保险残疾程度与保险金给付比例表》（以下简称《比例表》）所列残疾之一的，保险人按该表所列给付比例乘以保险金额给付保险金额。"该《比例表》共分 7 级 34 项。此外，上海市东方医院司法鉴定所出具的《法医临床司法鉴定意见书》载明，伤者许某某因建房时不慎从高处摔下致右第 7－11 肋骨骨折（累计 5 根肋骨），该损伤，参照《道路交通事故受伤人员伤残评定》第 4.10.5.b 条之规定构成 XXX 伤残。

（二）保险公司主张

被告不同意原告诉请，依照保险合同约定，被告仅同意赔付医疗费。

主要理由在于：残疾保险责任的认定要符合本保险的给付保险比例表，原告提供的伤残鉴定的标准是按照交通事故标准赔偿的，本案的伤残保险金应当按照保险合同约定的《比例表》赔付。按照该标准，案外人不构成伤残，不符合赔付的条件。其适用的比例表是保监会下发的具有国家标准的赔偿表，行业基本按照该标准赔付，不属于免责事由，被告在投保的时候已经尽到告知义务。

（三）对方当事人主张

原告请求：（1）判令被告立即支付保险理赔款 101 644.52 元；（2）判令本案诉讼费由被告承担。

主要理由在于：被告指定的伤残等级标准的《比例表》是免责条款，被告没有尽到告知义务，残疾等级应当按照国家的规定来认定。

（四）裁判要旨

法院作出以下判决：（1）被告天安财产保险股份有限公司应于本判决生效之日起 10 日内赔付原告顾某新保险金 1 304.32 元；（2）驳回原告顾某新的其余诉讼请求。

法院主要判决理由是：

（1）《建筑工程团体人身保险条款》第 5 条关于残疾保险金保险责任的约定明确了意外残疾保险金的给付需根据《比例表》所列的给付比例乘以保险金额予以计算，故《比例表》之内容系保险合同的承保风险范围，不属于免除保险人责任的条款，原告认为被告对免责条款未尽解释说明义务没有事实和法律依据，且被告已将条款交付原告，在涉案条款后附列了《比例表》，并在表后对相关的概念进行了解释，《比例表》是对承保范围的明确，不是合同约定的责任免除条款，这与原告所主张的被告未对免责条款尽到解释说明义务情况不符，故被告是否负有保险金给付责任应当根据合同条款的约定予以认定。

（2）以《道路交通事故受伤人员伤残评定》为标准，原告经鉴定构成 XXX 伤残，而《比例表》共分 7 级，两者无法对应；关于案外人许某某"第右 7－11 肋骨骨折（累计 5 根肋骨）"损伤程度是否符合《比例表》约定的理赔标准，原告在法院向其释明后果后，仍未提出鉴定申请，故其对许某某的损伤符合理赔标准的主张缺少相关证据予以佐证，应承担举证不能的责任。据此，被告依约不负有给付伤残保险金的责任。

（五）问题焦点

法院归纳总结本案的争议焦点有两个：

（1）涉案条款中的《人身保险残疾程度与保险金给付比例表》是否属于免责条款，被告对此是否尽到明确说明义务；

（2）案外人许某某的伤情是否属于保险合同约定的承保风险范围。

本书针对第一个争议焦点展开评析。

（2014）浦民六（商）初字第14260号案件二维码

二、案件评析

无论各个保险公司采用的是自行制订的比例表还是保险监管部门统一要求的比例表，均涉及作为保险金给付标准的比例表是否属于免责条款的问题，对这一基本问题的判断直接决定是否适用免责条款明确说明义务的规定。

（一）划定意外伤害保险承保范围的两个层次

意外伤害保险承保意外事件造成的被保险人损害，一般而言，只要被保险人身体的伤残是由意外事件造成的，保险公司就应当承担赔偿责任。判断意外伤害保险的承保范围以及除外责任分为两个层次：（1）需要考量风险是否为意外？对于属于意外风险的，保险条款以承保责任和除外责任进行承保与否的范围划定；（2）属于意外，且属于特定意外伤害保险承保范围的意外造成的损害结果是否被承保？对于属于特定意外伤害保险承保范围的意外造成的损害结果，保险条款中以承保范围和除外责任进行承保与否划定。第一个层次的划定我们可以总结为"不是所有的意外均由意外伤害保险承保"；第二个层次的划定我们可以总结为"不是所有的意外造成的损害均由意外伤害保险承保"。免责条款以及承保范围在前述两个层次的范围划定过程中实质上起到工具的作用：将属于特定意外伤害保险承保的意外，以及属于特定意外伤害保险的意外造成的特定损失，裁取为"承保风险"。使得抽象的、看不见摸不着的风险，成为以文字表述为形式的、具体的，可被知悉的意外伤害保险产品。

本案中，比例表起到划定第二个层次风险是否属于承保范围的作用，既然"不是所有的意外造成的损害均由意外伤害保险承保"，那些在比例表范围内的意外造成的伤害由保险公司承保，那些在比例表范围外的意外造成的伤害不由保险公司承保。这样，比例表似乎成为承保范围和免责条款的中间地带，并非纯粹的承保范围，也并非典型的免责条款。对其属性的判断需要回归到意外伤害保险的本质中，以对其本质的探查判断比例表是否属于免责条款。

（二）意外伤害保险的本质属性

意外伤害保险具有 3 个本质特征（或称构成要件）：偶然性、外来性和急剧性。被保险人因意外导致伤残，是意外产生的结果，并非典型的承保范围。对这一结果加以限定的比例表，更不属于典型的对承保范围的约定。故此，本书认为：比例表应当属于意外伤害保险条款的免责条款，保险公司应当向投保人进行提示和明确说明。这一判断结果也符合《保险法解释（二）》第 9 条的规定，保险人提供的格式合同文本中的责任免除条款、免赔额、免赔率，比例赔付或者给付等免除或者减轻保险人责任的条款，可以认定为《保险法》第 17 条第 2 款规定的"免除保险人责任的条款"。

（三）保险监管部门颁布的《人身保险残疾程度与保险金给付比例表》法律效力层级

最高人民法院 2009 年发布的《关于裁判文书引用法律、法规等规范性文件的规定》各个层次的法律、法规、部门规章的效力层次如表 2－1 所示。

表 2－1　法律、法规、部门规章的效力层次

效力分量	规范形式	适用方式	法官义务
规范法源裁判依据	法律、法律解释、司法解释	应当适用	遵循义务
	行政法规、地方性法规	可以直接适用	
准规范法源裁判理由	部门规章、地方政府规章、其他政府规定	经审查认定合法有效的可作为裁判说理依据	参酌义务；不采用时的论辩义务
	指导性案例	应当参照/应作为裁判理由引述	
	宪法规范	体现的原则精神可在说理部分阐述	需符合"合宪性解释"
	国家政策	实践中影响司法适用	起事实性权威作用

保险监管部门制定或者采用的《人身保险残疾程度与保险金给付比例表》性质上属于部门规章，法院在审理案件的时候经审查认定合法有效的，可以作为裁判说理依据。该比例表法院仅具有参酌义务，并不当然具有法律约束力。

三、结论

本章第一节和第二节的案件均围绕纳入保险合同条款中的《人身保险伤残程度与保险金给付比例表》展开。每个案件的具体情况不同，律师选择的诉讼路径也并不相同。在此案件中，原告代理律师选择了将比例表作为免责条款的组成部分，进而主张保险公司未向原告加以提示和明确说明，该比例表无效。本案法官认定该比例表属于保险合同承保范围，并非免责条款，在此基础上作出不利于原告的判决。本案中，纳入涉案险种《建筑工人团体人身意外伤害保险》的比例表为保险监管部门通过行政规范性文件要求保险公司使用的比例表。

有鉴于本书前述对比例表应当属于意外伤害保险合同的免责条款的结论，本书认为：本案的判决有待商榷，个人认为保险公司应当将比例表向投保人进行明确说明（相关案件列举见下文）。

四、类案举例

（一）（2017）内71民终44号案件

该案中，法院判定《人身保险伤残程度与保险金给付比例表》属于免责条款。法院认为：某某团体意外伤害保险条款2.4条约定被保险人发生的意外伤害事故按照"人身保险伤残评定标准（行业标准）"对应的伤残等级按"人身保险伤残程度与保险金给付比例表"给付意外伤残保险金。该条不适当地排除了保险人的保险责任，伤残级别没有涵盖人身伤残的全部等级。依照《保险法解释（二）》第9条第1款的规定"保险人提供的格式合同文本中的责任免除条款、免赔额、免赔率、比例赔付或者给付等免除或者减轻保险人责任的条款，可以认定为《保险法》第十七条第二款规定的'免除保险人责任的条款'"，故该"人身保险伤残评定标准"应属于免责条款。

（二）（2017）新40民终985号案件

该案中，法院认为：中保协发【2013】88号人身保险伤残评定标准系其提供的格式条款《驾乘人员人身意外伤害保险（2013）版条款》的组成部分，根据《保险法》第17条规定，订立保险合同，采用保险人提供的格式条款的，保险人向投保人提供的投保单应当附格式条款，保险人应当向投保人说明合同的内容。对保险合同中免除保险人责任的条款，保险人在订立合同时应当在投保单、保险单或者其他保险凭证上作出足以引起投保人注意的提示，并对该条款的内容以书面或者口头形式向投保人作出明确说明，未作提示或者明确说明的，该条款不产生效力。本案中，因太平洋保险公司提供此保险条款系为重复使用而预先拟订，并不在双方的保单中记载，属于格式条款，保险人通过格式条款的形式与投保人签订保险合同,应当遵循公平原则确定当事人之间的权利和义务,并采取合理的方式提请投保人注意免责条款。现因太平洋保险公司无法证明对其中的免责条款已尽到提示和明确说明义务,故该免责条款无效。

(三)(2019)豫 14 民终 5554 号案件

该案中,法院认为:人身保险伤残评定标准(行业标准)规定了伤残程度与比例赔付,实质是限制、减轻或免除保险人的责任条款,应属于免责条款,依据《保险法》第 17 条第 2 款规定,"对保险合同中免除保险人责任的条款,保险人在订立合同时应当在投保单、保险单或者其他保险凭证上作出足以引起投保人注意的提示,并对该条款的内容以书面或者口头形式向投保人作出明确说明,未作提示或者明确说明,该条款不产生效力"。

(四)(2018)鲁 1102 民初 9553 号案件

该案中,被告保险公司主张:原告依据道路交通事故受伤人员伤残评定标准作出的伤残鉴定意见,不能作为对原告伤残评定的依据……《人身保险伤残评定标准及代码》是由中国保险监督委员会发布并经国家标准化委员会备案的中华人民共和国金融行业标准,其赔偿体系相对于道路交通事故而言属于不同的法律体系,原告依照道路交通事故受伤人员伤残评定标准作出的伤残鉴定意见,无法定依据及合同约定。

法院认为:关于保险合同约定的人身保险残疾程度与保险金给付比例表应系免责条款,被告太平人寿日照公司应当履行明确说明义务。

第四节　移动终端保险凭证约定不明保险理赔纠纷案

一、案件概要

(一)案件基本事实

2017 年 2 月 4 日,原告在广东省河源市万绿湖风景区购买门票时,同时购买了被告公司在移动终端保险凭证上载明的意外伤害保险。该《移动终端保险凭证》正面载明:"保险责任"约定,意外事故残疾、保险金额 15 万元,"意外伤害医疗"、保险金额 5 万元;保费 3 元;"特别提示请仔细阅读背面《明示告知》和《特别说明》中的内容"(上述字体加粗);全国客户热线 95505,查询网站:www.95505.com.cn,等。背面载明:"明示告知(字体加粗)""1.本保险凭证的具体保险责任、免责条款等相关事宜以条款为准,被保险人可通过本公司网站或拨打热线电话查阅或索取相关条款及其他资料。本公司已在相关条款中就免责条款进行了详细解释和明确说明，请仔细阅读。2. 被保险人已阅知并理解相关保险条款尤其是保险责任、责任免除等规定，且无异议，同意投保。""特别说明（字体加粗）""3. 意外伤害残疾按《人身保险伤残评定标准（中保协发〔2013〕88 号)》比例给付"。

2017 年 2 月 4 日 11：30 分左右，原告在该景区码头下船时摔倒，致右腿骨折。同日晚，原告人住广州市番禺区中医院治疗，入院诊断右胫腓骨下端骨折。2017 年 2 月 23 日，原告出院。嗣后，原告在门诊复诊。为此，原告共计发生医疗费 30 267.56 元，其中自费部分共计 11 738.94 元。同日，广州市番禺区中医院出具《疾病证明书》，载明骨愈时拆除内固定费用约壹万元等内容。2017 年 10 月 26 日，南方医科大学司法鉴定中心根据原告委托出具《鉴定意见书》，载明：适用最高人民法院、最高人民检察院、公安部、国家安全部、司法部发布的《人体损伤致残程度等级》标准，霍某玲右胫腓骨下端骨折致右踝关节功能部分丧失的伤残程度为 10 级。

2013 年 6 月 8 日，中国保险行业协会、中国法医学会发布《关于印发〈人身保险伤残评定标准〉的通知》（中保协发〔2013〕88 号）。《人身保险伤残评定标准》规定：本标准建立了保险行业人身保险伤残评定和保险金给付比例的基础，各保险公司应根据自身的业务特点，根据本标准的方法、内容和结构，开发保险产品，提供保险服务；本标准适用于意外险产品或包括意外责任的保险产品中的伤残保障，用于评定由于意外伤害因素引起的伤残程度；本标准对功能和残疾进行了分类和分级，将人身保险伤残程度划分为 1 至 10 级，最重为第一级，最轻为第十级；与人身保险伤残程度等级相对应的保险金给付比例为 10 档，伤残程度第一级对应的保险金给付比例为 100%，伤残程度第十级对应的保险金给付比例为 10%，每级相差 10%，等等。

（二）保险公司主张

天安财产保险股份有限公司作为本案被告辩称：（1）对保险事故的发生无异议，原告向被告投保了《参观者人身意外伤害保险》和《愉快人身意外伤害医疗保险》，保险金额分别为 15 万元、5 万元；（2）根据保险合同约定的《人身保险伤残评定标准》，原告伤残构成 10 级，被告应仅按照保险金额的 10% 即 15 000 元赔付原告；（3）后续医疗费原告应待实际发生后再主张，本案中被告不予理赔，《愉快人身意外伤害医疗保险》约定免赔额 90 元，按照给付比例 50% 赔偿，故本案中被告按照（11 738.94 元 – 90 元）×50% 赔付原告 5 824.47 元；（4）关于赔偿项目，被告仅同意赔付原告医疗费、伤残赔偿金，原告主张的其他费用不在承保范围内；（5）关于赔偿项目金额，护理费、伙食补助费、鉴定费金额无异议，交通费认可 300 元，营养费认可 1 200 元。

（三）对方当事人主张

霍某玲作为本案原告提出如下诉讼请求：（1）被告在意外伤害医疗赔付范围内赔偿人民币（以下币种均为人民币）21 738.94 元，在意外伤害残疾赔付范围内赔偿 150 000 元，合计 171 738.94 元；（2）本案诉讼费用由被告承担。

霍某玲作为本案上诉人提出如下上诉请求：（1）请求撤销（2018）沪 0115 民初 25685 号民事判决，依法改判保险公司在意外伤害医疗赔付范围内（人民币 50 000 元，以下币种同）赔偿其 13 883.96 元，在意外伤害残疾范围内（150 000 元）赔偿其 150 000 元，合计 163 883.96 元；（2）保险公司承担本案一审、二审的诉讼费用。一审法院认为不依据保险单据中格式条款指定的《人身保险伤残评定标准》中的计算方法会导致被保险人的伤残程度无论轻重均得到等额赔偿，明显有误；霍某玲并未收到相关的保险条款，天安保险公司也未履行法定的告知义务；明示告知条款中第 2 条载明："被保险人已阅知并理解相关保险条款尤其是保险责任、责任免除的规定，且无异议，同意投保"，一审法院认为这不属于免责条款，显然有误；一审法院认为后续治疗尚未发生，故不予支持的判决亦属不妥；一审法院对意外伤害保险合同的认识有失偏颇，如果被保险人在发生意外时无法获得足额保险理赔，也就失去了投保人为自己的人身安全投保的意义。

（四）裁判要旨

1. 一审法院裁判要旨

法院判令被告向原告赔偿保险金 26 738.94 元。判决理由在于：

首先，第 3 条约定的《人身保险伤残评定标准》将被保险人伤残程度与保险人给付的保险金金额相对应，确立了保险责任的计算方法，并未在保险公司承担保险责任的范围内减轻或者排除其应当承担的风险和损失。如果将该标准确定的计算方法认定为免责条款，将会导致此种类型保险合同的被保险人的伤残程度无论轻重均得到等额赔偿，有违《保险法》第 11 条规定的公平原则。同时，法院注意到，原告主要依据《最高人民法院关于审理人身损害赔偿案件适用法律若干问题的解释》主张了伤残赔偿金、被抚养人生活费等赔偿项目，上述赔偿项目亦是以伤残等级为基础，与被告主张以伤残等级确定保险金金额并无差异，但该解释适用于人身损害赔偿侵权之债而非合同之债，而本案是保险合同之债纠纷。其次，被告根据标准的方法、内容和结构厘定保险费率，原告就涉案意外事故残疾和医疗两份险种支付的保险费也仅为 3 元，如果以原告主张的人身损害赔偿司法解释确定保险责任范围，即使适用保险合同约定的保险金额，仍有违对价均衡。最后，《人身保险伤残评定标准》系中国保险行业协会、中国法医学会对外公布的规范性文件，系保险行业的交易习惯，并非被告单方制定的标准，原告对其应当知晓。凭证"明示告知"第2条明确载明"被保险人已经阅知并了解相关条款尤其是保险责任、责任免除等规定，且无异议，同意投保"，本案原告收到该保险凭证后，并未及时提出异议。故法院对原告认为被告未交付条款的主张，不予支持。综上，第3条对原、被告发生法律效力。

其次，被告主张的《愉快人身意外伤害医疗保险》中的免赔和给付比例条款，属于《保险法解释（二）》第9条第1款规定的"免除保险人责任的条款"。被告对此负有提示和明确说明义务，但被告并未举证证明向原告履行了上述条款的提示和明确说明义务，故上述条款对原告不发生法律效力。原告主张的医疗费中的1万元，属于后续治疗费，尚未实际发生，且《疾病证明书》仅仅是载明骨愈时拆除内固定的可能费用情况，被告对此不予认可，故法院对原告该部分诉请，难以支持。对已经发生的医疗费用11 738.94元，法院予以支持。

2. 二审法院裁判要旨

二审法院判决维持原判。

二审法院认为：关于《移动终端保险凭证》"特别说明"第3条，即按人身伤残比例给付条款，是否发生法律效力；首先，本案系意外伤害保险合同纠纷，作为民事合同纠纷的一种，在开展理赔、解决争议的过程中，应当优先适用合同中约定的条款作为依据。既然双方已在《移动终端保险凭证》第3条中约定"意外伤害按《人身保险伤残评定标准（中保协发〔2013〕88号）》比例赔付"，那么该条款就应当优先于《人体损伤致残程度等级》等法律规定的残疾程度评定标准进行适用。其次，《人身保险伤残评定标准（中保协发〔2013〕88号）》系中国保险行业协会、中国法医学会向全社会公开发布的行业标准，并非由上诉人天安保险公司单方制定，除通过天安保险公司提供外，投保人或被保险人也可以通过互联网等多渠道较为便捷地获取该文件的内容。再次，《移动终端保险凭证》中的"明示告知"第1条已告知被保险人，可通过天安保险公司网站或拨打热线电话查阅或索取相关条款及其他资料，且提供了相应的网址及全国客户热线，并提示被保险人应仔细阅读有关于免责条款的详细解释和明确说明。最后，《人身保险伤残评定标准（中保协发〔2013〕88号）》中按照不同的伤残程度确定保险金给付比例的条款，不属于保险免责条款，而是严格将被保险人伤残程度与保险人给付的保险金金额相对应，以此来确定保险责任的一种方法。本案保险合同的保险费仅为3元，若将本案的意外伤害保险定性为定额给付型保险，只要被保险人构成一定的伤残，无论其伤残的严重程度，保险人均应当给付150 000元的保险金，将会造成保险人与伤残程度较轻的被保险人之间的权利义务失衡，也是对伤残程度较重的被保险人的不公平。

（五）问题焦点

法院归纳总结本案争议焦点有两个：

（1）《移动终端保险凭证》"特别说明"第3条即按人身伤残比例给付条款，是否发生法律效力；

（2）《愉快人身意外伤害医疗保险》中的免赔额、给付比例条款，是否发生法律效力。

本书已经在之前的案件中评析过，有关《人身保险伤残评定标准》的法律性质问题，本书认为该标准纳入保险合同条款以后，具有免除保险人责任的属性，属于保险合同的免责条款。保险公司应当加以提示以及明确说明。故此，本节中不再赘述，主要探讨移动终端保险履行免责条款明确说明义务的问题。

（2019）沪74民终530号案件二维码

二、案件评析

在网络环境下，保险合同条款的载体由之前的传统文本转为电子文本。保险产品的保险合同条款，不是投保人亲眼见到长篇累牍的保险合同文本，而是仅体现特定保险的名称等有限的内容，具体的条款约定都从线下转为线上。本案中原告购买的意外伤害保险即是如此。投保人在购买景区门票时购买了《参观者人身意外伤害保险》和《愉快人身意外伤害医疗保险》。这两种保险的条款内容是以移动终端保险凭证的形式展现的。

保险实践中，在很多情况下，人们购买保险以后拿到的都是保险凭证，又称小保单。小保单上仅载明保险名称和保险金额。比如团体保险给每个参保人签发的保险凭证、机动车第三者责任险出具的保险凭证等。保险凭证是简化了的保险单，本案所涉及的意外伤害保险的保险凭证是以移动终端为载体的。

保险凭证虽然因为简化而更加方便，有利于保险公司降低保险销售成本，但是容易发生无法证明保险公司已经履行了免责条款明确说明义务的问题，网络环境下同样如此。

（一）移动终端保险的合同生效时间

之所以首先讨论保险合同生效的时间，意义在于判定保险人履行说明义务的时间是否符合法律规定。

一般情况下，保险合同的生效时间与购买保险产品的时间合一，但是也存在保险合同生效时间晚于购买保险产品时间的情形，比如保险合同中约定在合同订立一段时间之后保险合同再生效。

在移动终端保险中，如果保险凭证上没有特殊载明，投保人会认为其所购买保险的时间即为保险合同的生效时间。这样，即使保险合同条款上对保险合同生效时间做了具体的约定，该约定不必然具有法律约束力。

本案中，投保人购买移动终端意外伤害保险的时间和保险合同生效的时间同一。

（二）移动终端保险中，判令是否履行免责条款明确说明义务的文本依据

判断移动终端是否履行免责条款明确说明义务的文本依据，先要明确履行免责条款明确说明义务的时间，然后根据这一时间界限以前保险人提供给投保人的文本作为依据。

我国《保险法》第17条并没有明确规定保险人的说明义务以及免责条款明确说明义务应当在何时履行，但是从该义务的法律性质判断，保险人应当在订立合同之前，最迟应于订立合同之时履行该义务。判断保险人是否履行义务以及履行义务的方式是否符合法律要求的时间也应当以在保险合同订立之前或者订立之时为标准。

在移动终端保险中，投保人通常无法在前述时间内阅读保险合同条款，所以通常不应当以保险人指示（或者提示）投保人参阅的网络、电话等载体和渠道所载明的保险合同条款为依据判定保险人是否履行说明义务。在本案中，投保人是为了进入旅游景点旅游，购买景点门票时购买的意外伤害保险。当时的情境下，投保人不可能有时间先点开保险人指示的网站，或者拨打保险人提供的电话获取载明所有保险条款的保险单。而保险人对合同条款的说明义务以及免责条款的明确说明义务属于主动义务，并非依据投保人要求而实施的被动义务。也即，保险人应当主动向投保人提供保险合同条款。而不是由投保人通过其他渠道获取或者要求保险人提供。

故此，应当以移动终端保险凭证上载明的条款内容，而不是投保人从保险公司网站等其他方法获取的条款内容作为判令保险人是否履行免责条款明确说明义务的依据。

（三）移动终端保险凭证的约定内容分析

被告提供的意外伤害保险《移动终端保险凭证》正面载明："保险责任"意外事故残疾、保险金额15万元，"意外伤害医疗"、保险金额5万元；保费3元；"特别提示请仔细阅读背面《明示告知》和《特别说明》中的内容"（上述字体加粗）；全国客户热线95505，等。背面载明："明示告知（字体加粗）""1.本保险凭证的具体保险责任、免责条款等相关事宜以条款为准，被保险人可通过本公司网站或拨打热线电话查阅或索取相关条款及其他资料。本公司已在相关条款中就免责条款进行了详细解释和明确说明，请仔细阅读。2.被保险人已阅知并理解相关保险条款尤其是保险责任、责任免除等规定，且无异议，同意投保。""特别说明（字体加粗）""3.意外伤害残疾按《人身保险伤残评定标准（中保协发［2013］88号）》比例给付。"

（1）前述内容中1和2的目的在于明示保险人已经履行了免责条款明确说明义务。（"1. 本保险凭证的具体保险责任、免责条款等相关事宜以条款为准，被保险人可通过本公司网站或拨打热线电话查阅或索取相关条款及其他资料。本公司已在相关条款中就免责条款进行了详细解释和明确说明，请仔细阅读。""被保险人已阅知并理解相关保险条款尤其是保险责任、责任免除等规定，且无异议，同意投保。"）

但是，由于投保人不能在购买保险产品之前阅读网站内容、获得保险条款，"皮之不存、毛将焉附"，该约定并不能实现保险公司所欲达到的其已经履行了免责条款明确说明义务的效果。

（2）约定3 ｛意外伤害残疾按《人身保险伤残评定标准（中保协发［2013］88号）》比例给付｝是否可以作为履行了相应内容说明义务的证据？

所需讨论的是前述《移动终端保险凭证》中3的约定，是否可以视为保险人已经针对"意外伤害残疾按《人身保险伤残评定标准（中保协发［2013］88号）》比例给付"履行了说明义务？

本书认为，这一问题可以分解为两个层次加以探讨：

①《人身保险伤残评定标准（中保协发［2013］）88号》的法律效力。《人身保险伤残评定标准（中保协发［2013］）88号》是保险监管部门发布的规范性文件，要求所有保险公司将其纳入人身保险合同条款中，作为残疾评定标准以及残疾保险金给付标准。这种规范性文件是保险监管部门向保险公司发布的，因其监管职权而对保险公司产生法律约束力。对于一般的投保人而言，仅具有提示人身保险条款内容的功能，而不具有法律约束力。

②《移动终端保险凭证》3的约定产生何种法律后果。

该约定应当视为保险合同条款的组成部分，从3的表述内容可知，该约定产生以下两个法律后果：A. 意外伤害残疾赔付受限制，是否赔付和残疾程度有关；B. 意外伤害残疾赔付比例有约定，约定的比例可以查到。

本案中，投保人购买的意外伤害保险能够拿到的就是《移动终端保险凭证》，3的表述清晰无异议，应当对投保人产生法律约束力。

所以，《移动终端保险凭证》中仅有3的约定能够产生法律约束力，那么，该条款是否能够作为保险人履行了免责条款明确说明义务的证据呢？本书认为，该约定可以作为保险人履行了免责条款明确说明义务的证据。原因在于：本案中的保险是保费很低的保险（只有3元钱），保险的合同文本和载体是以移动终端展现的。如果将所有免责条款和事项均以更清晰的纸版合同形式向投保人提供，文本本身成本都会超过3元。移动终端的保险凭证要实现无纸化，节约文本成本。

而且，该移动终端保险凭证上载明了投保人购买的保险类型，投保人知道买的是什么；载明了保险金支付受限制，限制的文件是《人身保险伤残评定标准》。对于短小简洁的保险凭证而言，这些信息足够提示投保人了解其所购买的保险产品的承保范围和免责范围。如果投保人想要对具体《人身保险伤残评定标准》的细节有进一步的了解，不仅可以通过保险公司提供的网站及电话，也可以通过其他网络路径获取。但是从一般消费者的信息知悉习惯判断，移动终端保险凭证中给出的信息已经足以让投保人作出正确的判断。

三、结论

判定移动终端保险是否履行了免责条款明确说明义务，应当首先依据案件具体情境判定以哪一个保险条款为准，然后再依据各个条款的约定内容判断哪些属于免责条款、哪些属于一般条款。而不应该将投保人拿到的保险凭证和保险公司网站上载明的保险条款进行并同探查。

本案中应当区分保险凭证以及保险凭证的表现形式、保险产品、保险条款，进而对案件事实进行更清晰精确的判断，然后再选择适用的法律。以前述方法释明法律，判决结果更能说服当事人。

四、类案举例

（一）（2019）黑 0225 民初 301 号案件

该案中，采取网络投保的方式进行，保险公司提供的保险单特别约定中写明：其他未尽事宜详见条款。虽然网络投保的每一步操作，保险公司都提示投保人详细阅读条款，保险公司主张其已经通过网络保险条款的方式履行了免责条款明确说明义务。

法院作出了不利于保险公司的判决，法院认为："本案的保险系通过网络方式投保，保险合同采用的是被告提供的格式条款，被告未能证实在订立保险合同时将保险条款提供给投保人，并已就免责条款内容及伤残赔偿标准的条款以书面或口头形式向投保人作出明确说明，也未能证实在网络激活时确为投保人本人操作，且投保人已经阅读并理解免责条款以及人身保险伤残评定标准的条款内容，故免责条款及伤残赔偿标准的条款对投保人不产生约束力。"

（二）（2019）黑 0202 民初 420 号案件

该案中，涉案保险是以保险卡和投保人网络激活的形式销售的，作为被告的保险公司主张："将责任免除条款单独列出加重显示。投保人只有在已阅读此产品所有条款处打钩才可以进行下一步，即填写投保人及被保险人个人身份信息的过程，上述信息填写完毕后我们有预览的功能，在客户确认无误之后，可以在已经确认栏处打对号，然后点击提交功能，保险合同才能激活并订立。"

法院认为："被告未提供其向原告进行了重要提示和明确告知义务的证明证据，因此被告不得以免责事由对抗原告的诉讼请求。"

第五节　保险合同约定合同期满后产生医疗费保险理赔纠纷案

一、案件概要

（一）案件基本事实

投保人黄石安兴物流有限公司于 2015 年 5 月 27 日与财保黄石公司签订一份团体机动车驾驶人员意外伤害保险合同，梁某华为该保险的被保险人及受益人，该保险的保障项目为：意外身故、残疾给付，每人保险金额 350 000 元；意外医疗费用补偿，每人保险金额 70 000 元，每次事故门、急诊限额 500 元，每次事故免赔额 100 元，给付比例 80%。保险期间从 2015 年 5 月 28 日起至 2016 年 5 月 27 日止。保险费为 46 500.93 元。合同签订后，双方均按约履行了合同义务。2016 年 3 月 10 日凌晨 3 点半左右，案外人涂某发驾驶无号牌正三轮摩托车由西塞向上窑方向行驶，行至黄石大道一门路段时与从右至左横过道路的梁某华发生碰撞，造成梁某华受伤，经交警部门认定，涂某发承担此次交通事故的主要责任，梁某华承担此次事故的次要责任。梁某华受伤后住院治疗花费医疗费 99 773.6 元，出院后经鉴定伤残等级程度为九级。梁某华在事故发生后向财保黄石公司申请赔偿，因财保黄石公司拒绝赔偿，于 2016 年 7 月 4 日向原审法院提起诉讼，要求财保黄石公司赔偿医疗费及残疾赔偿金。经原审法院主持调解于 2016 年 12 月 15 日作出（2016）鄂 0202 民初 1205 号民事调解书，财保黄石公司赔偿梁某华医疗费 19 385 元、残疾赔偿金 70 000 元，共计 89 385 元。该款已赔付到位。因梁某华受伤害后需要做颅骨修补手术，梁某华遂于 2017 年 1 月 9 日在黄石市中心医院进行颅骨修补术，住院治疗 17 天于 2017 年 1 月 26 日出院，该次住院花费医疗费 43 138.2 元。

（二）保险公司主张

财保黄石公司上诉请求：（1）撤销原审判决第一项，依法改判其不承担赔偿责任。（2）一审、二审费用由梁某华承担。事实与理由如下：（1）超过《附加意外伤害医疗保险条款（2009 版）》规定的最长 90 日期限，医疗费不属于保险责任范围，不承担赔偿责任；（2）该条款属于通用条款，险种为意外伤害保险，与机动车第三者责任险有区别；（3）即使判决承担赔偿责任，在计算赔偿责任时应扣除第三人赔偿的费用。

（三）对方当事人主张

梁某华向原审法院起诉请求：判令财保黄石公司立即赔付意外医疗费用补偿保险金 34 510.56 元，并承担本案诉讼费用。

（四）裁判要旨

1. 一审法院裁判要旨

一审法院判决财保黄石公司于本判决生效后 5 日内支付梁某华保险金 34 410.56 元。

法院认为，投保人黄石安兴物流有限公司与财保黄石公司签订的团体意外伤害保险合同系双方真实意思表示，内容没有违反法律、行政法规效力性、禁止性规定，是合法有效的。梁某华作为该份保险合同的被保险人，享有保险合同确定的保险利益。对于财保黄石公司是否应当履行给付保险金的义务，根据保险合同的约定，合同保障的项目为意外身故、残疾给付，每人给付的保险金额为 350 000 元。因梁某华属意外受伤，符合保险合同约定的赔付标准。财保黄石公司认为根据其提供的团体意外伤害保险条款（2009 版）的约定，"保险期间届满被保险人治疗仍未结束的，保险人所负保险责任期限可按下列约定延长：门诊治疗费，自保险期间届满次日起结算，以 15 日为限；保险期间届满被保险人仍在住院治疗的，自保险期间届满次日起计算，至出险之日止，最长以 90 日为限。"故财保黄石公司承担医疗费赔偿责任的期间从 2016 年 5 月 27 日届满之日起最长延长 90 天，而梁某华主张的医疗费发生时间为 2017 年 1 月 9 日至 1 月 26 日，已超出财保黄石公司承担保险责任的最长期间。虽然财保黄石公司提供的保险条款约定了保险责任的赔偿时间范围，但财保黄石公司在庭审中对被保险人"在保险期间届满仍在住院治疗的"的定义未作出合理的解释，财保黄石公司也未提供证据证明在订立保险合同时向投保人明确说明了该保险条款，且该条款从文字内容来看，其适用范围应指在保险期间住院治疗至保险期间届满还未出院的。而梁某华此次住院治疗是在保险期间届满后发生的，不符合该条款约定的情形，财保黄石公司以此条款来抗辩没有事实依据，不予支持。因此，财保黄石公司应当按照保险合同的约定对梁某华进行赔付。由于投保人在保险事故发生后及时的通知了财保黄石公司，故财保黄石公司应按保险合同的约定全额赔付。故按合同约定计算，财保黄石公司因此次梁某华住院治疗应赔偿的保险金为 43 138.2 元 × 80% − 100 元 = 34 410.56 元。

2. 二审法院裁判要旨

二审法院驳回上诉，维持原判。

针对焦点一，根据《保险法》第 10 条规定："保险合同是投保人与保险人约定保险权利义务关系的协议。投保人是指与保险人订立保险合同，并按照合同约定负有支付保险费义务的人。保险人是指与投保人订立保险合同，并按照合同约定承担赔偿或者给付保险金责任的保险公司"和第 14 条："保险合同成立后，投保人按照约定交付保险费，保险人按照约定的时间开始承担保险责任"的规定，双方签订的保险合同有效，梁某华享有保险合同确定的保险利益。虽然双方签订的《附加意外伤害医疗保险条款（2009 版）》2.1.（2）款载明："保险期间届满被保险人治疗仍未结束的，保险人所负保险责任期限可按下列约定延长：门诊治疗者，自保险期间届满次日起计算，以 15 日为限；保险期间届满被保险人仍在住院（释义见 4.3）治疗的，自保险期间届满次日起计算，至出院之日止，最长以 90 日为限"。但该保险条款为格式条款，属于限制保险公司责任的条款，并且对被保险人（投保人）的权利加以限制，依据原《合同法》第 39 条规定："采用格式条款订立合同的，提供格式条款的一方应当遵循公平原则确定当事人之间的权利和义务，并采取合理的方式提请对方注意免除或者限制其责任的条款，按照对方的要求，对该条款予以说明。格式条款是当事人为了重复使用而预先拟定，并在订立合同时未与对方协商的条款。"和《中华人民共和国保险法》第 17 条规定："订立保险合同，采用保险人提供的格式条款的，保险人向投保人提供的投保单应当附格式条款，保险人应当向投保人说明合同的内容。对保险合同中免除保险人责任的条款，保险人在订立合同时应当在投保单、保险单或者其他保险凭证上作出足以引起投保人注意的提示，并对该条款的内容以书面或者口头形式向投保人作出明确说明；未作提示或者明确说明的，该条款不产生效力。"财保黄石公司未提供证据证明其已对该条款提请投保人注意并告知说明。依照公平原则，财保黄石公司所称第二次治疗时间超过保险条款规定的期满后 90 天，不予赔付的上诉理由不能成立，法院不予支持，故财保黄石公司应按照合同约定进行赔付。

针对焦点二，《保险法》第 46 条规定："被保险人因第三者的行为而发生死亡、伤残或者疾病等保险事故的，保险人向被保险人或者受益人给付保险金后，不享有向第三者追偿的权利，但被保险人或者受益人仍有权向第三者请求赔偿。"因黄石安兴物流公司投保的是人身保险，损失补偿原则不适用于人身保险，被保险人或受益人可重复受偿。交通事故发生后，梁某华虽已从第三者获得一定赔偿，但该赔偿是依据梁某华与该侵权人之间发生的侵权法律关系而获得的侵权赔偿。梁某华要求财保黄石公司赔偿保险金，是依据双方签订的保险合同产生的合同法律关系获得的赔偿。故财保黄石公司提出的只赔偿第三者没有承担的费用的上诉理由不能成立，法院不予支持，财保黄石公司应按照合同约定予以赔偿。

（五）问题焦点

二审法院归纳总结本案争议的焦点有两个：

（1）保险合同期满 90 天后，被保险人需要继续治疗，保险公司是否进行赔付；

（2）第三人赔偿费用应否扣除。

本书针对第一个争议焦点展开论述。

（2017）鄂 02 民终
1837 号案件二维码

二、案件评析

（一）本案的核心争议事实及法院认定

1. 核心争议事实

团体意外伤害保险条款（2009 版）的约定，"保险期间届满被保险人治疗仍未结束的，保险人所负保险责任期限可按下列约定延长：门诊治疗费，自保险期间届满次日起结算，以 15 日为限；保险期间届满被保险人仍在住院治疗的，自保险期间届满次日起计算，至出院之日止，最长以 90 日为限。"故财保黄石公司承担医疗费赔偿责任的期间从 2016 年 5 月 27 日届满之日起最长延长 90 天，而梁某华主张的医疗费发生时间为 2017 年 1 月 9 日至 1 月 26 日，已超出财保黄石公司承担保险责任的最长期间。

2. 一审法院对核心争议事实的认定

财保黄石公司提供的保险条款约定了保险责任的赔偿时间范围，但财保黄石公司在庭审中对被保险人"在保险期间届满仍在住院治疗的"的定义未作出合理的解释，财保黄石公司也未提供证据证明在订立保险合同时向投保人明确说明了该保险条款，且该条款从文字内容来看，其适用范围应指在保险期间住院治疗至保险期间届满还未出院的。而梁某华此次住院治疗是在保险期间届满后发生的，不符合该条款约定的情形。

3. 二审法院对核心争议事实的认定

虽然双方签订的《附加意外伤害医疗保险条款（2009 版）》2.1.（2）款载明："保险期间届满被保险人治疗仍未结束的，保险人所负保险责任期限可按下列约定延长：门诊治疗者，自保险期间届满次日起计算，以 15 日为限；保险期间届满被保险人仍在住院（释义见 4.3）治疗的，自保险期间届满次日起计算，至出院之日止，最长以 90 日为限"。但该保险条款为格式条款，属于限制保险公司责任的条款，并且对被保险人（投保人）的权利加以限制。财保黄石公司未提供证据证明其已对该条款提请投保人注意并告知说明。依照公平原则，财保黄石公司所称第二次治疗时间超过保险条款规定的期满后 90 天，不予赔付的上诉理由不能成立。

（二）本案所涉意外伤害保险条款约定的合理性探查

本案不仅关涉免责条款明确说明义务的争议，更折射出此类意外伤害产品设计的合理性问题。案涉团体意外伤害保险条款约定："保险期间届满被保险人治疗仍未结束的，保险人所负保险责任期限可按下列约定延长：门诊治疗费，自保险期间届满次日起计算，以 15 日为限；保险期间届满被保险人仍在住院治疗的，自保险期间届满次日起计算，至出院之日止，最长以 90 日为限。"

这一约定的功能在于兼顾意外伤害保险合同当事人双方的利益：一方面防止意外伤害保险合同生效期间已经届满，被保险人仍然需要支出住院费用时，被保险人的损失得不到补偿；另一方面防止被保险人因意外伤害拖延治疗时间，或者治疗时间过长造成的实际医疗费用超过合理预期，使保险人支付过高的保险金。

一般而言，在责任保险中类似约定较多，尤其是事故原因发生在保险合同效力期间内的责任保险，常常约定基于特定原因造成的保险责任，保险人赔付的期限受到一定限制。意外伤害保险在类型上属于人身保险，是填补抽象损失的保险，保险金应当是定额给付的，而不应是"见票即付"这种填补具体财产损失的方式给付的。意外伤害保险合同条款的设置，本应符合其所属的保险类型的属性要求——在保险合同效力期间内（保险责任期间内），被保险人发生意外的，保险人向其支付约定金额的保险金；被保险人因为意外伤害导致身体受损，需要接受治疗的，无论治疗期限需要多久，都不应在意外伤害保险的保险金给付条件和限制之中。

但是，意外伤害保险的特殊性就在于补偿意外造成的伤害，对于虽然存在意外，但并未给被保险人造成伤害或者造成的伤害较为轻微的风险，不给予补偿。可见，以被保险人因为意外而遭受伤害至一定程度的条款约定，符合道德风险防范的需要，也符合意外伤害保险的本质特征。

本案中涉及的意外伤害保险产品（在保险实践中也存在其他此类产品）补偿具体医疗费用支出，而非意外伤害原因造成的抽象损失。保险公司限定被保险人接收医疗救治时间的约定，实质是对保险人支付保险金的条件进行了限定，属于免责条款。保险公司以一刀切的方式约定医疗救治的时间范围，在这一范围以内的救治费用由保险公司给予支付，在这一范围以外的救治费用保险公司不给予支付，也与人体恢复健康、接受医疗服务的行为属性不相匹配。故此，保险公司对该约定应当加以提示和明确说明，否则不发生效力。

三、结论

从前文拣选出的案件核心争议事实，以及一审、二审法院对该核心争议事实的认定可见：本案的判决结果符合保险法的规定，意外伤害保险合同中，约定意外伤害保险合同期满后，保险人仅给付一段时间之内的治疗费用的，该约定属于免责条款，保险人应当向投保人加以提示和明确说明。

第六节 被保险人为未成年人的团体保险理赔纠纷案

一、案件概要

（一）案件事实

原告钟某就读于上海浦东新区民办西山幼儿园（以下简称西山幼儿园）大（2）班。2015年9月份西山幼儿园以投保人身份为在校学生（共433人）购买了被告大地保险公司上海分公司的大地状元乐学生、幼儿意外伤害医疗保险，保险期间自2015年9月1日0时至2016年2月28日24时止。每人保费30元，由西山幼儿园向学生家长收取保费一并交大地保险公司上海分公司，签单日期为2015年9月24日。保单（抄件）载明：（1）保单号PEGD20153101100900××××、投保人为西山幼儿园、意外伤害每人保额10万元、意外医疗每人保额43 600元、住院补贴每人保额50元/天（180天为限）、附加疾病身故每人保额2万元。（2）特别约定本保险单适用条款为《大地状元乐学生、幼儿意外伤害保险条款》《大地附加状元乐学生、幼儿意外伤害医疗保险条款》《附加疾病身故与全残保险条款》《大地附加状元乐学生、幼儿校内外特约保险条款》和《大地附加状元乐学生、幼儿住院补贴特约保险条款》，免责条款详见适用条款的责任免除部分；校内意外伤害每人保额8万元，校外伤害每人保额2万元；校内意外伤害医疗（包括意外门诊与住院医疗）每人每年累计赔偿限额3.68万元，校外意外伤害医疗（包括意外门诊与住院医疗）每人每年累计赔偿限额6 800元，无免赔，按100%计算赔付（剔除已从其他途径所得的补偿）；住院给付住院津贴50元/天，每次住院给付90天为限，累计每年最高赔付180天为限。责任免除详见保险条款"责任免除"部分。《大地状元乐学生、幼儿意外伤害保险条款》约定人身保险伤残程度等级相对应的保险金给付比例分为十档，伤残程度第一级对应的保险金给付比例为100%，伤残程度第十级对应的保险金给付比例为10%，每级相差10%。免责条款与其他普通条款在文字、字体、符号相同，无明显标志不同。《大地附加状元乐学生、幼儿意外伤害医疗保险条款》约定，保险人因每次遭受意外而接受治疗发生医疗费用，保险人针对其给付的保险金以该次意外合理医疗费用扣除被保险人已从社会基本医疗保险、公费医疗、互助保险、除本保险外的其他商业保险、公益慈善机构、第三方责任人等获得的补偿后的余额为上限。西山幼儿园出具的证明，证明被告上海分公司单位业务经办人在保单签订前后已明确告知幼儿园对于所投保险种的保险责任、责任免除以及保单特别约定，幼儿园已收到保险经办人送达的包括保单正本、条款、特别约定、被保险人清单在内的所有保险资料。

2015 年 9 月 24 日下午，原告在学校就读期间被同学用铅笔划伤眼睛，后分别于 2015 年 9 月 24 日至 9 月 26 日、2015 年 10 月 29 日至 11 月 4 日住院治疗。在原告诉西山幼儿园教育机构责任纠纷一案中，经上海市浦东新区人民法院委托司法鉴定科学技术研究所司法鉴定中心对原告伤残等级进行鉴定，经鉴定：原告右眼因故受伤，致外伤白内障相当于道路交通事故十级伤残。(2016) 沪 0115 民初 28866 号民事判决书（此判决书已发生法律效力）认定，原告的残疾赔偿金为105 924 元。庭审中原告向法院提交金额为 3 926 元医疗费发票，此起事故，原告共计花费医疗费数额为 30 629.16 元，其中西山幼儿园赔偿了原告的医疗费26 703.16 元。

（二）保险公司主张

大地保险公司上海分公司辩称，对事实无异议，保险项目为：校内意外伤害每人保额 8 万元，校内意外伤害医疗每人每年累计赔偿限额 3.68 万元，意外或疾病住院给付住院津贴50 元/天。根据意外伤害保险条款规定，意外伤害保险理赔是根据被保险人的伤残等级而定，被保险人为十级伤残，赔付比例为保险金 8 万元的10%，意外伤害医疗费已由第三者赔偿部分，不再赔付。住院津贴上限为 180 天。原告钟某的保险费是西山幼儿园向保险公司交纳的，涉案投保单、保险单载明的投保人均为西山幼儿园。对保险条款中的免责条款，保险公司已尽到明确提示说明义务，对被保险人原告钟某发生法律效力。

（三）对方当事人主张

钟某作为本案原告及上诉人诉请法院判令被告赔偿其意外伤害赔偿金100 000 元、意外医疗费 35 654.16 元、住院补贴300 元，合计 135 954.16 元，并承担本案诉讼费用。

保险凭证是保险公司填写签发的，是保险公司真实意思的表达。钟某因第三人侵权所获赔偿与涉案保险合同所应获赔偿系两种不同法律关系，《保险法》第46 条赋予了人身保险合同的被保险人可获得重复赔偿的权利。本案中，保险费是钟某的父母交纳的，保险凭证也明确载明父母是投保人，对保险条款中的免责条款，保险公司未向投保人尽到提示说明义务，不发生法律效力。

（四）裁判要旨

1. 一审法院裁判要旨

一审法院判决：（1）被告中国大地财产保险股份有限公司上海分公司赔付原告钟某意外伤害保险金 8 000 元、医疗保险金 3 926 元、住院补贴金 300 元，合计12 226元，于本判决生效后 10 日内一次性付清。（2）驳回原告钟某的其他诉讼请求。

一审法院认为：依法成立的合同，对当事人具有法律约束力。保险合同是投保人与保险人约定保险权利义务关系的协议。原告当庭提交的保险凭证上记载"本保险被保险人为未成年人时，投保人为其监护人"，原告认为投保人应为其监护人，但本案的保险单与投保单一致，记载的投保人为西山幼儿园。根据《保险法解释（二）》第 14 条第 1 款规定，投保单与保险单或者其他保险凭证不一致的，以投保单为准。但不一致的情形系经保险人说明并经投保人同意的，以投保人签收的保险单或者其他保险凭证载明的内容为准。因此，原告认为投保人应为其监护人的辩论意见，不能成立。西山幼儿园作为投保人在办理保险时，被告大地保险公司上海分公司对保险条款中免责条款或者减轻保险人责任的条款已对投保人西山幼儿园尽到明确说明义务，免责条款发生效力。被告辩称按合同约定免责条款进行赔付的意见，法院予以采纳。故对原告的诉讼请求合理部分，法院予以支持。

2. 二审法院裁判要旨

二审法院判决：（1）变更安徽省桐城市人民法院（2017）皖 0881 民初 1026 号民事判决第一项为：被上诉人中国大地财产保险股份有限公司上海分公司于本判决生效后 10 日内赔付上诉人钟某意外伤害保险金 8 万元、医疗保险金 3 926 元、住院补贴金 300 元，合计 84 226 元；（2）撤销安徽省桐城市人民法院（2017）皖 0881 民初 1026 号民事判决第二项；（3）驳回上诉人钟某的其他诉讼请求。

二审法院认为，从涉案保险为团体人身保险的性质、上诉人的 30 元保险费实际由上诉人的法定代理人交纳、保险凭证载明的"本保险被保险人为未成年人时，投保人为其监护人。"及保险合同履行情况看，涉案保险的投保人应为上诉人的法定代理人，西山幼儿园为委托代理人。根据《合同法》第 402 条的规定，上诉人应对西山幼儿园案涉代理行为承担民事责任。

从西山幼儿园出具的《证明》内容看，应当认定被上诉人对案涉保险合同中免责条款尽到了明确说明义务。保险人的提示义务虽为明确说明的前置义务，但具有独立的地位，通常情况下，凭普通人的视觉毫不费力地注意到保险条款中全部免责条款，则普通大众均会一望即知，而不至于像"大海捞针"一样在保险条款中寻找免责条款。也就是说，文件外形须予人以该文件载有足以影响当事人权益为约款的印象。从本案查明的事实看，被上诉人对《大地状元乐学生、幼儿意外伤害保险条款》第 5 条中载明的"人身保险伤残程度等级相对应的保险金给付比例分为十档，伤残程度第一级对应的保险金给付比例为 100%，伤残程度第十级对应的保险金给付比例为 10%，每级相差 10%。"的免责条款未尽到提示义务。故该免责条款对上诉人钟某不发生法律效力。一审认定该免责条款对上诉人钟某发生法律效力不当，本院予以纠正。至于医疗费的问题，本院认为，医疗费应适用损失填平原则。

（五）问题焦点

二审法院归纳总结本案的争议焦点有两个：

（1）涉案保险合同投保人的确定；

（2）被上诉人就涉案保险合同中的免责条款是否履行了向投保人明确提示说明义务，免责条款是否发生效力。

二、案件评析

（2017）皖08民终1578号案件二维码

本案涉及两个方面的问题：（1）被保险人为未成年人，谁可以成为适格投保人？（2）在以未成年人为被保险人的团体人身保险中，保险人应当向谁履行明确说明义务？

（一）被保险人为未成年人，谁可以成为适格投保人？

案涉以下几种保险：《大地状元乐学生、幼儿意外伤害保险》《大地附加状元乐学生、幼儿意外伤害医疗保险》《附加疾病身故与全残保险》《大地附加状元乐学生、幼儿校内外特约保险》和《大地附加状元乐学生、幼儿住院补贴特约保险》。被保险人为属于未成年人的学生和幼儿。

保险责任包括两大类：被保险人意外伤害风险的保险金给付责任，以及被保险人疾病身故或者全残的保险金给付责任。

（1）《大地状元乐学生、幼儿意外伤害保险》《大地附加状元乐学生、幼儿意外伤害医疗保险》《大地附加状元乐学生、幼儿校内外特约保险》《大地附加状元乐学生、幼儿住院补贴特约保险》，由于只涉及被保险人意外伤残的问题，不涉及被保险人意外死亡的问题，其投保人的资格并无法律特别限制性规定。只需要符合《保险法》第10条的规定，以及订立合同主体的一般要求即可。本案中，与双方纠纷有关的团体意外伤害保险的投保人，可以是未成年被保险人所在的团体（西山幼儿园）。

（2）《附加疾病身故与全残保险》其中涉及未成年被保险人死亡情形，依据我国《保险法》第33条规定："投保人不得为无民事行为能力人投保以死亡为给付保险金条款的人身保险，保险人也不得承保。父母为其未成年子女投保的人身保险，不受前款规定限制。但是，因被保险人死亡给付的保险金总和不得超过国务院保险监督管理机构规定的限制。"

本案中关涉该种附加险的投保人资格问题，前述保险法的规定可知，适格的投保人仅为未成年人的父母，该未成年人所在团体不是符合法律规定要求的投保人。保险公司在销售此类产品时，应当做符合法律规定的调整，具体方法包括两种：（1）在以被保险人为未成年人的团体保险中，剔除以被保险人死亡为给付保险金条件的承保条款；（2）包含以未成年被保险人死亡为给付保险金条款的团体保险中，获得其父母的投保授权，团体作为投保代理人，而不是投保人。

（二）在以未成年人为被保险人的团体人身保险中，保险人应当向谁履行明确说明义务？

（1）不包含以死亡为给付保险金的未成年人团体人身保险中，保险人向作为适格投保人的团体履行明确说明义务即可。

（2）包含以死亡为给付保险金的未成年人团体人身保险中，保险人应当向未成年人的父母履行免责条款明确说明义务，具体的履行方式可以通过作为投保代理人的团体向未成年人的父母实施。

三、结论

本案中，一审法院确定了团体保险中的投保人为特定团体，进而认定保险人向该团体履行明确说明义务符合《保险法》第 17 条的规定，判令免责条款发生效力。二审法院认为涉案保险的投保人为未成年人的监护人即法定代理人，特定团体即学校为委托代理人，被代理人应对代理人的代理行为承担民事责任，进而认定保险人对免责条款已经履行明确说明义务，但作为明确说明前置义务的提示义务有其独立地位，本案中免责条款与其他普通条款在文字、字体、符号相同，无明显标志不同，故保险人未尽到提示义务，免责条款不发生法律效力。

本案原告质证时认为：其投保的是个人险不是团体险，学校不是投保人，原告提交的保险凭证上载明，本保险被保险人为未成年人，投保人为其监护人。法院应当区分不同情况对投保人是否适格作出释明。一审法院在判决书中释明的内容与本案的实际情况存在偏差。

第七节　意外伤害保险定义纳入免责
条款保险理赔纠纷案

一、案件概要

（一）案件基本事实

王某兰系被保险人杨某（已故）的母亲、葛某系被保险人杨某的妻子、杨某1、杨某2 系被保险人杨某的儿子。2017 年 8 月 3 日，杨某向卡普河路信用社借款 450 000 元，借款期限为 1 年（至 2018 年 8 月 2 日到期）。借款当日，杨某向人寿保险新源支公司购买了由卡普河路信用社代售的国寿安心贷借款人意外伤害保险一份，保险单号为：XXX，保险金额为 450 000 元，保险费为 1 125 元。第一顺序保险受益人为向被保险人发放贷款的金融机构，即卡普河路信用社。第二顺序保险受益人（保险单中约定：若不填写身故保险受益人信息，则身故保险受益人默认为被保险人的法定继承人，因本案双方未填写身故保险受益人信息，故第二顺序受益人为法定继承人）为法定继承人，即本案王某兰、葛某、杨某1、杨某2。保险期间为 2017 年 8 月 8 日至 2018 年 8 月 7 日，杨某足额缴纳了保险费 1 125 元。卡普河路信用社向杨某交付了安心贷投保单及所附的国寿安心贷借款人意外伤害保险（2014 版）利益条款简介。简介中还列举了 14 种责任免责事项。人寿保险新源支公司及卡普河路信用社均未向投保人杨某就保单及简介中的责任免责条款的真实含义和法律后果进行明确说明。安心贷投保单中告知事项一栏，人寿保险新源支公司提问：被保险人是否曾经患有听力、视力、语言、咀嚼、智力障碍或者患有脊柱、胸廓、四肢、手、足、指残缺？投保人勾选了否。2018 年 1 月 2 日，被保险人杨某在家中因头痛被救护车紧急送往新源县人民医院住院治疗，经医院诊断为高血压性脑出血等导致多器官功能衰竭综合征，后经抢救无效于 2018 年 1 月 3 日身故。

王某兰、葛某、杨某1、杨某2于 2018 年 1 月 13 日向卡普河路信用社递交了杨某身故的相关材料。同日，该信用社工作人员将材料转交给人寿保险新源支公司，并要求保险公司依规定作出相应处理。2018 年 3 月 12 日，人寿保险新源支公司通知王某兰、葛某、杨某1、杨某2签收《拒绝给付保险金通知书》。2018 年 7 月 27 日，王某兰、葛某、杨某1、杨某2向卡普河路信用社归还了贷款 450 000 元及结欠利息 24 096.17 元。

另外，人寿保险新源支公司的设立公司中国人寿保险股份有限公司伊犁分公司与卡普河路信用社的设立公司新源县农村信用合作联社于 2016 年 8 月 1 日签订了人身保险兼业代理委托协议，约定由新源县农村信用合作联社为中国人寿保险股份有限公司伊犁分公司代售国寿安心贷借款人意外伤害保险（2014 版）及国寿安心贷借款人定期寿险。该协议第 7 条第 4 款约定：新源县农村信用合作联社在代理销售保险产品时，有义务向投保人明确说明其代理销售的保险产品的条款内容，特别是责任免除条款，并指导投保人履行如实告知义务。

2018 年 1 月 2 日，新源县人民医院住院病历中载明："主诉：突发性头痛 15 分钟呼之不应 1 小时。现病史：患者家人代诉，患者于入院 1 小时前在家中休息时无明显诱因出现剧烈头痛，呕吐数次，均为胃内容物，家属当时考虑'感冒'，未引起足够重视，未做任何处理和治疗，约 15 分钟后患者出现意识不清，呼之不应，患者家属感病情危重，急送我院就诊，路途中，患者家属否认有躁动、大小便失禁、寒战高热、四肢觉冷、四肢间断性抽搐等相关临床症状……"陈述者签名处有葛某的签字，并注明"以上病史记录已经陈述者认同"。2018 年

1月3日，出院总结及出院证明书载明："出院诊断：1. 高血压性脑出血、右侧基底节区脑出血、继发性脑室内出血、脑疝形成、继发性脑干损伤；2. 高血压病3级，极高危组；3. 吸入性肺炎；4. 自发性蛛网膜下腔出血；5. 水电解质平衡紊乱；6. 多器官功能衰竭综合征。"

2018年1月15日，新源县人民医院医务部出具居民死亡医学证明（推断）书，载明杨某死亡原因系多脏器功能衰竭综合征。

2018年1月25日，新源县公安局城南派出所出具杨某的户口注销证明，载明户口注销原因为脑血管病。

（二）保险公司主张

二审中，人寿保险新源支公司上诉请求：

（1）判令撤销一审判决；

（2）改判驳回王某兰、葛某、杨某1、杨某2的诉讼请求。

事实和理由如下：（1）一审判决认定事实有误。案涉投保单明确载明身故保险金受益人是卡普河路信用社。一审判决罔顾事实，确认王某兰、葛某、杨某1、杨某2享有保险金受益人主体适格，认定有误。（2）一审判决违反了保险合同双方的自由约定意志，将"意外伤害"的释义混淆为免责条款、争议条款，无事实和法律依据。

（三）对方当事人主张

（1）一审中，王某兰、葛某、杨某1、杨某2向一审法院起诉请求：

①判令人寿保险新源支公司给付保险金450 000元及利息损失24 096.17元；

②案件受理费由人寿保险新源县支公司承担。

（2）二审中，王某兰、葛某、杨某1、杨某2辩称：

①一审判决认定事实正确，王某兰、葛某、杨某1、杨某2享有保险金请求权。案涉保单中指定身故保险金的第一顺序受益人为卡普河路信用社。关于第二顺序受益人，保单中未约定，但因王某兰、葛某、杨某1、杨某2偿还杨某借款450 000元及利息24 096.17元，卡普河路信用社对杨某已无保险利益，已放弃保险金请求权。从而王某兰、葛某、杨某1、杨某2享有向人寿保险新源支公司主张保险金的权利。

②一审判决适用法律准确，并未违反保险合同双方自由意志。案涉保险条款对意外伤害在释义实际上是对意外伤害做了限定解释、缩小解释，明显限制被保险人的权利，具有免除保险人责任的功能，属于免责条款。

（四）裁判要旨

1. 一审法院裁判要旨

一审法院判决：（1）人寿新源支公司于本判决生效之日起10日内给付王某

兰、葛某、杨某1、杨某2人身意外伤害保险金450 000元。（2）驳回王某兰、葛某、杨某1. 杨某2的其他诉讼请求。案件受理费减半收取4 205元，由王某兰、葛某、杨某1、杨某2负担214元，由人寿新源支公司负担3 991元。

一审法院认为，国寿安心贷借款人意外伤害保险（2014版）利益条款中关于"意外伤害"的解释应有利于王某兰、葛某、杨某1、杨某2，即应理解为：不属于被保险人故意或重大过失，且被保险人无法预见或不能抗拒的事由，同时，投保人的死亡也不属于人寿保险新源支公司提供的国寿安心贷借款人意外伤害保险（2014版）利益条款中关于免责情形的任何一种情形。

人身保险是以人的寿命和身体健康作为保险标的，以被保险人的生死、伤害、疾病作为保险事故的保险。人身保险合同是投保人与被投保人达成的承担风险的协议，在投保人履行了合同约定的保险费交纳义务后，如发生保险事故，保险人应当在合同约定的保险金额范围内承担赔偿责任。保险作为民事活动，除遵守保险法的规定外，还应当符合平等、公平、等价有偿的民事活动原则。本案被告没有向投保人明确说明免责条款，投保人主观上没有违反保险条款中相关规定的故意和过失。故对王某兰、葛某、杨某1、杨某2依据保险合同要求被告给付保险金450 000元的诉讼请求合理合法，一审法院予以支持。

2. 二审法院裁判要旨

二审法院判决：（1）撤销新疆维吾尔自治区新源县人民法院（2019）新4025民初905号民事判决；（2）驳回王某兰、葛某、杨某1、杨某2的诉讼请求。

二审法院认为，案涉保险合同系投保人杨某与人寿保险新源支公司双方真实意思表示，其内容并未违反法律法规的禁止性规定，应为合法有效。该保险险种系意外伤害保险，保险条款第15条释义部分将"意外伤害"定义为"遭受外来的、突发的、非本意的、非疾病的客观事件直接致使身体受到的伤害"，该定义意思表示明确，不存在歧义，不适用疑义利益解释原则。该条款其实是对承保范围的约定，而非限制或免除保险公司责任的免责条款，亦不适用保险人提示并明确说明后才生效的规定，合同当事人均应受到该条款的约束。

（五）问题焦点

二审法院归纳总结本案的争议焦点有两个：

（1）王某兰、葛某、杨某1、杨某2请求人寿保险新源支公司给付保险金，主体是否适格；

（2）本案是否构成意外伤害，人寿保险新源支公司是否有权拒赔。

本书针对第二个争议焦点进行评析，即意外伤害保险合同中约定的意外伤害定义是否属于免责条款。

（2019）新40民终1686号案件二维码

二、案件评析

本案中两审法院对意外伤害保险条款中有关意外伤害的定义的法律属性认定分歧很大：一审法院认为该意外伤害的定义属于免责条款，二审法院认为该定义不属于免责条款。两审法院均没有给出详尽的理由。

保险合同条款中的定义，是否属于免责条款，要结合保险产品，从定义本身承载的内容加以判断，不可一概断定为承保范围或者一概断定为免责条款。①

从本案的案件事实当中，我们可以整理出本案的基本争议走向：被保险人患病死亡，该疾病属于被保险人潜藏在身体内部的健康原因引发的。由于被保险人投保了意外伤害保险，死者家属希望获得保险金赔付，遂起诉保险公司要求给付保险金。诉因的选择上，以意外伤害保险合同条款中意外的定义属于免责条款，不明确说明不应当产生效力。保险公司提供的条款中，将意外定义为："遭受外来的、突发的、非本意的、非疾病的客观事件直接致使身体受到的伤害"，结合本案被保险人因病死亡的事实，衡量这一定义是否属于免责条款至少具有两个维度的标准。

（一）意外伤害保险和健康保险的功能差异

意外伤害保险是由国外的伤害保险传入我国，之后加上意外二字作为该种保险的名称。从保险的基本原理角度，意外伤害保险是转嫁意外造成伤害的风险的保险产品，通常不将被保险人健康状况、年龄纳入风险控制的范围，所以一般保险费较低。意外伤害保险和健康保险的根本区别在于是否承保被保险人健康风险。意外伤害保险的产品构造决定了，意外伤害保险只对意外是主要、直接的原因造成的伤害给予赔付；健康保险才是赔付疾病损害的保险产品。

（二）意外伤害保险的要件

本案中，表面上保险公司在意外伤害保险合同条款中界定意外伤害，欲实现控制保险公司承保的风险范围的功能，但恰恰是保险公司合同条款中对意外伤害的定义画蛇添足，将本不属于意外伤害的要件纳入定义之中，导致纷争。

衡量意外伤害的要件，要和一般人对意外的常识性认知保持一致。首先需要明确：意外伤害的定义和要件要界定的重点在于"意外"，意外伤害保险承保那些因意外造成的伤害，伤害必须是意外的结果。这样分解之后，意外伤害的定义以及要件要解决的最核心的问题是，什么是意外？依据常识，意外是指外来的、

---

① 在重疾险的纠纷中，保险公司提供的重疾险条款中对重疾的定义就被很多法院认定为免责条款。

偶发的、急剧的事故。可见，外来性、偶发性、急剧性为构成意外的三个要件。非疾病的属性是界定意外伤害和健康伤害的界限，不应当纳入对意外的界定之中。一旦纳入，就会和一般人的常识性认知相互矛盾。

本身意外伤害保险中就需要通过界定一定程度的伤害来对意外造成的伤害结果加以限制，如果纳入非疾病的要件，更容易引起混淆甚至矛盾。使得意外伤害保险合同条款的各个部分的功能混同，因混同而产生混乱。在意外伤害保险混同条款中，除了意外伤害的定义，还包括人身伤残等级以及保险金赔付比例表的内容，具体界定什么程度的意外伤害可以进行赔付，以及具体赔付比例是什么。意外伤害的定义功能仅在于明确意外的要件，以及明确意外造成的伤害两个内容。无法也不必承载合同其他条款的功能。

三、结论

本案中，虽然保险公司提供的意外伤害保险合同条款中对意外伤害的定义并不完全科学合理，但是该定义与一般人的常识认知并不相违背，这一定义并没有不当加重被保险人的义务；或者不当增加保险人的权利，不应当认定为免责条款。

四、类案举例

(2019) 川 15 民终 2381 号案件中，案件事实与本案类似，均为意外伤害保险的被保险人因疾病死亡，向保险公司索赔。法院最终没有判令保险公司支付意外伤害保险金。此案不涉及免责条款是否明确说明的问题，案件审理的焦点集中在被保险人摔倒后死亡，是否能够申请意外伤害保险金？

段某珍系蔡某忠妻子。2012 年 12 月 30 日，蔡某忠在中邮人寿保险公司处购买中邮富富余 3 号两全保险（分红型）。被保险人为蔡某忠，保险费为 170 000 元，基本保险金额 183 600 元，交费方式为一次交清，保险期间自 2012 年 12 月 31 日起至 2018 年 12 月 30 日止。

2017 年 8 月 1 日，蔡某忠因脑出血经兴文县中医医院抢救无效后死亡，经诊断为脑出血、肾功能不全（尿毒症期）。

一审、二审法院均认为：被保险人蔡某忠非因意外伤害死亡。其理由为："根据保险合同条款释义，意外伤害指遭受外来的、突发的、非本意的、非疾病的客观事件直接致使身体受到的剧烈伤害。本案中，被保险人蔡某忠的死亡原因不符合上述意外伤害的条件：首先，根据蔡某忠生前的病历，蔡某忠具有多年的肾性高血压、肾性贫血、心力衰竭等疾病。根据 2017 年 8 月 1 日被送医抢救时入院情况记载：意识障碍 2 + 小时；头颅大小正常，无畸形；其次，兴文县多岗漕村村民委员会作为基层自治组织，客观上不能证明蔡某忠是在当日凌晨上厕所后回家途中因意外而摔倒在地，致脑出血死亡。蔡某忠生前居住在兴文县农贸市场附近，远离多岗漕村，村民委员会抑或村民委员会的有关人员是没有目睹蔡某忠摔倒的，更不能判断蔡某忠系因意外摔倒而导致脑出血死亡的，即便该证明材料来源于证明材料上所附7名证人，但该7人除名字外并无任何有效信息，其真实性不能确认。综上，段某珍提供的证据不足以证明蔡某忠摔倒系导致其死亡直接且单独的原因。"

第四章　车辆损失保险免责条款典型案例评析

第一节　承保范围条款性质认定产生异议保险理赔纠纷案

一、案件概要

（一）案件基本事实

2015 年 3 月 31 日，黄某在中国太平洋财产保险股份有限公司衡水中心支公司（以下简称衡水太平洋财险公司）购买神行车保系列产品，包括车辆损失险（不计免赔）、第三者商业责任险（不计免赔）等。2015 年 11 月 19 日晚 22 时，案涉车辆着火，经交通司法鉴定中心鉴定，车辆起火原因可排除外来因素，应为线路故障。案涉车辆并未购买自燃险，衡水太平洋财险公司同意赔偿黄某赔付给第三者的损失，但拒绝赔付车辆因自燃产生的损失。一审法院认为自燃险属于车损险的附加险，案涉车辆并未投保自燃险。根据保险合同约定车损险的理赔范围包含火灾而非自燃，故对于黄某主张衡水太平洋财险公司赔偿其因自燃而造成的车辆损失不予支持。

（二）当事人主张

1. 保险公司主张

（1）案涉车辆着火经鉴定属于线路故障自燃引起，黄某未在保险公司处投有自燃险，保险合同为双务合同，投保人需支付对价后方可获得保险保障，故不属于车辆损失险中规定的火灾的保险责任范围，保险公司不应承担赔偿责任。

（2）保险责任范围是依据保险合同约定保险公司应当承担赔偿责任的情形，免责事由是在保险责任范围内不承担责任的情形。本案中，自燃本身就不属于保险合同约定的赔偿范围，故不必要再探究该情形是否属于免责事由。保险条款中对火灾概念的约定不属于免责条款，保险公司无须对其进行提示说明。综上，衡水太平洋财险公司无须对车辆损失承担赔偿责任。

2. 对方当事人主张

（1）机动车损失保险条款未与合同相对方协商，其中关于火灾定义的条款，该条款将火灾限定在保险机动车以外的火源引起的范围内，是对保险公司自身责任在一定范围内的免除，显然属于免责条款。（2）当保险公司当事人对免责条款理解存在争议时，应按照通常理解进行解释，即免责条款中的火灾指的也应该是在时间或空间上失去控制的灾害性燃烧现象，自燃本是引发火灾的一种形式或者说是原因之一，涉案车辆发生事故，系因火灾，属于保险责任约定的事故原因。故保险公司应在机动车损失险的限额内予以赔偿。（3）衡水太平洋财险公司没有提供保险条款，也没有提示和说明，保险条款中免除保险公司责任的条款，对黄某不产生法律效力。保险单的风险提示书是由保险公司的工作人员签署的。综上，衡水太平洋财险公司应当对火灾造成车辆报废的经济损失承担赔偿责任。

（三）裁判要旨

1. 二审法院裁判要旨

通常理解的火灾是指在时间和空间上失去控制的燃烧所造成的灾害。衡水太平洋财险公司在将火灾列为保险责任之一的同时，又在其提供的保险条款中对火灾的概念作出了限制性解释，这与人们在日常生活中对火灾概念的理解不同，对此，保险人未向投保人黄某作出说明。因案涉车辆系线路故障导致自燃，属于保险条款责任免除部分未列明的其他使用性质的车辆损失自燃。对此类条款，保险人在订立合同时应当在投保单、保险单或者其他保险凭证上作出足以引起投保人注意的提示，并对该条款的内容以书面或者口头形式向投保人作出明确说明，方能产生效力。本案中，衡水太平洋财险公司在一、二审均未能提交有效证据证明其在接受投保时，已就该免责条款向黄钦作出了提示并进行了明确说明，依照《保险法》第17条第2款的规定，该免责条款在本案中不产生效力，保险人应在车辆损失险限额内赔偿被保险车辆因火灾造成的损失。

2. 再审法院裁判要旨

从交通司法鉴定中心出具的鉴定意见书的内容来看，涉案车辆着火可排除外来因素造成，应为线路故障引起的自燃。从衡水太平洋财险公司与黄某所签订的"神行车保系列产品投保单"的内容来看，黄某所投保的项目没有"自燃损失险"，也没有交纳投保该险种的相关费用。因此黄某根据保险合同的约定要求保险公司承担因涉案车辆自燃所造成的损失，缺乏依据。"自燃损失险"是保险的一个独立险种，与保险公司所承保险种的免责条款没有关联性，因此二审判决以衡水太平洋财险公司对免责条款没有尽到提示义务为由，判决其在车辆损失险限额内赔偿黄某因被保险车辆火灾造成的损失，无事实和法律依据。

（四）焦点问题

本案审理法院并未总结争议焦点，结合本案案情，本书总结本案焦点问题为：投保人未投保自燃险的情况下，保险公司是否需要对自燃引发火灾造成的车辆损失承担保险赔偿责任。具体包括：（1）关于火灾概念的合同条款是否属于免除保险人责任的条款；（2）保险责任范围条款是否以保险人履行提示和明确说明义务为生效要件。对于以上焦点问题，本书将在案件评析部分进行深入探讨。

（2019）冀民再48号
案件二维码

二、案件评析

（一）什么是保险合同附加险

按照保险条款的性质不同，可将保险条款分为基本条款和附加条款。附加条款是保险合同当事人双方在基本条款的基础上所附加的、用以扩大或限制原基本条款中所规定的权利和义务的补充条款。① 附加条款的产生主要有两个原因：第一，扩大基本条款的伸缩性，适应被保险人的特别需求；第二，变更保险单原规定的内容，如扩大承保危险责任、增加保险标的或被保险人等，也可以用以减少原规定的除外责任或减少原规定的承保范围。

保险合同中，通常把基本条款规定的承保责任叫基本险，附加条款所规定的承保责任叫附加险。投保人可以选择仅投保基本险、投保基本险并选择投保附加险，但不能单独投保附加险。在保险产品设计上，自燃险通常属于车辆损失保险的附加险。

本案自燃险之于车辆损失保险，起到了扩大承保危险责任的作用，将由车辆内部原因导致的火灾损失增补为承保范围。所以在车辆保险实务中，车损险原则上不包括车辆自燃造成的损失，自燃损失应当额外投保。该种保险责任范围的设计是保险行业中普遍采用的模式。

在保险实务中，投保人在投保时易于对车辆损失保险的承保范围产生误解，认为一切车辆损失的后果都应当由车辆损失保险赔偿。为最大限度避免争议的发生，在保险人与投保人订立保险合同时，保险人应当让投保人阅读相关保险条款，或对是否投保自燃险向投保人作出问询，或对不予承保的风险进行文字或口头的告知。

（二）关于承保范围的条款是否适用说明生效规则

1. 什么是免除保险人责任的条款

《保险法》第17条第2款所称的"保险合同中免除保险人责任的条款"有

---

① 李玉泉　邹志红：《保险法学——理论与实务》，高等教育出版社2010年版，第137页。

以下 3 种理解：广义观点认为，凡是保险人限制自身承保风险与赔偿责任范围、赔偿限额的条款都属于免责条款，包括承保范围、保险标的限定，保险金额、保险期限、免赔额（率）的设定、条件与保证的设定，以及保险人在特别约定栏的约定等。[1] 比如《福建省高级人民法院民二庭关于审理保险合同纠纷案件的规范指引》第 17 条认为："保险合同的责任免除条款，是指任何可以实质性免除或减轻保险人赔付责任的条款，包括除外责任条款，以及保险人可以援引终止、解除保险合同或减轻、免除保险责任的条款。"狭义观点认为，保险合同当中"责任免除"部分的内容才属于法律上所谓的免责条款，其余条款原则上不属于保险免责条款。如《广东省高级人民法院关于审理保险合同纠纷案件若干问题的指导意见》认为："保险合同约定的免赔率、免赔额、等待期、保证条款以及约定当投保人或被保险人不履行义务时，保险人全部或部分免除赔付责任的条款不属于《保险法》第 17 条规定的免除保险人责任的条款。"折中观点认为，在广义理解的基础上，"保证与条件条款、承保风险与承保标的等条款不应属于免责条款"。

最高人民法院认为，《保险法》中免除保险人责任，指免除保险人在保险事故发生后依据保险合同承担的赔偿或给付责任。所谓免责，应当以当事人应承担责任为前提，如无须承担责任，则不存在免责一说。所以应当明确保险人责任范围的条款与免除保险人责任条款的区别，不能将确定保险人责任范围的条款视为免除保险人责任的条款。[2] 本书亦认为，承保范围条款不属于免责条款，在保险合同已经列明的承保范围的情况下，对保险合同当事人发生拘束力。

2. 关于火灾概念的条款是否属于免责条款

本案争议的"火灾"概念条款即属于限定承保风险范围条款，该条款对因火灾造成车辆损失的承保范围作出事先约定，关于火灾的理解虽然是影响投保人获得赔偿与否的重要条款，但是不属于免除保险人责任的条款，不适用说明生效规则。

保险合同中，保险人通过合同条款向相对人特别强调某些危险不属于保险人承保的范围，该类条款不属于严格意义上的免责条款，其作用不在于免除保险责任范围之内的保险赔付责任，而在于明确承保风险的范围，上述案例中该条款即为明确因车辆自身原因引发的火灾不属于合同约定的承保范围，起到厘定承保范围的作用。投保人已经缴纳与承保范围相适应的保险费，不应当在出险后称其对

---

① 齐瑞宗、肖志立编著：《美国保险法律与实务》，法律出版社 2005 年版，第 175 页。

② 最高人民法院民事审判第二庭编著：《最高人民法院关于保险法司法解释（二）理解与适用》，人民法院出版社 2015 年版，第 229 页。

承保范围不知情,主张超乎保险费对价之外的保险赔偿,此种主张有违对价公平。

自燃险作为独立于普通车辆损失险的附加险,车辆保险的投保人应当对其有基本了解。车损险中不包括车辆自燃的风险,或称在车损险"火灾"承保范围内不包括自燃引起的火灾,这种约定没有超出一般车辆保险投保人的认知范围,司法裁判不应当按照普通社会生活中最广义的理解否定承保范围条款的有效性,否则将对保险行业的经营与保险合同自由产生不利影响。

三、结论

本书认为,在保险行业中,自燃险是车辆损失保险的附加险,投保人在未投保自燃险的情况下,保险人在普通车损险范围内不承担自燃损失赔偿,具有合同依据。保险合同中列明"保险财产范围"或"保险责任(范围)"的条款不应属于免除保险人责任的条款,不应适用说明生效规则,应当认定对投保人发生效力。投保人已经通过缴纳保费确立了与承保范围之间的对价关系,自燃险被列为车损险附加险已然成为行业长期以来的通行做法,投保人以不清楚一般车损险保险范围为由,在仅投保车损险基本险的情况下,主张获赔自燃险损失的,不应当获得支持。

第二节　财产保险合同非投保人本人签名保险理赔纠纷案

一、案件概要

(一) 案件基本事实

车主杨某为自有轿车向中国人民财产保险股份有限公司海安支公司(以下简称人保海安支公司)投保机动车交通事故责任强制保险和商业保险。其中商业保险保险单记载:被保险人为杨某;车损险保险限额为 104 684.4 元,且不计免赔。案涉保险投保单中特别约定栏中记载:投保人声明本条款的责任免除条款保险人已明确说明。在特别约定栏下面以加黑加粗的方式记载:"投保人声明:保险人已向本人详细介绍并提供了投保险种所使用的条款,并对其中免除保险人责任的条款(包括但不限于责任免除、投保人被保险人义务、赔偿处理、附则等),以及本保险合同中付费约定和特别约定的内容向本人做了明确说明,本人已充分理解并接受上述内容,同意以此作为订立保险合同的依据,本人自愿投保上述险种。"投保人签章处书有"杨某"姓名。

该商业保险投保单所附《机动车综合商业保险条款》第9条第3款约定：被保险机动车人工直接供油、高温烘烤、自燃、不明原因火灾的损失，保险人不负责赔偿。所附《机动车综合商业保险免责事项说明书》的最后一页手书记载"保险人已明确说明免除保险人责任条款的内容及法律后果"，投保人签章处签有"杨某"姓名。保险期间内，杨某丈夫刘某驾驶案涉小型轿车发生火灾，致车辆烧毁。经公安消防大队认定，案涉车辆起火部分位于车辆车头，起火点为车头右下方油底壳附近，起火原因为汽车油底壳破损导致机油外泄遇高温发生火灾。

杨某诉请人保海安支公司向其赔偿车辆损失，并主张投保过程中"杨某"的签名并非本人所签，均系其丈夫刘某所签，所以保险公司没有就免责事项向杨某尽到明确告知的义务，免责事项对其不发生法律效力。

一审法院查明，案涉保险投保时，刘某系通过刷杨某银行卡缴纳保险费用，并在刷卡单上签署了杨某的姓名。刘某陈述案涉车辆一直在人保海安支公司投保，此前投保单上的签字大部分是由刘某本人操作的，案涉投保单上的字是刘某本人所签。一审法院判决驳回杨某的诉讼请求。

（二）当事人主张

1. 保险公司主张

刘某系杨某丈夫，亦是本起事故的实际驾驶员，根据家事代理的原则，刘某签字完全可以代表杨某，且涉案车辆作为杨某与刘某的共同财产，刘某也是车辆的所有权人，所以免责条款发生法律效力。

2. 对方当事人主张

杨某主张：（1）案涉火灾事故认定书仅认定发生火灾的原因系油底壳破损导致的，未进一步认定是什么原因导致油底壳破损。油底壳破损的原因一般有两种，一种是车辆自身的质量问题导致的；另一种是外部物品如石子、突出的路面等刮擦、击打等导致的。一审中，人保海安支公司未进一步举证证明油底壳破损原因，也未提出鉴定，故不排除案涉车辆油底壳破损系因外部物品刮擦、击打导致，进而导致起火，这种情况下，应当按照车损险的约定进行赔偿。本案中，由于油底壳破损原因不明，应当作出对消费者也就是本人有利的认定。（2）刘某知晓免责条款并不代表杨某必然知晓。即使是夫妻共同财产，人保海安支公司在让刘某签字时，并未要求出示包括结婚证在内的身份证件，即投保时人保海安支公司并不知晓签字人与本人的关系。（3）根据《保险法》第17条的规定以及最高人民法院研究室对其中"明确说明"应如何理解的答复（法研〔2000〕5号文件），所谓明确说明，是指保险人与投保人签订保险合同之时，对于保险合同中约定的免责条款，除了在保险单上提示投保人注意外，还应当对有关免责条款的概念、内容及其法律后果等，以书面或者口头形式向投保人或其代理人作出解释，以使投保人明了该条款的真实含义和法律后果，而非要求投保人按照保险人指令机械地摘抄格式文本。本案中，人保海安支公司并无任何证据能够证明在签订合同时对免责条款作出引起刘某注意的提示和明确说明，本人亦未在保险合同中签字，故案涉免责条款不发生法律效力，人保海安支公司不能据此免责。

（三）裁判要旨

1. 一审法院裁判要旨

（1）此起事故系车辆自燃，属于保险合同约定的免责事项。汽车本身有一定的问题才能引起自燃，汽车自燃的原因包括随意改装线路、线路老化、燃油系统泄漏等，而源于燃油系统泄漏的火灾是汽车自燃事故中比较典型的一种，燃油不仅指车用动力汽、柴油，还包括助力器油、变速器油等车用易燃液体，所泄漏的燃油遇高温物体或空气，是引起燃烧的主要原因。本案公安消防部门已认定车辆起火原因系汽车油底壳破损导致机油外泄遇高温发生火灾，可见案涉车辆燃烧是车辆油底壳破损导致车用机油泄漏遇高温发生，符合车辆自燃的特征。车辆自燃属于双方约定的免责事项，因为本案机动车综合商业保险条款中机动车损失保险的第9条第3款明确规定"人工直接供油、高温烘烤、自燃、不明火灾"系免责范围，事实上人保海安支公司在案涉保险条款中就明确附加险中有"自燃损失险"，而杨某没有投保该附加险。

（2）刘某替杨某在投保手续上签名产生杨某知晓保险免责条款及免责事项的效力，理由有四：①刘某系杨某丈夫，亦是本起事故的实际驾驶员，其投保时在特别约定处及特别声明处替杨某签名，可认定刘某已知晓保险免责条款或免责事项。②涉案车辆作为杨某与刘某婚姻关系存续期间的财产，刘某所签杨某之名，有理由相信其可以代表杨某，因为夫妻之间在处理家事时除法律特别规定或第三人知晓的双方约定外，可构成直接的表见代理。③从权利义务一致性原则来讲，刘某作为投保人丈夫，其替投保人签名后，法院有理由相信其已将保险合同的权利义务及注意事项告知投保人，使投保人依法享有合同权利同时承担合同义务；反之如刘某没有告知，导致保险人因此承担损失，亦有可能产生保险人向侵权人追偿。④刘某是案涉车辆的直接使用者，根据上述其一的分析，其作为保险免责事项的知晓者，其在使用自家车辆发生车辆自燃的免责事项，再以投保人不知晓免责事项为由要求保险理赔受益，亦有悖诚信，从道义上法院也不能支持其诉讼请求。故一审法院认定免责条款对杨某发生法律效力。

2. 二审法院裁判要旨

（1）关于案涉事故发生原因。判断案涉事故是否属于保险责任范围，投保人或被保险人必须证明被保险人的损害系保险人承保的危险所造成，即要求危险与损害之间存在因果关系。本案中，油底壳破损并不必然导致漏油起火发生事故，油底壳破损仅是事故发生的间接原因，审查是否因外部物体碰撞等导致破损已无必要。案涉火灾事故认定书中已经明确起火点及起火原因，系被保险机动车油底壳破损导致漏油起火，这是车辆损失最直接的、最有效的、起决定作用的原因。根据案涉保险合同释义，所谓自燃，是指在没有外界火源的情况下，由于本车电器、线路、供油系统、供气系统等被保险机动车自身原因或所载货物自身原因起火燃烧。案涉事故已经排除了外界火源的介入，系被保险车辆自身供油系统原因引发的火灾，符合上述自燃情形，故本院认定案涉事故原因系车辆自燃。

（2）关于车辆自燃的免责条款是否生效的问题。人保海安支公司主张已就免责条款尽到提示及明确说明义务，应予免责。杨某则称投保单上非其本人签字，不能认定保险公司已尽到提示及明确说明义务，免责条款对其不生效。根据《保险法》第 17 条第 2 款的规定，对保险合同中免除保险人责任的条款，保险人应向投保人作出提示，并履行明确说明义务。同时根据《保险法解释（二）》第 13 条的规定，保险人对其履行了明确说明义务负举证责任，投保人对保险人履行了明确说明义务在相关文书上签字、盖章或者以其他形式予以确认的，应当认定保险人履行了该项义务，但另有证据证明保险人未履行明确说明义务的除外。

从本案已查明的事实来看，被保险车辆登记在杨某名下，系杨某与刘某夫妻二人家庭用车。案涉保险系由刘某以杨某的名义办理投保手续，且用杨某的银行卡缴纳了保险费，并在投保人声明栏签署了杨某的名字，书写了"保险人已明确说明免除保险人责任条款的内容及法律后果"。该保险合同已经有效成立，杨某作为被保险人享有保险利益。考虑到案涉车辆一直在人保海安支公司投保，且此前大部分是由刘某办理相关手续。本次投保过程中，刘某以杨某银行卡缴费及签署杨某名字等行为，足以使人保海安支公司相信刘某系履行普通家事代理行为，其签字确认行为可以代表杨某。刘某在投保人声明栏上签字确认，说明其对保险条款尤其是对免除保险人责任条款部分的内容已经理解并予以接受，由此可证实人保海安支公司已对刘某履行了明确说明义务，刘某签上杨某的名字加以确认，该免责告知效果及于杨某。故案涉免责条款对杨某具有约束力。综上，杨某的上诉请求不能成立，应予驳回。

（四）焦点问题

二审法院总结本案争议焦点如下：（1）案涉车辆事故发生的原因应当如何认定，是否系自燃，是否属于保险免责事项。（2）杨某的丈夫刘某在投保单上代签名的行为能否产生杨某本人对保险免责事项知晓的效力，能否认定保险人已经履行了明确说明义务。结合本案案情，围绕法院审理的争议焦点，本书总结本案焦点问题为：在非本人签名的情况下，满足何种条件能够认定保险公司已经向投保人履行了提示和明确说明义务。对于焦点问题，本书将在案件评析部分进行深入探讨。

（2017）苏 06 民终
3850 号案件二维码

二、案件评析

（一）能否依据杨某支付保险费认定保险人履行了提示说明义务

本案因为杨某通过向其丈夫交付本人银行卡和密码的方式支付了保险费，有观点认为可以认定杨某追认了保险合同的内容，本案免责条款可以据此对杨某发生效力，本书并不赞同该观点。虽然《保险法解释（二）》第 3 条第 1 款规定："投保人或者投保人的代理人订立保险合同时没有亲自签字或者盖章，而由保险人或者保险人的代理人代为签字或者盖章的，对投保人不生效。但投保人已经交纳保险费的，视为其对代签字或者盖章行为的追认。"本书认为，根据上述规定，投保人已经交纳保险费，视为投保人对代签字或者盖章行为的追认，仅针对的是签订保险合同这一行为的追认。投保人的交费行为系其以积极行为履行保险合同义务的表现，仅能证明投保人对保险合同的成立和生效没有异议，不能从逻辑上推导出保险人已就免责条款尽到提示说明义务。

（二）保险合同非本人签字的法律后果

保险实务中，涉及代投保人签名的地方通常会有两处，一是为了表达投保的意思表示，在投保单上相应部分签字确认；二是在保证填写内容真实准确、认可保险人已经依法履行了免责条款提示说明义务的"投保人声明栏"处签字确认。投保人通常认可其有投保的真实意思表示，承认保险合同有效，但主张因为"投保人声明栏"处并非本人签名，所以主张保险人没有对其尽到提示说明义务，免责条款对其不发生效力。对此，实务中存在如下几种情形：

其一，如果经查明，保险合同关于保险条款提示说明的相关签名系保险公司工作人员所签，投保人声称其没有阅读和签署过投保人声明，且保险人不能对代签行为作出合理解释，通常认为保险公司不能证明其将保险免责条款向投保人进行过提示、说明，保险免责条款通常对投保人或被保险人不发生效力。

其二，如果签名人为保险公司工作人员以外的代理人，在保险人审查了委托代理手续的情况下，投保人代理人的行为应当及于被代理人，即保险人如果能够证明其对投保人的代理人尽到了提示说明义务，则视为对投保人本人尽到了提示说明义务。投保人不能单纯以其本人没有到场为理由，承认保险合同的效力却否认免责条款对其发生效力。

上述案件中法院基于夫妻之间的家事代理关系和夫妻共同财产制度，认定刘某为有权代理身份，进而认定保险公司向刘某履行了提示、说明义务的效力及于投保人杨某，有事实依据和法律依据。即便刘某没有出示委托代理手续，基于其与杨某夫妻的身份关系和既往代为签订保险合同的事实，人保海安支公司有理由相信刘某为有代理权人，其就免责条款向刘某进行提示和明确说明的效果及于杨某。

其三，如果签名人在特别声明栏中签名时，并未向保险公司提供投保人的授权委托书等关于代理内容和权限的材料，保险公司事后也未要求投保人对此予以追认，不能认定签名人的行为是投保人的真实意思表示。即使保险公司确实已就免责条款向签名人进行了显著提示和明确说明，但并不能确保签名人会及时将保险条款转交投保人，并将免责条款的提示和明确说明的内容如实全面地转达给投保人。

三、结论

在财产保险合同非投保人本人签名的情形下，如果保险人能够证明签名人系有权代理或代签行为构成表见代理的，保险人就免责条款向签名人履行提示、说明义务的法律效力及于投保人。基于夫妻特殊的身份关系和家事代理权制度，一般情况下认为夫或妻一方是另一方的有权代理人。但是夫妻之外的共同生活的人，如父母子女关系等，在没有授权委托的情况下，通常不能基于身份关系认定为有权代理关系。在代为投保、签名的保险业务中，保险人应当查看授权委托书、查看夫妻关系证明或事后获得投保人本人关于签字事项的追认，才能保证免责条款对投保人本人发生效力。

四、关联案例列举

（2017）川09民终592号案件，法院认为：保险公司出示的投保单中，投保人声明栏虽有投保人的签名，但投保人否认保险公司履行提示义务，其签名并非是本人所签，保险公司亦不要求作笔迹鉴定，亦未提供其他能够证明对免责条款履行了提示义务的证据，因此不能认定保险公司对就免责条款向投保人履行了提示义务，其免责条款对投保人不产生效力。驾驶人虽然在发生交通事故后逃逸，负交通事故的全部责任，但保险公司在签订保险合同时因未尽提示义务，免赔的理由不能成立。保险公司应赔偿全部损失。

第三节　发生法定免责事由保险理赔纠纷案

一、案件概要

（一）案件基本事实

林某雄以案涉车辆向中国人民财产保险股份有限公司合肥市分公司（以下简称人保合肥分公司）投保《机动车损失保险合同》《机动车第三者责任保险合同》（含交强险）。保险期间内该车辆在高速公路发生交通事故，林某雄通过电话向保险公司报险，报险内容主要为，案涉车辆因爆胎撞到栏杆，致使栏杆及车辆损坏，出险时车辆驾驶人员并非被保险人。人保合肥分公司回复，建议报交警，先配合交警，同时要林某雄在下高速出口后通知人保合肥分公司。交警就本起事故出具《证明》，主要内容为：我队民警巡逻途经渔平高速公路时发现一辆小型轿车碰撞路右侧护栏，造成车辆以及路产损坏的交通事故。现场未发现当事人。

（二）当事人主张

1. 保险公司主张

人保合肥分公司主张，根据《保险法》第22条的规定，被保险人依法对保险事故的性质、原因、损失程度等负担举证的义务。现有证据无法证实涉案保险事故发生的真实性质、原因具体表现为：（1）涉案事故的实际驾驶人员无法确定。因现场未发现当事人，故交警部门无法确定实际驾驶人员。同时，林某雄报险时称实际驾驶人员为案外人，但诉讼中又主张事故发生时驾驶人为本人，故案涉事故的实际驾驶人员无法确定。（2）驾驶人员在事故发生时是否处于适驾状态无法查明。人保合肥分公司根据保险合同的约定承担相应的保险责任，在保险条款中，还设定了饮酒或醉酒驾车等保险免责情形。交警在现场调查时未发现任何当事人，故对于实际驾驶人员在事故发生时是否具有饮酒、吸毒驾车等保险免责情形，交警部门也无从查起。（3）涉案事故发生的原因无法查明。交警部门出具的证明仅仅是对事故造成的损害结果进行陈述，对于事故发生的具体原因，因当事人离开现场而无法查明。（4）被保险人离开事故现场不存在合理原因。因投保人、被保险人故意或重大过失，导致保险事故性质、原因无法查明，属于《保险法》规定的法定免责情形，对于法定免责的事由，保险人无须另行履行提示、明确说明义务。因此，人保合肥分公司无须承担保险赔偿责任。

2. 对方当事人主张

林某雄主张：（1）根据保险合同条款的约定，保险事故发生在保险期间，且属于保险人的保险责任范围，人保合肥分公司应依照约定对其遭受的损失进行赔偿。（2）本案的保险事故原因已有足够证据证实。根据双方签订的保险合同的约定，保险事故包括："碰撞、倾覆、坠落、火灾、爆炸、外界物体坠落、倒塌、暴风"等，根据交警的证明，案涉汽车系因碰撞路右侧护栏，造成车辆以及路产损坏的交通事故。故本案的保险事故可以描述为碰撞，属于保险合同约定的承担风险范围内。（3）事故车辆实际驾驶人身份及实际驾驶人是否处于适驾状态，是本案交通事故的原因和性质，即使交通事故的原因和性质无法确认，也不影响保险事故的确定性。（4）根据《保险法解释（二）》第 10 条，保险公司在履行提示义务后，方可以依据"法定免责事由"免责，保险公司未对禁止情形履行提示义务，故保险公司应承担保险赔偿责任。

（三）裁判要旨

二审法院认为，根据《保险法》第 5 条："保险活动当事人行使权利、履行义务应当遵循诚实信用原则。"以及第 21 条："投保人、被保险人或者受益人知道保险事故发生后，应当及时通知保险人。故意或者因重大过失未及时通知，致使保险事故的性质、原因、损失程度等难以确定的，保险人对无法确定的部分，不承担赔偿或者给付保险金的责任，但保险人通过其他途径已经及时知道或者应当及时知道保险事故发生的除外。"的规定，被保险人林某雄要求人保合肥分公司对案涉事故承担保险责任，应在事故发生的第一时间履行及时通知义务并作如实陈述。

本案中，被保险人林某雄在案涉事故发生后未及时报警并擅自离开现场，导致保险事故发生时的实际驾驶人身份、驾驶人是否处于适驾状态等保险事故的性质、原因、责任无法查明。被保险人林某雄主张驾驶人身份、是否处于适驾状态、有无逃逸等情况属于"交通事故的原因"而非"保险事故的原因"，在因交通事故而申请保险理赔时，交通事故原因、性质即为保险事故原因、性质。在事故系因被保险人的原因而无法查明的情况下，根据《保险法》第 21 条之规定，无论上诉人能否证明其车辆实际损失数额，被上诉人依据前述条款均存在法定免责事由，亦无须就前述免责事由履行说明、提示义务，一审法院依据前述条款认定被上诉人对车辆损失不予赔付，法律适用并无不当。

（四）焦点问题

再审法院认为，本案争议焦点是人保合肥分公司是否应对林某雄承担赔付责任。结合本案案情，围绕法院审理的争议焦点，本书总结本案焦点问题为：（1）被保险人报险后离开事故现场，保险人是否可据此不承担保险赔偿责任，对于该法定免责事由，是否需要保险人履行提示和明确说明义务；（2）如何理解《保险法》第22条规定的，被保险人等主体应当向保险人提供其所能提供的，与确认保险事故的性质、原因、损失程度等有关的证明和资料。对于焦点问题，本书将在案件评析部分进行深入探讨。

（2018）闽民申
2953 号案件二维码

二、案件评析

（一）保险人是否应对法定免责事由向投保人履行提示和明确说明义务

《保险法》第17条规定，对于保险合同中免除保险人责任的条款，保险人应向被保险人履行提示和明确说明义务。对于未作提示和明确说明的，该条款不产生效力。因格式条款的主要特征为"未与对方充分协商"，故相对方对条款的内容并不充分地了解，对于与自己有重大利害关系的条款并不一定能够注意到，或不一定真正地理解条款内涵。为了保证相对人能够充分地注意并理解条款内容，故立法要求格式条款的提供方对与相对方有重大利害关系的条款进行提示和明确说明。

从立法目的可知，提示和明确说明义务是为了防止保险人利用其单方拟订保险合同的机会，设计不公平的条款内容。而法定免责条款属于保险人享有的法定抗辩权利，无论是否订入保险合同内容，保险人均可援引作为抗辩依据。换言之，因法律规定具有认识可能性，任何人不能以不知法律规定作为抗辩或免责理由，因此保险人无需对法定免责条款履行提示和明确说明义务。

（二）如何理解《保险法》第21条与第22条的关系

《保险法》第21条规定："投保人、被保险人或者受益人知道保险事故发生后，应当及时通知保险人。故意或者因重大过失未及时通知，致使保险事故的性质、原因、损失程度等难以确定的，保险人对无法确定的部分，不承担赔偿或者给付保险金的责任，但保险人通过其他途径已经及时知道或者应当及时知道保险事故发生的除外。"第22条第1款规定："保险事故发生后，按照保险合同请求保险人赔偿或者给付保险金时，投保人、被保险人或者受益人应当向保险人提供其所能提供的与确认保险事故的性质、原因、损失程度等有关的证明和资料。"以上两条文在被保险人应提供与确认保险事故的性质、原因、损失程度等有关的证明和资料问题上存在一定的联系。从证明责任的角度来说，以上条文对于"谁主张、谁举证"的证明责任分配规则有所突破。

根据《民事诉讼法》的相关规定，当事人对于自己提出的主张，有责任提供证据。对于证明责任的原则可以理解为：（1）主张法律关系存在的当事人，应对产生该法律关系的基本事实承担举证证明责任；（2）主张法律关系变更、消灭或者权利受到妨害的当事人，应当对该法律关系变更、消灭或者权利受到妨害的基本事实承担举证证明责任。具体到保险合同关系中，可作以下理解：（1）被保险人向保险人主张保险赔偿请求，应当对事故属于保险事故、属于约定风险承担举证证明责任。（2）保险人若对被保险人的赔偿请求进行抗辩，则应当举证证明本案存在约定或法定的免责情形。

若基于"谁主张、谁举证"的证明责任分配规则，则被保险人只要能够证明保险事故属于保险责任范围即可，而不需要证明保险事故的性质、原因等事实。《保险法》第22条之所以规定被保险人应当提供与确认保险事故的性质、原因等有关的证明和资料，是因为相较于保险人而言，被保险人等主体更容易知悉保险标的状态，与保险事故性质、原因等有关的证据距离更近，可期待其陈述事实，提供相应证据。而保险人处于保险事故发生及经过之外，知悉和掌握有关具体的事实及相应的证据极为困难，保险人不能向法院提供（或掌握、了解）与保险事故性质、原因等相关的证据并不具有可归责性。因此被保险人等主体基于《保险法》第22条的规定，负有证明协助义务。在被保险人未履行该协助义务，致使保险事故的性质、原因等事实无法查明时，根据《保险法》第21条的规定，对于无法确定的部分，保险人不承担赔偿或给付保险金的责任。

根据上述被保险人证明协助义务的规定，在被保险人能够提供交警部门事故认定书且认定书未确认肇事司机存在非法驾驶情形的情况下，有理由认为驾驶人驾驶状态合法。如保险人没有证据推翻驾驶人驾驶状态合法，则应当对保险事故引发的保险损失承担保险赔偿责任。相反，如果公安机关未出具事故认定书，或公安机关虽然出具事故认定书，但因被保险人的原因无法就肇事司机在事故发生时的状态进行核实，致使保险事故的性质、原因难以确定，保险人依法可不承担赔偿责任。

实务中争议的问题主要是，如何界定保险事故发生后被保险人通知义务的履行标准。《保险法》第21条的规范要件可作如下拆解：（1）投保人、被保险人或受益人，为该通知义务的履行主体。（2）以义务人知道保险事故后为履行时点，并以及时、如实通知作为履行标准。（3）履行对象为保险人。（4）保险人不承担赔偿或给付保险金的责任，以前述义务主体违反通知义务致使保险事故的性质、原因、损失程度等难以确定为结果要件。（5）保险人通过其他途径已经知道或应当知道保险事故发生的，则可排除前述法律后果。

本案中，被保险人林某雄虽然告知人保合肥分公司案涉车辆发生保险事故，但其虚构交警在场进行调查的事实，亦未听从保险人的指示，擅自离开事故现场，致使实际驾驶人身份、驾驶人是否处于适驾状态等与保险事故的性质、原因、责任等相关事实无法查明。因此，虽然被保险人及时向保险人通知了保险事故的发生，但其对保险事故等相关事实的虚假陈述，构成了《保险法》第21条所规范的情形，法院适用该条款认定保险人不承担保险赔偿责任并无不妥。两审法院在判决论理部分均引用了"诚实信用"原则，对被保险人虚构报险内容进行评价，亦是对《保险法》第21条被保险人报险通知义务内涵的进一步解释。

三、结论

在车辆损失及责任保险案件中，发生保险事故后，被保险人（等义务人）有义务及时向保险人报险，如实地向保险人描述现场状况，并依照保险人的指示做出后续行为。若被保险人确在有合理理由离开事故现场时，亦需要采取必要措施保护现场，并及时通知保险公司，以便公安机关、保险人查明保险事故原因和性质等事实，避免出现索赔障碍。

第四节　部分免责和全额免责条款并存保险理赔纠纷案

一、案件概要

（一）案件基本事实

成都市和成运业有限责任公司（以下简称和成运业公司）在中国太平洋财产保险股份有限公司成都中心支公司（以下简称太平洋财保成都公司）处为案涉车辆投保车辆损失险等险种。保险合同签订后，和成运业公司依约交付了保险费。保险期间内，案外人邓某强驾驶车辆，与相向行驶的谢某云驾驶的案涉车辆相撞，造成二人不同程度受伤及两车不同程度受损的交通事故。公安局交通警察大队作出《道路交通事故认定书》，认定邓某强负本次事故的主要责任，谢某云负此次事故的次要责任。事故发生后，案涉保险车辆经邓某强驾驶车辆所投保的保险公司定损，定损合计金额184 800元，其中，残值作价金额48 300元，扣残值后定损金额136 500元。至今，案涉车辆未进行维修，太平洋财保成都公司未向和成运业公司赔付保险金。在诉讼过程中，和成运业公司自认发生保险事故时，有超载行为。

案涉保险合同第 8 条约定："下列原因导致的保险机动车的损失和费用，保险人不负责赔偿：……（五）保险机动车违反《中华人民共和国道路交通安全法》及其他法律法规中有关机动车装载的规定。"第 20 条约定："发生保险事故时，保险机动车违反《中华人民共和国道路交通安全法》及其他法律法规中有关机动车装载的规定，增加 10% 的免赔率。"和成运业公司起诉太平洋财保成都公司，要求其在车辆损失保险范围内赔偿案涉车辆修理费 30 万元。

（二）当事人主张

1. 保险公司主张

太平洋财保成都公司主张：（1）机动车车辆损失保险条款约定，发生保险事故时保险机动车违反《道路交通安全法》及其他法律法规中有关机动车装载的规定，太平洋财保成都公司不负责赔偿。案涉车辆超载与本案交通事故的发生存在因果关系，双方签订的免责条款符合保险合同的性质和民事活动的自主性，具有法律效力，保险人已尽到了法律规定的明确说明义务。（2）即使保险人应担责，也应按照保险机动车一方在事故中所负责比例相应承担赔偿责任。（3）和成运业公司的损失已经由案涉事故相对方保险公司部分赔付，该部分应予扣除。

2. 对方当事人主张

和成运业公司主张：（1）按责赔付条款无效，违反了财产保险的填补原则及公平原则；（2）和成运业公司购买了不计免赔保险，免责保险条款对其不应产生效力；（3）保险合同中关于违反装载规定导致事故免责的约定在本案中不能成立，本案发生事故的主要原因是驾驶人邓某强超速、占道行使，与保险车辆超载无关，故保险公司应当赔付。

（三）裁判要旨

1. 二审法院裁判要旨

二审法院认为，和成运业公司超载的行为违反了《道路交通安全法》第 49 条"机动车载人不得超过核定的人数，客运机动车不得违反规定载货"的规定，属于法律禁止性规定情形。保险公司将此列为免责条款，并进行加黑处理，尽到了提示义务，该条款产生效力，保险公司可以据此免责。

关于和成运业公司辩称其投保车损险不计免赔保险，所有免责条款均不产生效力的理由。二审法院认为，不计免赔特约险，属于商业附加险的一种。该险种通常是指经特别约定，保险事故发生后，按照对应投保的主险条款规定的免赔率计算应当由被保险人自行承担的免赔额部分，保险人负责赔偿的一种保险。和成运业公司的辩解不成立，不予采纳。二审法院判决驳回和成运业公司的诉讼请求。

2. 再审法院裁判要旨

（1）关于太平洋财保成都公司是否因和成运业公司的超载行为免除保险赔付责任的问题。本案中，经审查确认，涉案保险合同既包含有免除责任的条款，也包含有设置免赔率，减轻赔付责任的条款。因涉案保险合同对法律、行政法规中的禁止性规定作为免除保险人责任的情形，存在免除赔偿责任和减轻赔偿责任的不同约定，故根据《保险法》第30条的规定，本院确认本案应适用以免赔率减轻赔付责任的条款。因和成运业公司亦单独购买了车损险不计免赔条款、车责不计免赔条款、第三者责任险不计免赔条款，按照不计免赔险的设立约定，保险人应当在保险范围内全额承担被保险车辆在交通事故中的车辆损失。

（2）关于如何承担保险赔付责任的问题。根据双方所签订的保险合同的约定，以及《交通事故认定书》所确认的责任比例，确认本案中保险人承担赔付责任比例为30%。根据《保险法》第60条的规定，第三者邓某因不计免赔而未由中国人民财产保险股份有限公司赔付，应由本案保险人代位先行赔付后，向对方请求赔偿。以上赔偿金额加上一审期间已确认的归属于保险人的车辆残值，应由保险人进行赔付。

（四）焦点问题

再审法院认为，本案争议焦点为太平洋财保成都公司是否因和成运业公司的超载行为免除保险赔付责任及如何承担保险赔付责任的问题。结合本案案情，围绕法院审理的争议焦点，本书总结本案焦点问题为：（1）保险合同中免除责任条款和减轻赔付责任条款并存时，应当如何适用；（2）按责赔付条款是否有效。对于焦点问题，本书将在案件评析部分进行深入探讨。

（2018）川民再466号案件二维码

二、案件评析

（一）关于保险合同中同时存在免除责任条款和减轻赔付责任条款时的适用

再审法院认为"涉案保险合同既包含有免除责任的条款……也包含有设置免赔率，减轻赔付责任的条款"，根据《保险法》第30条和疑义利益解释原则，应适用保险合同中约定的设置免赔率，减轻赔付责任的条款。

本书认为，虽然案涉保险合同中保险赔付责任完全免除条款和比例赔付等减轻赔偿责任的条款并存，但条款适用规范情形并不相同，不存在疑义利益解释原则的适用空间。案涉保险合同第8条约定："下列原因导致的保险机动车的损失和费用，保险人不负责赔偿：……（五）保险机动车违反《中华人民共和国道路交通安全法》及其他法律法规中有关机动车装载的规定。"第 20 条约定："发生保险事故时，保险机动车违反《中华人民共和国道路交通安全法》及其他法律法规中有关机动车装载的规定，增加 10% 的免赔率。"从合同条款的表述来看，其中第 8 条所规定的保险人不负责赔偿的适用情形为，保险机动车违反《道路交通安全法》及其他法律法规中有关机动车装载的规定，导致机动车损失的，即违法装载情形是发生保险事故的原因。而第 20 条的适用情形为，发生保险事故时，保险机动车存在违法装载的情形，但未要求违法装载是发生保险事故的原因。由此可见，上述条款针对不同情形，即根据违法情形是否是保险事故发生的原因，约定了不同的法律效果，不存在适用障碍，故在条款适用上，不具有疑义利益解释原则的适用空间。结合案涉《道路交通事故认定书》并未认定违法装载是保险事故发生的原因，因此在保险人未能提供其他证据证明保险事故系因违法装载引起的情况下，则不满足保险合同第 8 条所约定的免责情形，因此只能根据保险合同第 20 条的约定，主张增加 10% 的免赔率。

（二）机动车保险中按责赔付条款的效力认定

按责赔付条款为机动车保险中最为常见的保险条款，如涉案《机动车损失保险条款》约定，保险机动车违反《道路交通安全法》及其他法律法规中有关机动车装载的规定保险人不负责赔偿。保险人依据被保险机动车驾驶人在事故中所负的责任比例，承担相应的赔偿责任。按照驾驶人负主要事故责任、同等事故责任、次要事故责任，保险人所承担的事故责任比例分别为 70%、50%、30%。按责赔付条款的实质是，保险人在保险合同项下赔付责任的大小，取决于被保险机动车驾驶人在保险事故中的责任大小（或比例）。

江苏省高级人民法院发布的《关于审理保险合同纠纷案件若干问题的讨论纪要》（苏高法审委【2011】1 号，以下简称纪要），其中第三部分"保险免责条款的效力"第 8 条规定："对于下列保险条款，人民法院应当依照《合同法》第 40 条、《保险法》第 19 条的规定认定无效：……（二）规定'保险人依据被保险机动车驾驶人所负的事故责任比例承担相应的赔偿责任'的机动车辆损失险条款。（三）规定'保险人依据被保险机动车驾驶人所负的事故责任比例承担相应赔偿责任'的机动车第三者责任险条款。"该纪要认为机动车损失保险以及机动车第三者责任保险中的按责赔付条款均属于无效条款。

本书认为，按责赔付条款的效力，对于财产损失保险和机动车商业第三者责任保险而言，应有所区别。

在财产损失保险中，保险人以危险事故发生所致保险标的的损害为承保基础，按被保险人因而所遭受的实际损害尽其损害补偿责任。在保险人与被保险人之间，适用无过失原理。① 换言之，在财产损失保险中，被保险人拟通过保险分散财产损失的风险，并且可以通过直接向保险人主张保险赔偿，以避免向第三人追偿过程中可能遇到的风险。即便保险财产系因第三人责任而发生保险事故，保险人亦应当在符合保险合同的前提下，赔偿被保险人因保险财产而遭受的全部财产损失。按责赔付条款实质是将向第三人追偿的风险转移给被保险人，这不仅违背了现行保险法的规定，更违反了财产损失保险的一般原理，因此根据《保险法》第19条、原《合同法》第40条应当认定该条款无效。

在机动车商业第三者责任保险中，保险标的为被保险人依法应负之赔偿责任，在此情况下，按责赔付条款并没有违反责任保险制度设计的意旨，因此不应当然地认定其无效。具体来说，在发生保险事故时，被保险车辆的驾驶员与受害人之间为侵权法律关系。《侵权责任法》第26条规定："被侵权人对损害的发生也有过错的，可以减轻侵权人的责任。"因此，在认定被保险人的赔偿责任时，需要考虑受害方对于损害结果的发生和扩大是否有过错，并对被保险人的赔偿责任作出适当地扣减。保险事故的发生在受害人与加害人（被保险车辆驾驶人）之间具有可归责性，且在双方责任比例不同的情况下，因加害人依法应当承担赔偿责任的范围，与其对保险事故发生的可归责比例之间具有直接关系，因此在责任保险中规定，保险人依据被保险机动车驾驶人在事故中所负的责任比例，承担相应的赔偿责任，这种约定符合侵权损害赔偿中加害人应当承担的赔偿责任。

三、结论

疑义利益解释原则具有严格的适用条件，虽然本案保险合同中免除责任条款和减轻赔付责任条款并存，但因适用情形不同，以上两条款之间不存在解释和适用上的冲突，故而不存在疑义利益解释原则的适用空间。

疑义利益解释原则已经成为纠纷解决机构处理保险合同纠纷时最常引用的原则之一，诚然，该原则在平衡格式合同当事人之间的利益上也确实发挥了重要作用，但正因该原则对合同当事人的权利义务影响较大，故应严格适用，具体包括，优先对保险人是否严格履行提示说明义务进行审查，以确定当事人是否理解争议条款内容和后果。之后，在合同条款解释方法的适用上，也应有顺序考虑，并在论理中加以明确说明，以求通过裁判指引并规范保险合同当事人的行为。

---

① 施文森："试析江苏省高级人民法院关于新保险法之问卷"，载谢宪主编：《保险法评论》（第三卷），法律出版社2010年版。

第五节　将"存在状态"纳入免责条款保险理赔纠纷案

一、案件概要

(一) 案件基本事实

2015 年 1 月 26 日，龚某花为其车辆在中国平安财产保险股份有限公司江西分公司（以下简称平安保险江西分公司）处投保交强险，保险期间内，龚某花丈夫邓某驾驶案涉车辆因避让不当与隔离花坛路角发生碰撞，造成涉案车辆严重损坏。事发后，龚某花立即报警并通知了平安保险江西分公司。保险公司工作人员到现场拍照后，查明事发时驾驶司机邓某持有的驾照已过有效期，故保险公司以驾驶司机驾照过期为由拒绝定损。

案涉《电话营销专用机动车辆保险条款》第二章车辆损失保险责任第 5 条第 (2) 项用黑字体记载，发生意外事故时，驾驶人在驾驶证丢失、损毁、超过有效期或依法扣留、暂扣期间或记分达到 12 分，仍驾驶机动车的，保险人不负赔偿责任。投保人龚某花签字的《机动车车辆保险投保单》投保人声明第 2 条记载："本人确认已收到了《电话营销专用机动车辆保险条款》，且贵公司已经向本人详细介绍了条款的内容，特别就黑体字部分的条款内容和手写或打印版的特别约定内容做了明确说明，本人已完全理解，并同意投保。"

(二) 当事人主张

1. 保险公司主张

平安保险江西分公司主张，司机邓某的驾驶证过期，保险公司已经尽到了免责告知义务，不应承担保险责任。本案为财产保险合同纠纷，双方之间的保险合同合法有效，应当严格依照合同约定履行。依照保险条款约定，驾驶人在驾驶证超过有效期，仍驾驶机动车的，保险人不负赔偿责任。龚某花在投保单上签名，可以证实其已经收到了条款，并且平安保险江西分公司对以上免责条款进行了告知，龚某花对条款的内容完全理解并无异议。本案司机邓某驾驶证过期仍然驾驶机动车，符合免责的条件。

2. 对方当事人主张

龚某花主张：（1）平安保险江西分公司未尽到免责条款提示和说明义务。龚某花虽在投保单上签了名，但系应平安保险江西分公司工作人员要求所签，对声明内容并不知情，投保单上未列举具体的免责条款，平安保险江西分公司对免责条款并未尽到足够的提示义务。龚某花从未收到《电话营销专用机动车保险条款》，故投保单声明中"本人确已收到"与事实不符，龚某花对保险条款的内容一无所知，更不知晓"驾驶证过有效期、未按规定审验"会丧失保险权益。（2）根据相关法律规定，保险人对于以格式条款形式订立的免责条款内容应当履行告知义务，免责条款的内容应采用足以引起对方注意的特别提示，本案平安保险江西分公司并未提供充分的证据证明其已尽到法定的免责条款提示义务。

（三）裁判要旨

1. 一审法院裁判要旨

（1）本案的驾驶员邓某在本次事故发生时所持驾照已超过有效期，因此应属无效驾照，但无效驾照不能简单等同于无驾驶资格，对此应严格区分。无效驾照既包括驾照超过有效期未更换而自动失效，又包括被交警部门依法吊销而被动失效，其中前者显系交警部门对其所签发的驾照的日常行政管理行为，其目的在于督促驾驶人及时申领新驾驶证，而后者则为交警部门对严重交通违法的行为人的行政处罚行为，其目的在于杜绝不适格行为人驾驶机动车危害公共安全。因此，驾驶人在其所持有的驾照超过有效期后未及时申领新驾照的，不应视为其无驾驶资格，实际上，只要驾驶人在驾照超过有效期一定时间之内提出申请均可顺利申领新驾照，本案驾驶员邓某在事发后所申领的新驾照就足以证明其并未丧失驾驶资格。而即使第三者责任保险的合同对上述情形作出了保险人不负责赔偿的约定，因第三者责任保险合同是根据保险人提供的格式条款来订立的，保险公司也无法提供其对保险合同中有关免除保险人责任条款的概念、内容及其法律后果以书面或口头形式向投保人作出常人能够理解的解释说明的证据，来证明免责条款是产生效力的。故本案平安保险江西分公司应在其承保的保险责任范围内对车辆损失承担保险理赔责任。

（2）本次事故中受损车辆的损失如何认定。平安保险江西分公司在接到投保人事故报告后，及时履行查勘定损职责是其应尽的基本合同义务。本案中，保险公司在接到事故报告后虽前往现场，但对受损车辆则以拒赔为由而未作定损，未完全履行其基本职责，具有过错。龚某花在与平安保险江西分公司沟通协商定损事宜无果后，自行交由专业汽修机构维修并先行垫付维修费的做法，没有过错，因此，对于车辆损失的认定，以维修发票和维修清单予以确认。龚某花对涉案车辆进行维修共花费了 76 200 元。

2. 二审法院裁判要旨

双方争议的核心焦点是本案涉及的《电话营销专用机动车辆保险条款》第

二章车辆损失保险责任第 5 条第（2）项免责条款是否有效。《保险法》第 17 条规定，订立保险合同，采用保险人提供的格式条款的，保险人向投保人提供的投保单应当附格式条款，保险人应当向投保人说明合同的内容。对保险合同中免除保险人责任的条款，保险人在订立合同时应当在投保单、保险单或者其他保险凭证上作出足以引起投保人注意的提示，并对该条款的内容以书面或者口头形式向投保人作出明确说明；未作提示或者明确说明的，该条款不产生效力。原《合同法》第 39 条规定，采用格式条款订立合同的，提供格式条款的一方应当遵循公平原则确定当事人之间的权利和义务，并采取合理的方式提请对方注意免除或者限制其责任的条款，按照对方的要求，对该条款予以说明。原《合同法解释（二）》第 6 条规定，提供格式条款的一方对格式条款中免除或者限制其责任的内容，在合同订立时采用足以引起对方注意的文字、符号、字体等特别标识，并按照对方的要求对该格式条款予以说明的，人民法院应当认定符合原《合同法》第 39 条所称"采取合理的方式"。《保险法解释（二）》第 10 条规定，保险人将法律、行政法规中的禁止性规定情形作为保险合同免责条款的免责事由，保险人对该条款作出提示后，投保人、被保险人或者受益人以保险人未履行明确说明义务为由主张该条款不生效的，人民法院不予支持。本案中，根据龚某花签字的《机动车车辆保险投保单》记载的内容可以认定，龚某花在签订合同时已经收到了《电话营销专用机动车辆保险条款》，平安保险江西分公司也向龚某花履行了免责提示和说明义务，龚某花已完全理解，并同意投保。且依照《道路交通安全法实施条例》第 28 条规定，机动车驾驶人在机动车驾驶证丢失、损毁、超过有效期或者被依法扣留、暂扣期间以及记分达到 12 分的，不得驾驶机动车。该规定属于国家行政法规禁止性规定，保险公司只要履行免责条款提示义务即可。综上，本案争议所涉及的免责条款合法有效，保险公司在本案中不应承担保险理赔责任。

3. 再审法院裁判要旨

二审认定诉争的保险免责条款合法有效，认定事实和适用法律并无不当。驳回龚某花的再审申请。

（四）焦点问题

法院认为，本案争议焦点为诉争的保险免责条款是否有效。结合本案案情，围绕法院审理的争议焦点，本书总结本案焦点问题为：如何理解保险状态免责条款的效力。对于焦点问题，本书将在案件评析部分进行深入探讨。

（2018）赣民申 708 号
案件二维码

二、案件评析

（一）什么是保险状态免责条款

依据保险条款免责事由的不同，可以将免责条款分为3类，一是原因免责，即因某些特定原因导致的保险事故，保险人可免责，通常表述为"因……导致保险事故的发生，保险人不承担赔偿责任"；二是状态免责，又称危险状态免责，即保险事故发生时，保险标的存在或处于某种特定危险状态的，保险人即可免责，通常表述为"在下列情形中，无论保险事故发生的原因，保险人不承担保险责任"；三是事故形态免责，即由某些特定形态事故造成的保险标的损失，保险人可以免责。[①] 状态免责，也称危险状态免责，本案保险合同第5条第（2）项约定："驾驶人在驾驶证丢失、损毁、超过有效期或依法扣留、暂扣期间或记分达到12分，仍驾驶机动车的，保险人不负赔偿责任。"该约定属于典型的状态免责条款。保险人如能证明事故发生当时某种特定危险状态的存在，即可主张免除保险责任，或可无须再证明该危险状态与保险事故发生之间存在直接因果关系。

随着社会交往的日益复杂，发生保险事故的"因果关系"或将越来越难以查明，如果经过合理计算，保险事故的发生与危险状态之间具有较强的"相关关系"，据此厘定保费，订立保险合同，在能够证明保险人尽到提示说明义务的前提下，可主张免除保险责任。

对于状态免责条款的效力，司法裁判标准并不一致，有判决认为："状态免责条款的作用是为了让保险事故发生时的危险水平与缔结保险合同时的危险水平大致相当，为维护对价平衡原则……若保险事故发生于该种危险状态之下，应当无须证明保险事故是由该危险状态所导致。"另有判决认为："危险状态免责条款不仅应当依照保险法关于适用免责条款的规定，还应受事故原因与结果之间是否具有因果关系的约束。"

（二）案涉状态免责条款是否有效

本书认为，依据状态免责条款的设置原理，危险状态免责条款约定的状态，应为常见的且使行车危险程度显著增加的状态，与保险事故的发生要有较强的相关关系。如设定的状态免责条款与危险的发生不具有相关性，则不符合免责条款的设立目的，据此划定双方权利义务将导致不平衡，故此类型条款应当认定无效。本案中，驾驶证超过有效期驾驶机动车，能否认定为影响行车安全的危险状态呢？在保险业大数法则的研判中，如果一种情形被约定为免责情形，则该种免

---

① 王静：《保险案件司法观点集成》，法律出版社2016年版，第154页。

责情形与危险状态的发生应当属于在随机现象的大量重复中，往往出现的、几乎必然的规律。申请驾驶证延期，仅需持证人没有视力障碍或肢体残障等事由即可，本案中驾驶人邓某并没有视力障碍或肢体残障等事由，在发生保险事故时，邓某驾驶证实际只超期 1 天，很难认定该种状态属于使行车风险显著提高的危险状态，亦难以认定驾驶证超期与车损事故的发生存在密切关联关系。将该种情形设置为危险状态免责条款，条款设置不当。依据原《合同法》第 40 条的规定，属于不当地免除其责任的格式条款，依据公平原则，应当认定其无效。

具体来看本案免责条款，内容为："发生意外事故时，驾驶人在驾驶证丢失、损毁、超过有效期或依法扣留、暂扣期间或记分达到 12 分，仍驾驶机动车的，保险人不负赔偿责任。"该条款中存在两类免责事由，应当分类讨论。一类是驾驶人暂时不具备驾驶资格的事由，如驾驶证被依法扣留、暂扣、计分达到 12 分；另一类是具备驾驶资格，但证件无法随身携带或证件应当更新的情况，如驾驶证丢失、损毁、超过有效期。本条约定与《道路交通安全法实施条例》第 28 条的规定表述相同，该条例进一步作出了上述情况不得驾驶机动车的规定。

本书认为，违反《道路交通安全法实施条例》不得驾驶机动车的规定上路驾驶的，不能当然地认为此时机动车处于一种危险状态中，条例的规范目的与行车安全相关的，才符合车损险状态免责的基本原理。本案中，与行车安全有关的内容如失去驾驶资格的情形，可以作为有效的免责条款；与行车安全无关的免责事由，不应认定为有效的车损险危险状态免责条款。

一方面，关于驾驶证过期问题，依据原国务院法制办出版的《道路交通安全法实施条例释解》解释："规定驾驶证的有效期，主要是考虑证件本身的质量特点以及驾驶人照片反映驾驶人特征的准确性等因素，与规定居民身份证的有效期的道理是一致的。"该规定主要为了行政管理的高效、便利，违反该规定与增加投保车辆发生损坏的风险相关关系极弱，不应当作为车损险危险状态免责条款。

另一方面，关于驾驶证丢失、损毁问题，上述解释中认为："不允许当事人驾驶机动车，主要是为了方便警察执法的需要，因为在这种场合，尽管机动车驾驶人的驾驶资格没有瑕疵，也未被限制或剥夺，但由于没有驾驶证可以随身携带，因此当事人难以证明其具有合法的驾驶资格。"可见，此种规定仍然是为了管理便利所设，与车损险保险事故发生的概率没有关联，不应当认定为有效的免责条款。从状态免责条款内容来看，驾驶证超过有效期相比于条款中其他事项，如"驾驶证被依法扣留、暂扣期间或记分达到 12 分期间仍驾驶机动车"，其危险的增加程度、与发生保险事故的相关性均显著低下，甚至可以认定保险事故的发生与该状态确无关联，那么这类情形应否作为一种适宜的危险状态免责条款呢？我国《保险法》规定了被保险人对保险标的的保护义务和危险升高的通知义务，其中第 52 条第 2 款规定："被保险人未履行前款规定的通知义务的，因保险标的的危险程度显著增加而发生的保险事故，保险人不承担赔偿保险金的责任。"该法第 49 条也有类似规定。可见，保险人如果想要引用本条主张免除保险责任，不仅要证明保险标的风险显著增加，也要证明保险事故的发生与风险事项存在因果关系。而援引案涉状态免责条款，既不用证明危险程度增加，也排除了因果关系的限制，或与现行法的利益平衡标准相违背。

实务中，部分司法机关认定状态免责条款时有"字面符合即为足以"的倾向，但从保险实质公平的角度出发，危险状态免责条款进一步限制了赔偿范围，故对此类条款应以进行实质影响审查为宜。

三、结论

在司法实务中，关于危险状态免责条款的效力问题认定标准不一，存在明显的个案差异。本书认为，不能仅依据保险合同字面约定与案情一致即认可免责条款有效，应当在尊重保险法原理和实践的基础上对保险条款作出实质审查，评判当事人双方权利义务划分是否均衡，合理平衡保险消费者与经营者之间的利益关系。如果状态免责条款不属于易于引发保险事故的危险状态，该条款应当被认定无效。

第六节　私家车从事网约车运营发生交通事故保险理赔纠纷案

一、案件概要

（一）案件基本事实

2017 年 8 月 30 日，张某务以个人所有的家庭自用汽车投保中国人民财产保险股份有限公司海南省分公司（以下简称人保海南公司）机动车商业保险和机动车交通事故强制责任保险。案涉《机动车综合商业保险条款》第一章"机动车损失保险"部分的责任免除条款第 9 条第 5 款约定，"被保险机动车被转让、改装或改变使用性质等，被保险人、受让人未及时通知保险人，且因转让、改装、加装或改变使用性质等导致被保险机动车危险程度显著增加，导致的被保险机动车的损失和费用，保险人不负责赔偿。"张某务签名确认收到该保险条款及《机动车综合商业保险免责事项说明书》，确认保险人已明确说明免除保险人责任条款的内容及法律后果的内容。

保险期间内，2018 年 1 月 19 日，案外人张某驾驶案涉轿车，由于操作不当撞上了路旁的椰子树，造成案涉轿车损坏。事故发生后，公安局交通警察大队出具《道路交通事故认定书》，认定案外人张某应负此次交通事故的全部责任。事故发生后，案外人张某向人保海南公司报案，保险公司工作人员到事故现场进行查勘，查勘意见为：现场查勘，报交警处理，请提交事故认定书。人保海南公司认为被保险车辆使用性质的改变是事故发生的重要原因，张某务未履行保险标的危险程度显著增加的通知义务，发生保险事故的，保险人不承担赔偿保险金的责任。

另查，张某务的机动车行驶证写明，被保险车辆的使用性质为预约出租客运。该证注册日期为 2017 年 9 月 18 日，发证日期为 2017 年 12 月 8 日。

（二）当事人主张

1. 保险公司主张

人保海南公司主张：（1）一审判决认定事实清楚，适用法律正确，应予维持。张某务（投保人）在填写投保单时，确定被保险车辆的使用性质为家庭自用汽车，保险人依据张某务告知的相关信息并以家庭自用汽车性质确定保险费后同意承保。保险合同生效后，张某务将投保时的"家庭自用汽车"性质改变为"预约出租客运"并从事实际营运，导致车辆危险程度显著增加且自始至终都没有向保险公司履行通知义务。本案中，被保险车辆用途由非营运改变为营运，被保险车辆的使用频率、行驶里程、使用环境均发生了重大变化，驾驶时间会有明显增加，相应的车辆磨损、折旧速度也会明显加快，危险程度显著增加是必然结果。被保险车辆危险程度显著增加后，张某务作为合同一方当事人自始至终都没有向保险公司依约履行通知义务，由此发生保险事故导致的损失保险公司依约依法不承担保险责任。依据《保险法》第 52 条规定，被保险人未履行保险标的危险程度显著增加的通知义务，发生保险事故的，保险人不承担赔偿保险金的责任。同时根据《机动车综合商业保险条款》第 9 条第 5 款规定，被保险机动车改变使用性质导致被保险机动车危险程度显著增加造成被保险机动车的损失，保险人不负责赔偿。事故发生时，被保险车辆性质已经变更为预约出租客运，无论事发当时车辆是否用于营运，被保险车辆性质的改变已经属实，被保险车辆使用性质的改变是事故发生的重要原因。

（2）人保海南公司对《机动车综合商业保险条款》第 9 条第（5）款的内容尽到提示和明确说明义务，免责条款有效。张某务投保时，在投保单、车险投保提示、投保人声明处均签字确认，其清楚保险条款所有内容，人保海南公司对于免责条款均以加黑加粗的方式提示，张某务已确认了投保材料的真实性。所以，保险公司对于第 9 条第（5）款的免责条款尽到了提示和明确说明义务，免责条款对张某务产生法律效力。

（3）张某务不能证明事发时被保险车辆未处于营运状态，张某务提交的行车记录仪刻成光盘的内容有营运收入的内容以及行驶里程，证明了被保险车辆注册后至事发时一直处于营运状态。网约车平台记录仅仅能够反映被保险车辆的行驶时间和费用支付情况，还载明了 20 时 25 分司机空驶补偿 3 元已到账，说明空驶时还有补偿费用到账，更加证实了被保险车辆的营运性质。另外，网约车平台记录是司机想关闭就可以关闭的，不排除张某务在关闭的时间从事营运任务，只是以现金方式收取营运费用。（4）一审判决适用法律正确。人保海南公司拒赔有事实根据和法律依据，一审法院适用《保险法》第 52 条的规定正确，张某务列明的最高人民法院公报案例内容适用的是商业第三者责任保险的内容，而本案涉及的机动车损失保险，限于合同双方当事人即人保海南公司和张某务，更应考虑的是保险合同双方当事人的权利义务，所以所举公报案例不具有参考价值。

2. 对方当事人主张

张某务请求判令人保海南公司在机动车损失保险承保限额内赔付保险金68 400 元。事实和理由：（1）一审判决未认定涉案车辆在事故发生时处于非营运状态，属认定事实错误。一审中，张某务举证了涉案车辆事故发生前的行车记录光盘，该光盘保存了事故发生前车载行车记录仪所录制的资料，事故发生前张某务的堂兄张某驾驶涉案车辆，与其家人在车内的谈话录音；事故发生时，车辆由其堂兄驾驶，并载其家人回家，在路上发生交通事故。网约车平台记录显示，涉案车辆自当天 20 时 15 分以后关闭，没有再接收网约车订单。事故发生原因系张某不慎撞到路边的椰子树，张某持有 B2 驾驶执照，并无酒驾、毒驾等非法驾驶行为，其驾驶行为并不会导致危险程度增加，本次交通事故与营运行为没有因果关系。（2）一审判决适用法律不当。《最高人民法院公报案例》2017 年第 4 期（总第 246 期）刊登了（2016）苏 0115 民初 5756 号"程某颖诉张某、中国人民财产保险股份有限公司南京市分公司机动车交通事故责任纠纷案"，该公报案例认为，网约车只有在"因从事网约车营运发生的交通事故"，保险公司才予以免责。而本案中，张某务一审所举证的证据，已经充分证明事故发生时涉案车辆并非处于营运状态。张某务因涉案事故造成的车辆损失并非因营运所造成的危险程度增加所导致，并不应适用《保险法》第 52 条"被保险人未履行保险标的的危险程度显著增加的通知义务，发生保险事故的，保险人不承担赔偿保险金的责任"的规定，所以人保海南公司应当承担保险责任。

（三）裁判要旨

1. 一审法院裁判要旨

一审法院认为：张某务向人保海南公司就涉案车辆购买了机动车商业保险，保险期间为 2017 年 8 月 31 日至 2018 年 8 月 30 日。张某务在车险投保提示和投保人声明处均签名，且人保海南公司对于免责条款均加粗加黑予以提示，保险公司在投保单中已对张某务尽到免责条款第 9 条第（5）款的提示及明确说明义务，该免责条款对张某务具有法律效力。张某务在投保单上写明案涉轿车的使用性质是家庭自用汽车，机动车行驶证显示案涉轿车的使用性质为预约出租客运，且注册登记日期为 2017 年 9 月 18 日。张某务在投保后一个月内即改变了案涉轿车的使用性质。可见，张某务擅自变更了涉案车辆的使用性质，已存在违约。关于张某务提出涉案车辆发生事故时并非营运状态，且变更营运性质并不必然导致车辆使用危险显度增加的辩论意见，考虑到以下几点：其一，张某务作为案涉轿车的投保人在将案涉轿车投入营运时，未将案涉轿车的真实用途这一关键信息告知保险公司，违反了保险法规定的投保人如实告知义务，张某务有义务通知保险人，并办理保单批改手续；其二，营运车辆较非营运车辆的驾驶时间会有明显增加，相应的车辆磨损、折旧速度亦会加快，危险程度亦当然提高，会相应影响到保险公司对该类车辆进行保险的费率；其三，张某务未举证证明涉案车辆当时未处于营运状态，故其应承担举证不利的法律后果。一审法院驳回张某务的诉讼请求。

2. 二审法院裁判要旨

二审法院认为：本案争议焦点为张某务主张的保险金 68 400 元应否予以支持。《保险法》第 52 条规定："在合同有效期内，保险标的的危险程度显著增加的，被保险人应当按照合同约定及时通知保险人，保险人可以按照合同约定增加保险费或者解除合同。保险人解除合同的，应当将已收取的保险费，按照合同约定扣除自保险责任开始之日起至合同解除之日止应收的部分后，退还投保人。被保险人未履行前款规定的通知义务的，因保险标的的危险程度显著增加而发生的保险事故，保险人不承担赔偿保险金的责任。"本案中，张某务就涉案车辆向人保海南公司购买了机动车商业保险，双方成立保险合同关系。涉案投保单上写明涉案轿车的使用性质是家庭自用汽车，张某务在该车险投保提示和投保人声明处均签名，人保海南公司已对免责条款加粗加黑予以提示，说明保险公司已尽到说明和提示义务。该保险单上的《机动车综合商业保险条款》第一章机动车损失保险部分的责任免除条款第 9 条第（5）款载明："被保险机动车被转让、改装或改变使用性质等，被保险人、受让人未及时通知保险人，且因转让、改装、加装或改变使用性质等导致被保险机动车危险程度显著增加，导致的被保险机动车的损失和费用，保险人不负责赔偿。"本案张某务在购买保险后擅自将涉案车辆的使用性质变更为预约出租客运并实际投入营运，属于显著增加了车辆危险程度的情形，但其未按规定告知保险公司并办理批改手续，违反保险合同约定，构成违约。本次事故所造成的财产损失，属于双方约定及法律规定的保险人不承担赔偿责任的免责事由，故事故责任应由张某务自行承担。

（四）焦点问题

二审法院认为，本案争议焦点为张某务主张的保险金 68 400 元应否予以支持。结合本案案情，围绕法院审理的争议焦点，本书总结本案焦点问题为：投保人将私家车用于网约车运营，未通知保险人，发生保险事故后，保险人能否依据《保险法》第 52 条第 2 款的规定和保险合同第 9 条第（5）款的约定免除保险责任。对于焦点问题，本书将在案件评析部分进行深入探讨。

二、案件评析

（一）网约车运营行为增加了保险风险

同样是通过网络平台接单、向同乘人收取一定费用，网约车和顺风车存在显著差异，这些差异影响了案涉车辆是否属于运营车辆的判断。通说观点认为，从事顺风车服务不是车辆运营行为，没有增加行车风险，保险人不能据此免除保险责任。《国务院办公厅关于深化改革推进出租车行业健康发展的指导意见》（国发办〔2016〕58 号）第 10 条规定"规范私人小客车合乘。私人小客车合乘，也称为拼车、顺风车，是由合乘服务提供者事先发布出行信息，出行线路相同的人选择乘坐合乘服务提供者的小客车、分摊部分出行成本或免费互助的共享出行方式。私人小客车合乘有利于缓解交通拥堵和减少空气污染，城市人民政府应鼓励并规范其发展，制度相应规定，明确合乘服务提供者、合乘者及合乘信息服务平台等三方的权利和义务"。司法裁判通常认为，顺风车主要是自用，仍属于私家车范畴，搭乘出行线路相同的人是自用基础上的顺便行为，收取费用目的是分摊成本，顺风车存在收费和服务，但不宜与出租或经营性网约车等营运行为等同，也不宜一概排除在私家车保险理赔范围之外。[①] 顺风车以既定目的地为终点，行驶范围、行驶路线均在合理可控范围内，车上是否有合乘乘客搭乘通常情况下不会导致车辆使用频率增加，也不会增加危险程度。但是，对以顺风车为名、实际以营利为目的从事运输活动的车辆，仍然应该认定为运营车辆。

关于网约车运营，依据《最高人民法院公报案例》2017 年第 4 期（总第 246 期）（2016）苏 0115 民初 5756 号民事判决，[②] 从事驾驶路线不固定的网约车服务，属于增加了承保风险的运营行为。网约车存在以营利为目的的收费和服务，综合考虑驾驶危险的持续性、可预估性、车辆使用的频率、范围、用途等因素，网约车与私家车存在显著差异，使车辆行驶危险程度显著增加。在保险人有证据

---

① 详见（2018）粤民再 232 号民事判决书。

② 详见江苏法院 2016 年度十大典型案例之八：程某颖诉张某、人保南京分公司网络约车交通事故责任纠纷案。

证明车辆存在移动互联网接单模式用车的情形时，车辆使用人或车主可通过举证证明车辆在出行目的、行驶线路、出行频率、费用分摊等方面与一般营运车辆存在本质区别，进而抗辩保险人所称的车辆存在运营危险显著增加的情形。

（二）网约车在没有从事运营服务的时间段发生事故，保险公司能否免除保险责任

保险公司通常依据投保人如实告知的情况，评估承保风险，决定是否承保并确定保险费率。保险费与出险时的保险赔偿金为对价关系，保险合同订立后，如果危险程度显著增加，保险事故发生的概率超过了保险人在订立保险合同时对事故发生的合理预估，却让保险公司以低保险费承担高风险，显然违反对价平衡原则。这也是《保险法》第52条规定的立法原理。

具体到车辆保险领域，保险公司根据被保险车辆的用途，将车辆损失保险分为家庭自用车保险和营运车辆保险两种，并设置了不同的保险费率。相较于家庭自用车辆，营运车辆的运行里程多，使用频率高，发生交通事故的概率更大。《保险法解释（四）》第4条对危险程度显著增加的判断标准进一步明确，包括投保车辆用途的改变、投保车辆使用范围的改变、危险程度增加持续的时间、投保车辆所处环境的变化、投保车辆因改装等原因引起的变化、投保车辆使用人或管理人的改变等。本案中，投保人在出现上述一种或几种用车变化后未通知保险公司，致使承保风险增加，构成违约。

投保人如果能够证明，虽然案涉车辆有从事网约车运营的情况，但是在事故发生时没有运营行为，保险人能否依据《保险法》第52条的规定免除保险责任呢？通说认为，车辆从事运营服务起，投保人未通知保险人，投保人即对保险人构成违约。之所以认为这种违约行为增大了投保车辆的行驶风险，主要基于以下考虑：一方面，如两审裁判文书所述，运营车辆使用场景难以预测，车辆磨损、折旧速度也会明显加快，被保险车辆的车况与投保时存在显著差别，在这种情况下上路运营，无论发生事故时是否正在从事网约车服务，均不影响车辆行驶风险显著增高的判断；另一方面，本书认为，使用频率的差别是通常情况下运营车辆与家庭自用车最本质的差别，网约车运营使车辆的使用频率显著、持续增高，导致车辆发生保险事故的概率随之升高，这一事实超出了保险公司签订时对承保风险的评估，这种风险状态的形成，不因出险时车辆是否正处于运营状态而改变。在无直接证据证明承保车辆车况显著降低的情况下，该理由或更能反映承保风险升高的本质原因。

另外，案涉保险合同责任免除条款第9条第（5）款约定："被保险机动车被转让、改装或改变使用性质等，被保险人、受让人未及时通知保险人，且因转让、改装、加装或改变使用性质等导致被保险机动车危险程度显著增加，导致的

被保险机动车的损失和费用，保险人不负责赔偿。"根据该条款的内容，当被保险人改变被保险机动车使用性质的情况下，亦可认为存在危险状态显著增加的情形。保险公司具有较高的专业性，保险条款是在充分论证、充分监管的情况下设置，在保险人能够证明其对免责条款尽到了提示、说明义务以后，可以依据约定免除保险责任。

三、结论

两审法院裁判观点遵循了《保险法》第52条的规定，以及保险合同免责条款第9条第（5）款的约定。在投保人未通知保险人即从事网约车运营业务，导致车辆受损风险显著增加的情况下，投保人对保险人构成违约，保险费和承保风险不构成合理对价，如果支持被保险人获赔保险金的主张，对于保险人显著不公平。网约车相比于自用私家车，行驶频率显著增加，发生保险事故的概率随之升高，被保险车辆用途的改变即已构成承保风险显著增加的情形，发生事故时该车辆是否正在从事网约车运营服务，均不影响危险程度显著提升的判断。本案裁判起到了督促投保人及时履行通知义务的作用，避免投保人基于侥幸心理，认为从事网约车运营后，即使不通知保险人，非运营时段的车损依然能够获得赔偿。在当前网约车服务盛行的时期，明确投保人及时履行通知义务，对于平衡保险合同双方的权利义务关系具有重要意义。

四、关联案例列举

（一）《最高人民法院公报案例》2017年第4期（总第246期）（2016）苏0115民初5756号案件

法院认为，在当前车辆保险领域中，保险公司根据被保险车辆的用途，将其分为家庭自用和营运车辆两种，并设置了不同的保险费率。相较于家庭自用车辆，营运车辆的运行里程多，使用频率高，发生交通事故的概率也自然更大，故营运车辆的保费接近家庭自用的两倍。本案中，张某将以家庭自用名义投保的车辆用于网约车营运活动，使被保险车辆危险程度显著增加，其依法应当及时通知保险公司。因张某未履行通知义务，保险公司在商业三者险内不负赔偿责任。据此，南京市江宁区人民法院于2016年12月14日作出（2016）苏0115民初5756号民事判决：原告某某因本次交通事故产生各项损失合计279 236.34元，由保险公司在交强险责任限额内赔偿120 000元，由被告张某赔偿159 236.34元。

（二）（2018）粤民再232号案件

法院认为，虽然顺风车存在收费和服务，但不宜与出租车或经营性网约车等营运行为等同，也不宜一概排除在私家车保险理赔范围之外。本案中，张某在事故发生时在法院工作，并非专门经营顺风车业务，其驾驶保险车辆从工作单位回住所地的路上通过顺风车平台选择合乘乘客并分摊出行成本是保险车辆自用基础上的顺便行为，不属于营运行为，保险车辆亦不是营运车辆。保险车辆在顺风车行程中不致保险标的的危险程度显著增加。事故发生时，张某以既定目的地为终点，按照既定路线行驶，车上是否搭乘乘客不影响保险车辆危险程度，且其事故原因系转弯操作不当，亦与是否搭乘乘客无关。

第七节 车辆保险"高保低赔"保险理赔纠纷案

一、案件概要

（一）案件基本事实

2012 年 12 月 19 日，宁夏李旺汽车贸易有限公司（以下简称李旺汽车公司）为其所有的牵引车（已使用 4 年有余）在中国人民财产保险股份有限公司青铜峡支公司（以下简称人保青铜峡支公司）投保车辆损失险，保险金额为 282 200 元，保险费为 10 032.5 元，新车购置价为 282 200 元。保单附加的营业用汽车损失保险条款关于赔偿处理的第 27 条约定："发生全部损失时，在保险金额内计算赔偿，保险金额高于保险事故发生时被保险机动车实际价值的，按保险事故发生时被保险机动车的实际价值计算赔偿。实际价值根据保险事故发生时的新车购置价减去折旧金额后的价格确定。折旧金额 = 保险事故发生时的新车购置价 × 被保险机动车已使用月数 × 月折旧率。带拖挂的载货汽车月折旧率为 1.1%。"

2013 年 4 月 19 日，该车辆与第三方车辆发生碰撞，致使各方车辆受损，后经交警部门认定，投保车辆负事故全部责任。后就牵引车的车辆损失赔付问题，双方未能达成一致意见。

（二）检察机关抗诉理由

人民检察院抗诉认为，二审判决认定"双方当事人争议的折旧条款不属于格式条款，不存在减轻或者免除保险公司责任的内容"，并确定"涉案出险后的车辆损失按实际价值赔偿"系适用法律确有错误。理由如下：第一，本案双方争议的折旧条款，是关于保险标的的折旧方法及出险时实际价值计算方法的约定，系由保险人预先拟订，投保人只能表示接受或者不接受，而不能就条款内容与保险人进行协商确定，根据原《合同法》第 39 条第 2 款的规定，该折旧条款属于格式条款。本案中，人保青铜峡支公司作为格式条款的提供方，未举证证明其已就该免除保险人责任的条款提请过李旺汽车公司注意并向李旺汽车公司进行过明确说明，故该折旧条款对李旺汽车公司不产生效力。第二，双方当事人在订立保险合同时，保险公司明知保险标的为已使用 4 年有余的旧车，却一方面约定按照新车购置价 282 200 元计算并收取保险费，另一方面又约定在保险标的出险时，按车辆的实际价值进行赔偿。对于"新车购置价"与"保险车辆实际价值"的差额部分，保险公司只收取保险费，不承担保险责任。这种"高保低赔"的经营模式明显过分保护了保险公司的利益，却不足以保证被保险人的权益。根据公平原则，保险公司应当以约定的保险价值 282 200 元作为赔偿计算标准。

（三）当事人主张

1. 保险公司主张

人保青铜峡支公司认为，二审法院判决保险公司按照该车实际价值进行赔偿正确。请求驳回李旺汽车公司的申诉，维持二审判决。事实和理由如下：（1）车辆损失保险条款属于保险合同的组成部分，该条款中第 27 条是关于赔偿处理及折旧公式的约定，是针对车辆出险时实际价值的计算，是一般性条款，并不是免除或者减轻保险人责任的条款，保险事故发生后，双方当事人应当按照该条约定来确定涉案车辆的实际损失，李旺汽车公司认为保险公司未对该条款履行提示说明义务，该条款不产生效力的主张不能成立。（2）本案保险合同属于不定值保险合同，保单中约定以新车购置价作为保险金额，保险金额是发生保险事故后的最高赔付限额，并不是双方当事人约定的保险价值，李旺汽车公司主张按照新车购置价 282 200 元进行赔偿与保险合同的约定不符，也有违财产保险不可获利的原则。按照合同约定，涉案车辆经过折旧，实际价值为 114 573.20 元，二审法院判决保险公司按照该实际价值进行赔偿正确。

2. 对方当事人主张

李旺汽车公司同意检察机关的抗诉意见，一审法院以新车购置价为标准判决由保险公司向李旺汽车公司支付保险金 282 200 元正确，二审法院改判按照车辆损失保险条款第 27 条的约定，由人保青铜峡支公司向李旺汽车公司支付保险金 114 573.20 元错误，请求再审撤销二审判决，维持一审判决。

（四）裁判要旨

1. 一审法院裁判要旨

一审法院认为，李旺汽车公司、人保青铜峡支公司存在保险合同关系，双方应当按照合同约定履行各自的义务，故人保青铜峡支公司应依约赔偿李旺汽车公司的损失，对李旺汽车公司的诉讼请求予以支持。裁判理由在于：保险合同中载明机动车保险金额为 282 200 元，而损失保险条款约定按折旧赔偿，二者内容相互冲突，人保青铜峡支公司作为提供格式条款的一方，因此应当作出不利于提供格式条款一方的解释，即应按照保险合同中载明的保险金额 282 200 元为准。投保人和保险人约定保险标的的保险价值并在合同中载明的，保险标的发生损失时，以约定的保险价值为赔偿计算标准。保险合同中机动车损失保险载明保险金额为 282 200 元，而保险公司亦按照 282 200 元为基数计算并收取相应的保险费。

人保青铜峡支公司称李旺汽车公司投保的车辆存在价值贬损，但保险公司依然按照新车购置价格收取保险费，故应按照合同的约定赔付保险合同载明的保险金额 282 200 元。因财产保险合同的不可获利性，因此保险公司赔偿李旺汽车公司所有损失后，涉案车辆的残值应当归保险公司所有，由人保青铜峡支公司进行处分。

2. 二审法院裁判要旨

二审法院认为，对于出险后的车辆损失，虽然在投保时，人保青铜峡支公司按照新车购置价 282 200 元收取保费，但因财产保险合同属于不定值保险，且作为保险合同的组成部分，车辆损失保险条款第 27 条明确约定，在车辆发生全部损失时，保险金额高于被保险机动车实际价值的，按实际价值计算赔偿，实际金额根据保险事故发生时的新车购置价减去折旧金额后的价格确定，同时约定了折旧率及折旧金额计算方式。本案的车辆登记使用日期为 2008 年 10 月 1 日，到保险事故发生日止使用月数为 54 个月，其折旧金额为 167 626.80 元，其实际价值为 114 573.20 元，在保险事故发生后，人保青铜峡支公司应当向李旺汽车公司赔付 114 573.20 元保险金。因财产保险合同的不可获利性，保险公司履行赔付义务后，涉案车辆的残值归保险公司所有，由人保青铜峡支公司进行处分。李旺汽车公司主张按保单中载明的保险金额 282 200 元予以赔付与双方保险合同约定不符，不予支持。

关于折旧条款是否属于格式条款的问题，机动车保险条款属于保险合同的组成部分，该条款中关于赔偿处理及折旧公式的约定只是针对车辆出险时实际价值的计算事项，是为了解决出险后保险公司如何对被保险人进行赔偿的一般性条款，不属于格式条款，不存在减轻或者免除保险公司责任的内容，也不存在有两种以上解释的情况，李旺汽车公司关于折旧条款属于格式条款，应当作出不利于提供格式条款一方解释的主张不能成立，不予支持。

二审法院判决保险公司赔付李旺汽车公司保险金 114 573.20 元。

3. 再审法院裁判要旨

再审法院认为，涉案保险合同系不定值保险合同，二审法院对合同性质定性准确，双方当事人对此也均无异议。《保险法》第 55 条第 2 款规定了不定值保险的理赔方法："投保人和保险人未约定保险标的的保险价值的，保险标的发生损失时，以保险事故发生时保险标的的实际价值为赔偿计算标准。"该条文中的"保险标的的实际价值"，应当是指保险事故发生时保险标的的市场价值，并非指保险合同当事人约定的价值。本案保险事故发生后，人保青铜峡支公司于

2016 年 8 月 12 日向李旺汽车公司出具了"损失清单",估计损失数额 135 003.10 元。再审中,李旺汽车公司虽明确表示对该"损失清单"上载明的车辆损失估价 135 003.10 元不予认可,但未提交足以反驳的相反证据,也与其在一审时提交该证据的主张相悖,故本案中对涉案车辆的实际损失以该"损失清单"上载明的 135 003.10 元为赔偿计算标准。因该价值仅为修复涉案车辆所发生的实际费用,故涉案车辆的残值仍归李旺汽车公司所有。

关于本案双方争议的折旧条款,即车辆损失保险条款第 27 条的内容,该内容是关于保险标的折旧方法及出险时实际价值计算方法的约定,系由保险人预先拟订,投保人只能表示接受或者不接受,而不能就条款内容与保险人进行协商,根据原《合同法》第 39 条第 2 款,该折旧条款属于格式条款。涉案保险合同中车辆损失保险条款第 27 条虽然约定了在车辆发生全部损失时,保险金额高于被保险机动车实际价值的,按实际价值计算赔偿,但根据《保险法》第 17 条及《保险法解释(二)》第 9 条"保险人提供的格式合同文本中的责任免除条款、免赔额、免赔率、比例赔付或者给付等免除或者减轻保险人责任的条款,可以认定为《保险法》第十七条第二款规定的'免除保险人责任的条款'"的规定,该条款属于免除保险人责任的条款。该条款是否对李旺汽车公司产生效力,关键是要看人保青铜峡支公司对该条款的内容是否以书面或者口头形式向李旺汽车公司作出明确说明。本案中,保险公司未举证证明其已就该免除保险人责任条款作出了足以引起李旺汽车公司注意的提示及向李旺汽车公司进行了明确说明的义务,故该条款对李旺汽车公司不产生效力。

关于本案双方争议的是否以新车购置价为标准进行赔偿的问题。涉案保险合同虽约定以新车购置价 282 200 元确定保险金额并收取相应的保险费,但保险金额并非保险价值。根据《保险法》第 18 条第 4 款的规定,保险金额是保险事故发生后保险人支付保险赔偿金的最高限额,而非保险人支付赔偿金的计算标准。对于财产保险来说,保险价值是保险人赔偿计算标准。保险人赔偿责任以保险标的的实际损失为限,保险赔偿基本原则为损失补偿原则,要确定保险标的的实际损失必须先确定保险标的的实际价值亦即保险价值,保险标的的价值是确定实际损失的条件,从而决定保险赔偿金数额。李旺汽车公司主张人保青铜峡支公司以新车购置价为标准支付赔偿金,既违反了保险的损失补偿原则,也与合同约定不符,不予支持。一审法院按照新车购置价判决由保险公司向李旺汽车公司支付保险赔偿金 282 200 元系适用法律错误,应予以纠正。

保险公司按照超过保险价值的新车购置价 282 200 元作为保险金额并收取李旺汽车公司保险费 10 032.50 元,根据《保险法》第 55 条第 3 款"保险金额不得超过保险价值。超过保险价值的,超过部分无效,保险人应当退还相应的保险费"的规定,对超过保险价值部分的保险金额应认定无效,保险公司应当向李旺汽车公司退还相应的保险费。按照保险价值 135 003.10 元计算，保险公司应当收取保险费 4 799.50 元，其实际收取保险费 10 032.50 元，故其应退还李旺汽车公司保险费 5 233 元。

（五）焦点问题

法院认为，围绕检察机关的抗诉意见及当事人的诉辩主张，本案的争议焦点为，人保青铜峡支公司应按何种计算标准向李旺汽车公司支付保险赔偿金。结合本案案情，围绕法院审理的争议焦点，本书总结本案焦点问题为：（1）案涉保险合同关于保险标的折旧方法及出险时实际价值计算方法的约定，是否属于格式条款，是否对被保险人发生效力。（2）"旧车新保"合同中，应否以新车购置价为标准进行赔偿。对于焦点问题，本书将在案件评析部分进行深入探讨。

（2018）宁民再 2 号
案件二维码

二、案件评析

（一）案涉格式条款的认定

保险合同是常见的格式合同，保险合同签订时，往往由保险人事先拟订，向投保人提供合同文本，投保人签字决定是否投保，投保人没有与保险人协商具体保险条款的机会。

保险公司和二审法院认为："机动车保险条款属于保险合同的组成部分，该条款中关于赔偿处理及折旧公式的约定只是针对车辆出险时实际价值的计算事项，是为了解决出险后保险公司如何对被保险人进行赔偿的一般性条款，不属于格式条款，不存在减轻或者免除保险公司责任的内容。"该种认识着眼于保险条款的具体内容，但与我国原《合同法》关于格式条款的规定不符。原《合同法》关于格式条款的认定重点在于其不可协商性，而不论条款规范的具体内容。保险公司和二审法院关于案涉条款不是格式条款的判断缺乏法律依据。

（二）旧车投保时约定"以新车购置价作为保险金额"的条款效力

"旧车新保"的问题在于，保险公司明知保险标的为已使用 4 年有余的旧车，车辆实际价值在投保时已经明显低于新车价值，却按照新车价值确定保险金额，并据此收取保费，构成超额保险。根据《保险法》第 55 条第 3 款的规定："保险金额不得超过保险价值。超过保险价值的，超过部分无效，保险人应当退还相应的保险费。"本案中，保险人一方面约定按照新车购置价 282 200 元计算并收取相应的保险费，另一方面又约定在保险标的出险时，按车辆的实际价值进行赔偿。对于"新车购置价"与"保险车辆实际价值"的差额部分，保险公司收取保险费，却不承担保险责任，哪怕车辆投保后立即出险，也不能按照投保时的保险金额受偿。根据公平原则，不能按照保险合同签订的内容判定双方应当承担的权利义务，在保险公司承担修车损失后，应当返还超额部分保费。

对"旧车新保"的正确处理，要准确理解出险后赔付标准如何确定、保险费用是否重新厘定、赔付后车辆残值如何归属等三个问题。

（1）关于出险后赔付标准如何确定问题。本案财产保险合同属于不定值保险，合同中约定保险金额为 282 200 元，根据保险法原理和有关规定，应当理解为是对保险人赔偿责任的最高限额，不能解释成出险时径行赔付 282 200 元。所以，李旺汽车公司的诉讼请求缺乏合同基础及法律依据。

本书认为，在被保险车辆发生部分损失时，旧车新保的应当按更换全新零件的实际费用进行赔付，否则车主需要自行承担旧车零部件价值和新车零件更换价格之间的差额，不能起到弥补损失的效果，也不符合投保人的合理预期。本案在车辆发生部分损失时，应当按照车辆维修后的实际费用据实报销。

（2）关于保险费用是否重新厘定问题。保险公司在李旺汽车公司投保时依据新车价值收取保险费，并没有按照投保时旧车的实际价值计算保险费，这是造成本案纠纷以及权利义务不平衡的主要原因。依据《保险法》第 55 条第 3 款关于超额保险的规定，李旺汽车公司应按实际损失受偿，保险公司应返还额外收取的保险费，以平衡当事人之间的权利义务关系。

（3）关于车辆残值归属问题。根据《保险法》第 59 条的规定："保险事故发生后，保险人已支付了全部保险金额，并且保险金额等于保险价值的，受损保险标的的全部权利归于保险人；保险金额低于保险价值的，保险人按照保险金额与保险价值的比例取得受损保险标的的部分权利。"本案一审、二审阶段，在车辆发生部分损失的情况下，法院判令保险人赔偿全部保险金额或车辆实际价值，将车辆残值归属于保险公司，该种处理方式既没有合同依据，也不利于物尽其用。保险公司处置车辆不便，车辆所有权人也因裁判丧失所有权，此种处置方式违背双方的意愿，产生对保险当事人双方的不利后果。在车辆发生部分损失的情况下，原则上不涉及保险标的的残值权利归属问题，保险人支付的保险费仅为使车辆修复到损失前状态的修车费用，车辆所有权人依然应当保留案涉车辆所有权，这种处理方式更符合保险合同目的。

三、结论

案涉保险条款第 27 条的约定是关于出险后赔付标准的约定，该条款符合预先拟订、重复使用和不可协商的特性，具有格式条款的特征，条款内容直接关系到出险时被保险人可以获得的保险金标准，与投保人有重大利害关系，保险公司作为格式合同提供方，应就相关条款主动向投保人作出提示、说明，否则该条款不发生效力。但依据《保险法》第 17 条的立法目的，免除保险人责任的条款仅包括免除保险人依据合同约定或法律规定应当承担的责任的条款，本案关于保险赔偿金计算标准的约定不属于保险法意义上"免除保险人责任的条款"。

在确定车辆损失保险的保险金额和保险费时，《保险法》第55条第3款规定："保险金额不得超过保险价值。超过保险价值的，超过部分无效，保险人应当退还相应的保险费。"该条规则确立了旧车投保车损险时保险金额的确定标准——原则上应当以车辆投保时的实际价值而非新车购置价确定保险金额，并据此厘定保费。在保险理赔时，不定值保险应当以保险标的出险时的实际市场价值为依据，在车辆发生部分损失的情况下，保险人仅赔付被保险人修复车辆的实际费用，原则上不涉及车辆残值的归属问题。本案一审、二审法院裁判保险人赔付全部车辆价值的金额，并获得车辆残值，这种处理方式并不符合订立保险合同的目的。

第五章　企业财产保险免责条款典型案例评析

第一节　企业财产综合保险中，保险人对特别约定未进行提示保险理赔纠纷案

一、案件概要

（一）案件基本事实

蓬莱市成峰果品有限公司（以下简称成峰公司）为其建筑物、机器设备和存货向太平财产保险有限公司山东分公司（以下简称太平财险山东分公司）投保财产综合险。太平财险山东分公司出具保险合同（含保险单、承保明细表、保险条款），其中承保明细表第11条特别约定部分约定："1. 被保险人必须在知道或应当知道保险事故发生后48小时内向保险公司报案，否则，因延迟报案而影响保险公司的查勘定损，保险公司有权拒绝赔偿或加大免赔率……3. 本保单若为不足额投保，则出险后，固定资产按投保金额与出险时的重置价值比例进行赔付，流动资产按投保金额与出险时的账面余额比例进行赔付……8. 动火作业（电焊、气割作业）、运行过程中的电线短路及由不明原因引发的火灾事故每次事故赔偿限额为保额的20%。"保险期间内，成峰公司的冷风库发生火灾，成峰公司于事发第二天向太平财险山东分公司报案并申请理赔。公安消防大队出具《火灾事故认定书》，认定本次事故原因为10KV高压电缆发生短路。

双方共同委托公估公司对本次事故所造成的财产损失进行公估。《财产评估报告》结论为：成峰公司的房屋、机器设备及存货的损失金额5 123 253.14元，其中属于投保财产的经济损失为4 583 253.14元。太平财险山东分公司给付成峰公司保险金70万元，成峰公司要求太平财险山东分公司承担保险责任给付全额保险金。此后，该公估公司出具《公估报告》，结论为：被保险人本次事故各项投保财产损失金额共4 585 899.14元（比此前评估报告多出纸箱损失2 646元）。根据保险条款理算后建议太平财险山东分公司赔付被保险人财产损失金额为

1 693 357.84元。太平财险山东分公司在成峰公司提起本案诉讼后，向成峰公司支付保险金 993 357.84 元，共计支付保险金 1 693 357.84 元。

成峰公司诉请太平财险山东分公司立即给付保险金 2 889 895.30 元（即按照《财产评估报告》确定的属于投保财产的经济损失数额扣减太平财险山东分公司已经支付的保险赔偿金）及利息损失，并承担诉讼费用。

（二）当事人主张

1. 保险公司主张

太平财险山东分公司主张：（1）法院未审查本案成峰公司的投保属于不足额投保的事实，错误地直接将《财产评估报告》中记载的损失 4 583 253.14 元认定为太平财险山东分公司的保险赔偿责任，属于认定事实错误；（2）太平财险山东分公司已经根据保险合同条款的约定和《公估报告》的鉴定结论，履行了约定的赔偿义务；（3）法院对太平财险山东分公司的告知义务认定错误，本案双方约定的所有条款均具有法律效力，《公估报告》出具的赔付数额具有事实及法律依据。双方订立的保险合同中约定的免赔额、免赔率条款均是双方依法达成的特别约定条款，其不属于《保险法》规定的格式免责条款。太平财险山东分公司根据与成峰公司订立的保险合同中约定的免赔额、免赔率条款和赔偿限制条款，计算保险赔偿金额有合同依据。综上，太平财险山东分公司不应当继续承担保险责任。

2. 对方当事人主张

成峰公司主张：（1）涉案投保单、保险单、投保单附页"特别约定"等保险凭证所载免除保险人责任的条款均为格式合同文本；（2）太平财险山东分公司就投保单、保险单、投保单附页"特别约定"等保险凭证上免除保险人责任的条款未履行提示和明确说明义务，该条款不生效。本案中，投保单、保险单、投保单附页中所有的免除保险人责任的条款无论是手写或打印部分均与其他条款的手写和打印部分完全一致，即字体、笔迹、符号等完全一样，不足以引起被保险人的注意。并且太平财险山东分公司不能对协商的双方人员、协商时间、地点以及协商的经过作出详细说明；（3）公估公司出具的《公估报告》不能作为涉案保险标的赔偿数额的裁判依据。

（三）裁判要旨

1. 一审法院裁判要旨

《公估报告》核算理赔数额的计算依据为承保明细表第 5 条、第 6 条以及第 11 条。其中第 6 条内容系投保单关于"免赔率和免赔额"的手写部分，是对出险后的免赔率和免赔额的确定，属于免除保险人责任的条款。根据录音材料显示投保单上的手写内容系太平财险山东分公司工作人员事先自行填写，其不能对事先商定进行详细说明并作举证。太平财险山东分公司在自行填写"免赔率和免赔额"后应向被保险人作出提示和明确说明。

（1）关于成峰公司在"投保人声明"一栏加盖印章，声明处"本投保人已收到并详细阅读投保险种对应的贵公司保险条款，尤其是黑体字部分的条款，并对太平财险山东分公司就保险条款内容，特别是免除保险公司责任的条款的提示和说明完全理解，没有异议"，从字义上来看系针对保险公司制定成文的保险条款而言，不能证明单独对投保单中手写部分"免赔率和免赔额"已作了提示和说明。综合太平财险山东分公司未就提示、说明的双方人员以及经过作出详细表述，应承担举证不能的法律责任。而公估报告未考虑保险条款的效力性问题，故所核算的理赔数额，不予认定其效力。

（2）关于承保明细表第11条特别约定条款。太平财险山东分公司提交投保单附页"2月26日的特别约定"以证明双方单独对特别条款进行了协商确定。法院认为，现有证据不足以证明该条款经过双方协商。故特别约定条款对被保险人不产生法律约束力。一审法院判决太平财险山东分公司给付成峰公司保险金2 889 895.30元及利息，案件受理费由太平财险山东分公司负担。

2. 二审法院裁判要旨

（1）关于承保明细表第6条、第11条是否属于格式合同中的免责条款问题。承保明细表虽然是独立于"保险条款"的文件，但也是保险合同的组成部分，系由太平财险山东分公司提供的，符合格式合同的特征。对于当事人协议达成的合同内容，只需双方签字盖章即可确认其效力，无须刻意对协议内容表示有无异议，太平财险山东分公司要求被保险人在投保人声明处"对以上特别约定内容没有异议"内容上盖章恰恰能够证明"特别约定"的内容并非双方协议的结果。承保明细表第11条特别约定与投保单特别约定内容相符，因此太平财险山东分公司主张该条款是双方当事人协商一致达成的合同条款证据不足，法院不予采信。

（2）关于太平财险山东分公司是否履行了提示和明确说明义务。经查，投保单系2013年2月22日形成，而投保单附页特别约定和承保明细表均形成于2013年2月26日，投保单上"投保人声明"注明收到的是"保险条款"，显然应当是形成于2月22日之前的文件材料。由此可以认定该"投保人声明"中所称的"免除保险公司责任的条款"应当是指财产综合险条款中的"责任免除"部分条款，而非指"投保单附页特别约定"和承保明细表中第6条和第11条所涉及的免责条款。

投保单附页上"特别约定"共10项内容，字体、字号完全一致，不符合《保险法解释（二）》第11条规定的"以足以引起投保人注意的文字、字体、符号或者其他明显标志作出提示"的情形，虽然被保险人加盖了印章，但不足以认定太平财险山东分公司对特别约定中的免责条款履行了提示义务和明确说明义务。二审法院判决驳回太平财险山东分公司上诉，维持原判。

3. 再审法院裁判要旨

（1）关于本案是否属于不足额投保。本案中，双方关于保险价值的约定体现在财产保险综合险承保明细表中，该约定载明，保险价值确认方式为出险时重置价值。根据双方均无异议的公估公司对现场查勘和损失评估情况看，本案投保标的大部分为不足额投保，据此，公估报告根据投保人投保财产的保险金额与保险价值计算出承保比例并无不当，本院予以确认。

（2）关于承保明细表中第 6 条、第 11 条的法律效力如何认定。首先，承保明细表第 6 条"免赔说明"的法律效力问题，该"免赔说明"在 2013 年 2 月 22 日的投保单中即有明确记载，内容与承保明细表第 6 条相同。被保险人在投保人声明处盖章确认。法院认为，投保人声明内容明确载明成峰公司在投保时已对免除太平财险山东分公司责任的条款完全理解，没有异议，应认定保险人已对该条款尽到了说明和提示义务。其次，承保明细表第 11 条的法律效力问题，该条款与 2013 年 2 月 26 日投保单附页的特别约定相一致。法院认为，特别约定一般应理解为有别于其他一般约定的特殊条款，系投保人与太平财险山东分公司进行协商后达成的特定于合同双方的特别条款，因此，特别约定既有双方协商的合同隐义，又有提示投保人注意的外观形式，且投保人也已盖章确认对约定内容没有异议。据此分析，应认定太平财险山东分公司已对案涉第 11 条尽到了明确说明义务。

再审判决撤销一审、二审判决，驳回成峰公司的诉讼请求。

（四）焦点问题

再审法院认为，本案的争议焦点有三：（1）本案是否属于不足额投保；（2）承保明细表中第 6 条、第 11 条的法律效力如何认定；（3）公估报告的法律效力如何认定。结合本案案情，围绕法院审理的争议焦点，本书总结本案焦点问题为：如何理解保险人的提示和说明义务，从举证责任的角度，如何认定太平财险山东分公司已经尽到提示和明确说明义务。对于焦点问题，本书将在案件评析部分进行深入探讨。

（2019）鲁民再 284 号
案件二维码

二、案件评析

适用格式合同内容控制规则中关于保险人提示和明确说明义务的规定，认定免除保险人责任条款的效力，已经成为保险赔偿纠纷案件中最为常见的解决路径。部分案件判决书的论述重点也集中在争议条款是否属于免责条款，以及保险人是否尽到了提示和说明义务。不可否认，对免除保险人责任条款进行判断时，保险人是否已经恰当地履行了提示和明确说明义务是应当首先考虑的问题，但应当区分保险合同的类型，采用不同的标准界定不同类型保险合同下保险人是否恰当地履行了提示和明确说明义务。

通说认为，保险人提示和明确说明义务的理论基础为最大诚信原则，同时也是基于公平原则的考虑，要求保险人对保险条款进行提示，并对特定内容进行明确说明。在部分人身保险合同纠纷中，法院判决保险人对特别约定条款需要履行提示和明确说明义务，但该裁判结果是人身保险的特殊性所致。具体来说，法经济学依照参与交易主体的不同，将其分为个人和企业。基于此，可将保险交易分为以下类型：第一，保险公司与个人消费者之间的交易。第二，保险公司与市场商事主体之间的交易。以此将不同交易主体之间的保险合同区分为一般消费者保险合同和商事保险合同。根据保险合同类型不同，适用不同的规范或采用不同的认定标准。人身保险即为第一种交易类型，在此种交易类型下，保险知识的专业性和信息不对称、市场地位差距等问题凸显，因此法律预先作出利益保护倾斜，以保护在保险市场中处于弱势地位的个人消费者。而企业财产保险中的投保人多为成熟的市场参与者，相较于保险公司而言，并不当然地处于劣势地位。换言之，此类型交易当事人应具有事前评估风险的能力，并且双方的协商能力均衡。在此情况下，应充分尊重意思自由，以及合同所蕴含的商业考虑和经济逻辑。

基于上述分析，本书认为应综合投保人认知能力等因素，有所区别地适用格式条款的内容控制规则。首先，从条款形成的过程来看，特别约定条款是双方当事人经过协商后所形成的条款，符合当事人的真实意思表示，在不存在原《合同法》规定的无效情形下，应当肯定其效力并对当事人发生约束力。其次，根据保险一般原理，格式合同的本质是未经充分协商，基于最大诚信原则、公平原则，以及保险人优势地位的考虑，要求保险人向保险合同的相对人即投保人履行提示和明确说明义务，以弥补保险合同未经充分协商的缺陷，亦是意思自治原则的体现。而正如本案再审法院判决中指出的"既有双方协商的合同隐义，又有提示投保人注意的外观形式，且投保人也已盖章确认对约定内容没有异议"。即便适用格式条款的内容控制规则对特别约定条款的效力进行判断，因其作为独立于保险格式条款的特别约定条款，代表该条款经过了协商之过程，且投保人签章确认对内容无异议，应当视为保险人已经尽到了提示和明确说明义务。鉴于保险人对于己方已经履行提示和明确说明义务需要承担举证责任，从现行裁判结果来看，仅以投保人在声明处的签字和盖章往往难以实现证明目的，法院更加倾向于还原投保经过（如录音、录像等证据），这无疑加重了保险人的证明难度。

三、结论

在消费者保险业务中，因市场地位差异等因素的影响，法院严格把握保险人提示和明确说明义务的履行标准，有利于保护个人消费者，也符合立法目的。但是在企业财产保险业务中，保险合同的当事人双方是平等的市场主体，甚至投保人（或被保险人）的市场地位高于保险人，并不能当然地得出保险人处于优势地位的结论。在保险合同订立过程中，此类投保人具有磋商能力和条件，保险合同也并非是"未经协商"的格式合同，因此在此种情况下，不宜预先作出保护倾向的设定，也不能对保险人履行提示和明确说明义务苛以过高的举证证明责任。而应该对"提示"和"明确说明"义务的履行标准及内容不断细化，使法院在审理此类案件时获得操作性较强的依据，进而更公平、更有效地保护保险合同双方的合法权益。

第二节　投保人未履行如实告知义务保险理赔纠纷案

一、案件概要

（一）案件基本事实

锦太洋（连云港）新材料有限公司（以下简称锦太洋公司）为其位于连云港市大浦工业区的固定资产及存货在中国人民财产保险股份有限公司连云港分公司（以下简称人保连云港公司）投保财产综合险，其中固定资产保险金额为22 982 054.4元，存货保险金额为29 462 664.4元。根据保单约定，每次事故绝对免赔额5 000元，或损失金额的15%，二者以高者为准。保险条款中责任免除条款约定：因自燃造成的损失、费用，保险人不负责赔偿。锦太洋公司在填写《财产（2009）版风险问询表－生产性企业》时，注明生产产品为发泡剂，存货方式为仓储，仓储物品为发泡剂，在"易燃、可燃、难燃或不燃"选项中选择了"难燃或不燃"。在保险理赔记录一栏中填写"无"，在以前曾发生的索赔事例一栏中未填写任何内容。

保险期间内，锦太洋公司成品仓库发生火灾，主要烧毁锦太洋公司成品仓库及部分 AC 发泡剂。连云港市公安消防支队开发区大队经查勘对起火原因认定如下：成品仓库东南角第二扇窗户处起火，起火原因排除外来火源、排除电气线路故障，不排除自燃引起火灾所致。双方共同委托评估公司对火灾造成的损失进行评估，泛华江苏分公司评估结论为：本次事故评估总损失 7 014 483.58 元，扣除残值80 740.4元，净损失为6 933 743.18元。人保连云港公司单方委托鉴定机构对起火原因进行鉴定，华碧公司出具《专家意见书》，检验意见为：案涉AC发泡剂存放环境通风散热不良，分解产生的热量积聚，造成低自燃点物品自燃，从而引燃其他易燃物品。锦太洋公司对此专家意见不予认可。

另查明，锦太洋公司于2012年至2014年期间在其他保险公司投保一切险，在保险期间，出险5次，分别为2012年5月23日，出险原因火灾；2013年4月19日，出险原因火灾；2013年10月28日，出险原因爆炸；2013年11月20日，出险原因火灾；2014年1月24日，出险原因火灾。

人保连云港公司于一审审理中即2015年6月30日出具解除保险合同通知书，以锦太洋公司违反如实告知义务，未如实告知锦太洋公司主要仓储物"发泡剂"属于易燃物，且未告知投保前曾在其他公司投保财产险，并数次出险理赔，使人保连云港公司不知承保的风险程度，因此通知锦太洋公司解除双方签订的财产综合保险。锦太洋公司于2015年7月2日回复人保连云港公司，明确表示不予认可。

（二）当事人主张

1. 保险公司主张

（1）锦太洋公司在投保时未能尽到如实告知义务，人保连云港分公司已经解除保险合同，无须对已经发生的事故赔偿。关于人保连云港分公司行使法定解除权的问题。风险问询表是由人保连云港分公司保险业务员曹某及锦太洋公司工作人员金某二人核实情况后共同完成，后金某加盖锦太洋公司公章，应视为锦太洋公司对上述内容的认可。根据该问询表的填写情况，锦太洋公司隐瞒了曾多次在其他保险公司出险并理赔的情况，违反了诚信原则。人保连云港分公司虽之前听闻锦太洋公司发生过6次理赔，但不能仅凭传闻在没有落实的情况下就行使解除权。另外，锦太洋公司认为人保连云港分公司明知AC发泡剂属于易燃危险品，该理由不能成立。即使保险公司没有尽到审核义务，但也不能免除锦太洋公司的如实告知义务。锦太洋公司在投保时未如实告知仓库产品的可燃性、理赔记录和消防验收报告等重要事项，上述事项对保险人是否同意承保或者提高费率产生实质性影响，保险人有权解除合同。（2）保险人于2015年6月5日通过《专家意见书》了解到火灾是自燃引起，同年6月28日了解到锦太洋公司在其他保险公司处有过5次出险理赔记录，理赔金额360万元。故人保连云港分公司于2015年6月30日发出《解除保险合同通知书》，行使解除权符合除斥期间的规定。（3）关于保险事故是否是自燃，即人保连云港分公司对该起保险事故是否免责。根据公安部火灾原因认定的相关规定，唯一不能排除的原因应该作为假定起火的原因。消防部门对本起火灾排除了线路故障、外来火源等，唯一没有排除的是自燃,故该起事故应当认定为自燃引起的火灾。而且,人保连云港分公司委托的专业鉴定机构也进一步认定该起事故系自燃引起,故根据证据优势原则,应当推定本起保险事故是自燃导致,属于保险公司的免责范围。

2. 对方当事人主张

锦太洋公司主张:(1)人保连云港分公司不享有保险合同解除权。人保连云港分公司以锦太洋公司未如实填写风险问询表为由,主张行使合同解除权,但该问询表并非由锦太洋公司填写,而是由人保连云港分公司保险业务员填写。且即使保险公司曾经享有案涉保险合同的解除权,也由于其未在法律规定的 30 日内行使而致该权利消失。(2)本案火灾事故原因不能认定为自燃,人保连云港分公司应当承担赔偿责任。首先,案涉火灾的成品仓库存放的产品为偶氮二甲酰胺,该产品常温状态下稳定性强,虽被归类为易燃物,但从未被归为自燃物,由此可见该物质并无自燃属性。既然偶氮二甲酰胺在常温下不会发生自燃,鉴于保险合同中关于自燃的定义是属于物质本身的自燃,而非受热自燃,故本案不应属于人保连云港分公司免责范围。其次,免责事由的举证责任应当归于人保连云港分公司。消防部门关于火灾事故原因认定的表述应当视为该起事故原因不明情况下得出的结论。"不排除自燃"不代表"就是自燃"。锦太洋公司与人保连云港分公司均认为《公估报告》不能援引作为认定火灾原因的依据。

(三)裁判要旨

1. 一审法院裁判要旨

锦太洋公司为其所有的固定资产和存货在人保连云港分公司处投保了财产综合险,在保险合同期间内发生保险事故,造成固定资产和存货损失后,锦太洋公司有权要求人保连云港分公司根据保险合同约定给付保险赔偿金。(1)人保连云港分公司解除合同理由不成立。人保连云港分公司提出锦太洋公司违反如实告知义务,锦太洋公司明知存货 AC 发泡剂为易燃物,却在风险问询表中选择"难燃或不燃",并且之前在其他保险公司投保并多次出险,但在风险问询表中"出险理赔记录"中填写"无"。关于人保连云港分公司已于 2015 年 6 月 30 日解除保险合同,不再承担保险赔偿责任的抗辩意见,法院认为,虽然风险问询表中对其存货产品名称只简单地填写为"发泡剂",但保险人作为专业保险公司,在承保企业财产综合险过程中,对投保人填写的风险问询表还应当尽到合理审查核实义务。锦太洋公司系生产发泡剂的化工企业,对其产品是否属于易燃易爆化学品,保险公司应进行合理审查。即使人保连云港分公司当时不知发泡剂是易燃物,在事故发生后,泛华江苏分公司于 2014 年 12 月 9 日出具的公估报告中明确了锦太洋公司存放于成品仓库中的存货为 AC 发泡剂,学名为偶氮二甲酰胺,在国家相关机构对外公开发布的《危险化学品名录 2012 版》中明确为易燃固体。

此时，人保连云港分公司也应当知道，锦太洋公司存货 AC 发泡剂（偶氮二甲酰胺）是易燃物。故人保连云港分公司主张其在事故发生 1 年之后，即 2015 年 6 月 5 日收到华碧公司《专家意见书》后才知道案涉存货是易燃物的理由不能成立。关于锦太洋公司在理赔记录一栏中填写"无"和索赔记录中空白一事，根据法律规定，投保人故意或因重大过失未履行如实告知义务，足以影响保险人决定是否同意承保或提高保险费率的，保险人有权解除合同。该事项不足以构成保险人解除合同的理由。（2）关于该事故是否因自燃引起。消防部门的事故认定书，在认定火灾起火原因时，最终结论是不排除自燃引起火灾，但未明确认定该起火灾事故是由自燃引起。虽然人保连云港分公司提供了华碧公司《专家意见书》，但该次鉴定系人保连云港分公司单方面委托，且该《专家意见书》不能推翻消防部门的事故认定书。故未明确认定该起火灾事故是由自燃引起。

一审判决人保连云港分公司于判决生效后 10 日内给付锦太洋公司保险赔偿金5 893 681.7元。一审案件受理费用由人保连云港分公司负担。

2. 二审法院裁判要旨

首先，关于人保连云港分公司是否享有合同解除权。锦太洋公司主张，其是按照人保连云港分公司的要求在空白投保单和风险问询表上盖章，由人保连云港分公司填写，且上述材料都是先盖章后填写，手写痕迹覆盖盖章痕迹。但手写字迹覆盖盖章痕迹不足以证明风险问询表的内容系人保连云港分公司填写，故对该主张不予采信。其次，从风险问询表载明的内容看，人保连云港分公司就投保前锦太洋公司是否存在理赔记录、索赔事例进行了询问，锦太洋公司告知其不存在上述情形，因此锦太洋公司未履行如实告知义务。根据《保险法解释（二）》第 6 条第 1 款规定，投保人的告知义务限于保险人询问的范围和内容。当事人对询问范围及内容有争议的，保险人负举证责任。本案中，锦太洋公司对人保连云港分公司上述询问范围及内容未提出异议，故上述询问事项系对人保连云港分公司评估保险风险有关系的重要事实，足以影响其决定是否同意承保或者提高保险费率。锦太洋公司以案涉保险费率高于国家标准为由主张人保连云港分公司明知其投保情况，人保连云港分公司对此不予认可，并称其收费低于相关费率标准。二审法院认为，保险费率受多重因素影响，仅凭此尚不足以判断保险公司对上述情况知情。而锦太洋公司在订立案涉保险合同前存在多次理赔情形和告知与事实不符的内容，且未能提供证据证明人保连云港分公司知道上述情形，故锦太洋公司未履行如实告知义务存在故意。根据《保险法》第 16 条的规定，本案锦太洋公司故意未履行的如实告知义务足以影响保险公司是否同意承保或者提高保险费率，根据规定，人保连云港分公司有权解除合同。人保连云港分公司在其知道解除合同事由之日起 30 日内向锦太洋公司出具《解除保险合同通知书》，自锦太洋公司收到该通知书时，涉案保险合同解除。

因投保人锦太洋公司故意不履行如实告知义务，故人保连云港分公司对涉案保险事故不承担赔偿保险金的责任，并不退还保险费。锦太洋公司的诉讼请求缺乏依据，该院不予支持。因涉案保险合同已解除，故涉案保险事故发生原因是否是自燃，本案不再予以审理。

二审判决撤销一审民事判决，驳回锦太洋公司的诉讼请求。案件受理费由锦太洋公司负担。

3. 再审法院裁判要旨

关于案涉保险合同是否因人保连云港分公司行使法定解除权而解除的问题。

首先，在本案所涉保险事故发生后，人保连云港分公司委托泛华江苏分公司对火灾事故损失进行了评估，泛华江苏公司于 2014 年 12 月 9 日出具的公估报告明确了锦太洋公司存放于成品仓库中的存货为 AC 发泡剂，学名为偶氮二甲酰胺，在国家相关机构对外公开发布的《危险化学品名录 2012 版》中明确为易燃固体。此时，人保连云港分公司对保险标的物的属性应当明知。然而，直至2015 年 6 月 30 日，人保连云港分公司发出解除合同通知书期间已逾 6 个月。其次，乐爱金公司向一审法院就锦太洋公司理赔情况出具说明的时间为 2015 年 7月 3 日，而人保连云港分公司向锦太洋公司发出解除合同通知书的时间为 2015年 6 月 30 日。故人保连云港分公司认为其是在诉讼中通过法院调查才知道锦太洋公司在乐爱金公司存在多次理赔记录，显然与事实不符。根据《保险法》第16 条关于投保人履行如实告知义务的规定，有关保险公司的合同解除权自知道有解除事由之日起超过 30 日不行使而消灭。本案中人保连云港分公司于 2015 年6 月 30 日要求解除案涉保险合同，超过了 30 日的法定期限，故该保险合同的解除权消灭。

关于人保连云港分公司是否需要对案涉保险事故承担赔付责任的问题。

首先，投保单的投保人声明一栏载明："保险人已向本人提供并详细介绍了《财产综合险条款（2009 版）》及其附加险条款……其中免除保险人责任的条款（包括但不限于责任免除……等），以及本保险合同中付费约定和特别约定的内容向本人做了明确说明，本人已充分理解并接受上述内容。"锦太洋公司在此声明处盖章确认，故应当认为人保连云港分公司已就免责条款尽到充分提示及明确说明义务。其次，根据案涉保险合同的约定，保险标的在自燃的情况下，保险人不负赔偿责任。本案中，连云港市公安消防支队开发区大队对本次火灾起因认定为：成品仓库东南角第二扇窗户处起火。起火原因排除外来火源、排除电气线路故障，不排除自燃引起火灾所致。根据中华人民共和国公安部《火灾原因认定暂行规则》第 22 条关于"认定起火原因应当列举所有能够引燃起火物的原因，根据调查获取的证据材料逐个加以否定排除，剩余一个不能排除的作为假定唯一的起火原因"的规定，消防部门对案涉保险事故的起火原因明显排除了外来火源及电气线路故障，唯一没有被排除的是自燃。另外，考虑到起火处为堆放保险标的物的仓库，该仓库除堆放保险标的外，并未堆放其他物品。故本案中将自燃作为案涉保险事故起火的原因具有高度盖然性，可以认定案涉保险事故系保险标的物自燃所引起。因此，案涉保险事故符合保险合同约定的保险人免责情形，人保连云港公司在本案中无须支付保险赔偿金。综上所述，二审判决认定人保连云港分公司在其知道解除合同事由之日起 30 日内出具《解除合同通知书》，致案涉合同解除，系认定事实不清，适用法律错误，应予纠正。但案涉火灾事故为保险标的物自燃所引起，符合保险合同约定的保险人免责情形，故锦太洋公司要求人保连云港分公司承担支付保险赔偿金的诉请不能得到支持，二审裁判结果予以维持。

（四）焦点问题

再审法院认为，本案的争议焦点有二：（1）案涉保险合同是否因人保连云港分公司行使法定解除权而解除的问题；（2）人保连云港分公司是否需要对案涉保险事故承担赔付责任的问题。结合本案案情，围绕法院审理的争议焦点，本书总结本案焦点问题为：（1）保险人能否依据《保险法》第 16 条解除保险合同；（2）如果合同有效，保险人能否依据关于自燃的免责条款免除保险责任。对于焦点问题，本书将在案件评析部分进行深入探讨。

（2017）苏民再345 号案件二维码

二、案件评析

（一）投保人不履行如实告知义务是否构成保险人的法定免责事由

《保险法》第 16 条第 4 款规定："投保人故意不履行如实告知义务的，保险人对于合同解除前发生的保险事故，不承担赔偿或者给付保险金的责任，并不退还保险费。"该条第 5 款规定："投保人因重大过失未履行如实告知义务，对保险事故的发生有严重影响的，保险人对于合同解除前发生的保险事故，不承担赔偿或者给付保险金的责任，但应当退还保险费。"能否据此认为，投保人存在故意或重大过失不履行如实告知义务的，保险人可以不行使合同解除权，径行要求免赔？

《保险法解释（二）》第 8 条规定："保险人未行使合同解除权，直接以存在保险法第十六条第四款、第五款规定的情形为由拒绝赔偿的，人民法院不予支持。但当事人就拒绝赔偿事宜及保险合同存续另行达成一致的情况除外。"可见，如果保险合同双方没有将如实告知义务列入责任免除条款，或没有对于合同解除与拒绝赔偿事由另行达成约定的，保险人应当在《保险法》第 16 条第 3 款规定的解除权行使期限内行使解除权，方能实现拒绝赔偿的法律效果。《保险法》第16条第2款规定："投保人故意或者因重大过失未履行前款规定的如实告知义务，足以影响保险人决定是否同意承保或者提高保险费率的，保险人有权解除合同。"第3款规定："前款规定的合同解除权，自保险人知道有解除事由之日起，超过三十日不行使而消灭。自合同成立之日起超过二年的，保险人不得解除合同；发生保险事故的，保险人应当承担赔偿或者给付保险金的责任。"根据上述规定，投保人未履行如实告知义务不是保险人的法定免责事由，仅为保险人享有法定合同解除权的事由，无论保险事故发生与否，保险人仍应当依照法律的规定行使解除权。

（二）投保人如实告知义务与保险诚信原则

在保险法律关系中，投保人对保险人负有如实告知义务。在订立合同时，就保险人的询问如实告知保险标的有关情况，是诚实信用原则重要的体现之一。如实告知义务保证了保险自愿原则的实现，具体表现为保险人承保自愿。保险人享有经营自主权，可以根据保险标的具体情况选择承保、不承保或合理调整保险费率。对于仓储物品损失类保险，储存投保标的是否属于易燃物、投保前的出险记录对承保与否以及合理确定保费起到重要作用，保险人对保险标的的真实情况享有知情权。

而在本案库存货物综合险中，投保人如实告知义务的范围，以保险人的询问为限，保险人未提出询问的，投保人不承担如实告知义务。询问事项应当具体、明确，不包括概括性内容。本案中，保险人通过风险问询表的方式向投保公司提出询问，即使锦太洋公司是按照保险公司的要求在空白投保单和风险问询表上盖章，由保险公司填写，因盖章行为是锦太洋公司所为，应视为其对保险公司代填行为的认可，不利后果应当由锦太洋公司承担。

依据主观过错程度，投保人不履行如实告知义务，区分为故意和重大过失两种，法条对投保人轻微过失或一般性过失未如实告知的情形，未作出明确规定。本案中锦太洋公司系生产发泡剂的化工企业，应当明确知悉其产品是否属于易燃易爆的化学品，在保险公司明确询问时应当如实回答，因此锦太洋公司就产品属性作出与事实不符的表述，应当认定为故意隐瞒保险标的物的真实属性。而保险公司虽然有核查义务，但因其不具有仓储行业或材料行业的专门知识，故该核查义务应当限于对投保人填写文件的书面审查义务，一审法院认为保险公司负有调查核实仓储物品化学属性的义务确有错误。

保险人以投保人未履行如实告知义务为由解除合同的，行使合同解除权受不可抗辩条款限制。保险人知道解除事由之日起超过30日，或自合同成立之日起超过两年，保险人不得以投保人未如实告知为由解除合同。该规定是对于投保人的保护，保险公司明知投保人存在不履行如实告知义务的情形，但为收取保险费选择承保，在保险事故发生时，以投保人未如实告知保险标的物的真实状况等信息而主张解除合同，将导致保险公司与投保人之间的权利义务失衡，故需要对保险公司的合同解除权作出适当的限制。二审及再审法院认为，保险公司委托泛华江苏分公司对火灾事故损失进行了评估，于 2014 年 12 月 9 日收到公估报告，报告明确仓库中的存货为 AC 发泡剂，学名为偶氮二甲酰胺。因为该物品是公开可查的固体易燃物，所以认定保险公司收到该公估报告时应当知道仓储物品是易燃物。上述裁判观点，认为保险公司一定程度上负有识别和发现保险风险的责任，有效平衡了当事人双方的利益。

（三）案涉"自燃"免责条款是否对投保人发生效力

保险条款中责任免除条款中约定："因自燃造成的损失、费用，保险人不负责赔偿。"在关于免责条款提示说明的投保人声明处，锦太洋公司盖有真实印章，应当认为免责条款对锦太洋公司发生效力。而锦太洋公司工作人员缔结保险合同时的疏忽，比如先在空白文件上盖章，后将盖章文件交由保险公司填写内容的，保险公司填写的内容视为事前已经获得锦太洋公司的同意，不利后果亦应当由锦太洋公司承担。

本案中，自燃作为唯一没有被排除的起火原因，符合合同关于责任免除事由的约定，即使保险人因超过合同解除权行使期间未能依法解除合同，但仍然可以依据有效的免责条款，主张不予赔偿。另外，根据《保险法》第 16 条第 6 款的规定："保险事故是指保险合同约定的保险责任范围内的事故。"在大部分企业财产保险合同中，自燃多为责任除外风险部分的内容，即因自燃引起的承保财产损失，保险公司不承担保险赔偿责任。因此在未投保自燃附加险（或自燃扩展条款）的情况下，因自燃引起的事故不属于保险事故，故保险人对因此造成的损失不承担保险赔偿责任。如果自燃引发的火灾不属于《保险法》第 16 条所述的"保险事故"，则保险人无须依据该法第 16 条关于合同解除的规则实现不予赔偿的效果，保险人可以径行根据保险合同关于承保责任或责任免除条款的约定，主张不予赔偿。

三、结论

保险人通知投保人或被保险人解除保险合同，客观上起到了不承担保险责任的效果，投保人或被保险人对于询问事项故意不予披露的，保险合同解除后保险费不予返还。但是《保险法》第 16 条在赋予投保人合同解除权的同时也设置了不可抗辩条款，保险人应当在法定期限内行使解除权。不行使解除权的，不能径行依据投保人没有履行如实告知义务主张免除保险责任。解除权行使期限的起算点是保险人知道或应当知道解除事由之日，为平衡当事人之间的利益，保险人应当适当承担识别或发现标的物风险的责任，如本案，可以认为保险人在知道保险标的的化学构成之日为知道其化学属性之日。此外，如果发生的保险事故本就不属于保险合同约定的承保风险，则保险人可以依据有效的承保责任或责任免除条款，依据有效的保险合同主张不予承担保险责任，无须通过行使合同解除权实现免赔效果。

第三节　仓库内存放危险物品出险保险理赔纠纷案

一、案件概要

（一）案件基本事实

北京燕房华兴仓储有限公司（以下简称燕房仓储公司）为其所有的位于北京市房山区的仓库房屋建筑及库存商品向中国人民财产保险股份有限公司北京市燕山支公司（以下简称人保燕山支公司）投保财产保险基本险。人保燕山支公司向燕房仓储公司出示了《投保单》，《投保单》载明，财产保险基本险中投保标的项目房屋建筑以评估价投保，保险金额为 1 000 万元，投保标的项目库存商品以评估价投保，保险金额为 2 000 万元。燕房仓储公司在《投保单》底部投保人声明处加盖公章，此处载明："投保人兹声明上述所填内容（包括投保标的明细表及风险情况问询表）属实，同意以本投保单作为订立保险合同的依据；对贵公司就财产保险基本险条款及附加险条款（包括责任免除部分）的内容及说明已经了解。"《投保单》载明的被保险人地址为北京市房山区，占用性质为储存一般物资。投保时，燕房仓储公司向人保燕山支公司提交了《营业执照》，载明的经营范围包括仓储服务（不含化学危险品）、化工（不含化学危险品）、仓储保管及销售日用百货等。随后，人保燕山支公司向燕房仓储公司出具了《保险单》，载明房屋建筑及库存商品均以评估价投保，房屋建筑的保险金额为 1 000 万元，库存商品的保险金额为 2 000 万元。《保险单》载明的被保险人地址为北京市房山区，行业为仓储业，占用性质为储存一般物资，人保燕山支公司在《保险单》上加盖公章。

保险期间内，燕房仓储公司的上述仓库发生火灾，导致仓库房屋建筑和库存商品发生重大损失。房山消防支队出具《火灾事故认定书》，载明："起火原因不能排除热塑性丁苯橡胶（SBS4303）自燃起火的可能。"并载明"经分析，灾害成因为 SBS 橡胶等物料存储多、燃烧迅速、蔓延快，且发现时已处于猛烈燃烧阶段。该单位对初期火灾扑救不当，致使火灾蔓延迅速，并成灾"。火灾发生后，燕房仓储公司向人保燕山支公司报险，人保燕山支公司于火灾当日出险。后人保燕山支公司和燕房仓储公司双方共同委托公估公司就本案火灾事故进行公估，公估事项包括现场查勘、损因鉴定、损失鉴定、估损、理算等工作。针对燕房仓储公司的索赔，人保燕山支公司向其出具《拒赔/拒付通知书》，主张燕房仓储公司在未告知人保燕山支公司的情况下，更改了保险标的的占用性质，在仓库内非法储存化学危险品，增加了保险风险，根据《保险法》第 52 条的规定拒绝赔偿。

另查明，燕房仓储公司分别向货物所有人就火灾中的受损库存商品明细进行确认，签署确认单。另案判决确认燕房仓储公司的法定代表人果某伪造文书骗取化学危险品经营许可证，在其公司仓库存储化学危险品，且其中包含易燃液体。

（二）当事人主张

1. 保险公司主张

（1）一审判决认定事实不清。燕房仓储公司在投保时，其保险标的的占用性质确定为储存一般物资，其提交的营业执照中的仓储服务也是不含化学危险品的，因此人保燕山支公司才予以承保。但在保险期间内，燕房仓储公司却将上百吨的巨额化学危险品储存在保险标的房屋建筑内，库存商品的性质由一般物资转变为了化学危险品，占用性质发生了根本变化，且化学危险品的存放本身也是危险程度显著增加的体现。《火灾事故认定书》中虽然没有任何仓储公司存储化学危险品或化学危险品参与燃烧的表述，只认定了起火部位位于 1 号库，起火原因不排除热塑性丁苯橡胶（SBS4303）自燃起火的可能，同时认定初期火灾扑救不当，致使火灾蔓延迅速，并成灾。但是由于大量的化学危险品也存储在 1 号库，消防人员对存有化学危险品的火灾与扑救一般物资的火灾的方法、措施截然不同，特别是房山消防支队、房山安监局以及燕房仓储公司的法定代表人果某均认可化学危险品参与燃烧的事实，这关系着保险标的占用性质是否改变、保险标的的危险程度显著增加是否直接造成重大火灾等的认定。

（2）一审判决因果关系认定错误。一审法院认为"起火原因及火灾成因与化学危险品不存在因果关系"而非阐述"化学危险品的存放与火灾是否有因果关系及是否造成损失扩大"，这严重地违反了《保险法》第 52 条的规定。《火灾事故认定书》认定的起火原因不排除热塑性丁苯橡胶（SBS4303）自燃起火的可能，一审判决即认为"火灾的起火原因及火灾成因与化学危险品不存在因果关系，化学危险品的存放未造成损失扩大"是错误的。化学危险品的存放使得保险标的占用性质改变、危险程度显著增加且化学危险品参与了燃烧，而一审判决片面地强调起火原因，却没有对火灾燃烧过程中化学危险品参与燃烧做任何认定，仅以"起火原因及火灾成因与化学危险品不存在因果关系"的理由得出了"化学危险品的存放与火灾没有因果关系及没有造成损失扩大"的结论，是错误的。人保燕山支公司有权依照《保险法》第52条的规定予以拒赔。

（3）一审判决适用法律错误。一审判决认定的"第23条、第25条拒赔的情形不能构成人保燕山支公司拒赔的理由"是没有任何事实依据和法律依据的，人保燕山支公司有权以此条款约定拒绝赔偿。在保险合同有效期间，燕房仓储公司违反了《保险条款》第23条的规定，约定存储一般物资却存储了大量的化学危险品，改变了保险标的的占用性质，也因化学危险品的存放大大增加了保险标的的危险程度，况且燕房仓储公司未依照《保险法》第52条的规定履行通知义务，人保燕山支公司依据《保险条款》的约定有权拒绝赔偿。

2. 对方当事人主张

燕房仓储公司请求人保燕山支公司向其支付房屋建筑及库存商品保险赔偿金共计19 333 791.75元。事实和理由如下：

（1）《保险条款》中的免除责任条款不生效。人保燕山支公司提交的《保险条款》中关于免除责任的条款约定属于格式条款，旨在免除人保燕山支公司保险赔付的责任。根据《保险法》第17条的规定，对保险合同中免除保险人责任的条款，保险公司应该履行提示义务和明确说明义务，两种义务必须同时具备才能使免除责任条款发生法律效力。其中提示义务是在投保单上作出足以引起投保人注意的提示；明确说明义务是需要保险公司把免除责任的条款内容通过书面的或者口头的形式向燕房仓储公司进行明确说明。如果没有同时履行提示义务和明确说明义务，则该免除责任条款无效。燕房仓储公司并未收到人保燕山支公司在一审庭审过程中提交的《保险条款》，且人保燕山支公司未提交任何证据证明其向燕房仓储公司送达过该《保险条款》。人保燕山支公司未以任何方式让燕房仓储公司查看和解释过《保险条款》的内容。且人保燕山支公司在《投保单》中并未用不同的文字、字体、符号或者其他明显标志对其中的免除责任条款进行提示。故案涉保险合同中的免责条款无效。

（2）仓库存放化学危险品导致危险程度增加，此情形不属于人保燕山支公司拒赔范围。首先，《投保单》中占用性质一栏虽然填写了储存一般物资，一般物资并非相对于化学危险品的一种通用分类方式，即一般物资中有可能包含化学危险品，所以《投保单》明示的占用性质为一般物资，不能说明和判断燕房仓储公司仓库中不能存放化学危险品，且仓库中是否可以存放化学危险品是依据其是否具有存放化学危险品的资质决定的。由于燕房仓储公司在投保前须填写《投保标的明细表》及《风险情况问询表》，在该两份文件中，燕房仓储公司向人保燕山支公司明确告知了存放化学危险品的事实。即便燕房仓储公司不具备储存化学危险品的资质，一旦储存了化学危险品并不必然得出危险程度显著增加的结论，且本次火灾并非化学危险品导致的。根据《保险法》第52条的规定，只有在燕房仓储公司储存了化学危险品导致保险标的的危险程度增加，且正因为化学危险品的原因导致火灾的情况下，人保燕山支公司才能依据该规定主张拒赔。而本案的事实是燕房仓储公司具备储存化学危险品的资质，且人保燕山支公司无法证明化学危险品的储存导致了保险标的危险程度显著增加，而且根据《火灾事故认定书》的认定，事故原因与化学危险品无任何关系，即化学危险品的存放并不是导致此次火灾的原因，所以人保燕山支公司不能依据《保险法》第52条的规定主张拒赔。

（三）裁判要旨

1. 一审法院裁判要旨

一审法院认为，消防支队火灾技术调查科依法对起火原因和火灾成因进行调查，该《火灾事故认定书》载明，"起火原因不能排除热塑性丁苯橡胶（SBS4303）自燃起火的可能"、"灾害成因为SBS橡胶等物料存储多、燃烧迅速、蔓延快，且发现时已处于猛烈燃烧阶段。该单位对初期火灾扑救不当，致使火灾蔓延迅速，并成灾"。上述内容未提及火灾的起火原因及火灾成因与化学危险品的存放有关。同时，房山安监局工作人员关于在火灾救援过程中对化学危险品"进行了第一时间的抢救，大部分化学危险品都抢救出来了"及"救援过程中将化学危险品转移火灾现场"等陈述具有真实性，公估公司在现场调查过程中亦未发现与房山消防支队认定的起火原因相悖的其他情况存在，在人保燕山支公司没有提交任何证据证明起火原因及火灾成因与化学危险品有因果关系、造成损失扩大的情况下，一审法院确认本案火灾的起火原因及火灾成因与化学危险品不存在因果关系，化学危险品的存放未造成损失扩大。对于人保燕山支公司辩称起火点与化学危险品均在1号库，化学危险品的存放与火灾起因及造成重大损失具有因果关系，以及化学危险品去向不明是参与了燃烧，并造成损失扩大等意见，一审法院不予采纳。

关于免责条款（《保险条款》第7条第2款、第8条第2款）是否对燕房仓储公司生效。《保险条款》第7条第2款、第8条第2款约定在《保险条款》的责任免除部分，属于免除保险人责任的条款。依照《保险法》第17条规定，《投保单》上关于"对贵公司就财产保险基本险条款及附加险条款（包括责任免除部分）的内容及说明已经了解"的记载，并不能证明人保燕山支公司就财产保险基本险条款的免除责任条款部分的概念、内容及其法律后果向燕房仓储公司进行了明确的解释说明，人保燕山支公司亦未提交证据证明其对免除责任的条款做了足以引起投保人注意的文字、文体或者其他明显标志的提示，故一审法院认为,《保险条款》第7条第2款、第8条第2款对燕房仓储公司不产生效力,人保燕山支公司不能依上述免责条款的约定实施拒赔。

关于"保险标的危险程度增加""保险标的占用性质改变""仓储公司未将保险标的危险程度增加的情况书面通知保险人并办理批改手续"的情形,依照《保险法》第52条的规定,因危险程度增加而导致的保险事故,保险人不承担赔偿保险金的责任。燕房仓储公司在其仓库中存储了化学危险品,致保险标的危险程度增加,但火灾事故并非因危险程度增加而导致的,本案火灾的起火原因、灾害成因均与化学危险品无因果关系,因此,对于并非因危险程度增加而发生的火灾事故造成的损失,保险人不能依《保险条款》第23条、第25条的约定实施拒赔,"保险标的危险程度增加""保险标的占用性质改变""仓储公司未将保险标的危险程度增加的情况书面通知保险人并办理批改手续"的情形不能构成人保燕山支公司对燕房仓储公司拒赔的理由。

关于保险合同对于"库存商品"所提供的保险的性质认定问题。本案保险合同书面载明的保险名称为"财产保险基本险",被保险人为燕房仓储公司,保险标的之一是库存商品,《保险条款》第1条载明"由被保险人经营管理或替他人保管的财产"可在保险标的范围以内,而本案火灾发生时,燕房仓储公司仓库中存放的货物事实上均是燕房仓储公司替他人保管、所有权归第三方货主所有的货物,确认本案保险"财产保险基本险"对"库存商品"中燕房仓储公司负责保管的货物承保的到底是物品损失风险,还是燕房仓储公司作为库存商品保管方的赔偿责任风险就成为解决本案涉库存商品赔偿各项争议焦点的关键所在。根据《保险法》的相关规定,财产保险的被保险人在保险事故发生时,对保险标的应当具有保险利益,保险利益是指投保人或者被保险人对保险标的的具有的法律上承认的利益。本案中,燕房仓储公司与各实际第三方货主之间形成仓储合同关系,燕房仓储公司是库存商品的保管方和管理者,负有保障库存商品安全的合同义务,但其不是库存商品的所有权人或合法使用人,在保险法意义上,燕房仓储公司对其保管的库存商品所享有的保险利益是责任利益。依照《保险法》第65条第4款之规定,责任保险是指以被保险人对第三者依法应负的赔偿责任为保险标的的保险,即责任保险的保险标的是被保险人向第三者依法应负的赔偿责任,因此以燕房仓储公司为被保险人,以燕房仓储公司保管的库存商品为保险标的的保险合同之性质应为责任险。

2. 二审法院裁判要旨

关于化学危险品的存放、是否参与燃烧与火灾形成是否具有因果关系问题。《保险法解释(二)》第18条的规定,行政管理部门依据法律规定制作的交通事故认定书、火灾事故认定书等,人民法院应当依法审查并确认其相应的证明力。本案中,房山消防支队出具的《火灾事故认定书》、房山消防支队和房山安监局的调查笔录，均认定大部分化学危险品已被抢救出来，未参与燃烧，本案火灾的起火原因及灾害成因与化学危险品不存在因果关系。虽然房山消防支队、房山安监局的调查笔录中也提到部分化学危险品参与燃烧，但是在参与燃烧的化学危险品的数量、品种、参与燃烧的时间等均没有证据予以证明，且房山消防支队和房山安监局再三确认起火原因和灾害成因均与化学危险品不具有因果关系的情况下，难以确认参与燃烧的化学危险品对火灾损失造成显著的扩大。

关于免责条款（《保险条款》第7条第2款、第8条第2款）是否对燕房仓储公司生效问题。《保险法解释（二）》第13条规定：保险人对其履行了明确说明义务负举证责任。投保人在相关文书上签字、盖章或者以其他形式确认保险人履行了明确说明义务的，应当认定保险人履行了该项义务，但另有证据证明保险人未履行明确说明义务的除外。本案中，《投保单》上关于"对贵公司就财产保险基本险条款及附加险条款（包括责任免除部分）的内容及说明已经了解"的相关记载系打印形成，属于《投保单》的格式内容之一，燕房仓储公司在《投保单》上的签字不足以证明燕房仓储公司确认人保燕山支公司已就财产保险基本险条款的免除责任条款部分的概念、内容及其法律后果向燕房仓储公司实际进行了解释说明，人保燕山支公司未尽到其举证证明责任，故人保燕山支公司未对涉案免责条款尽到明确说明义务。

关于人保燕山支公司能否依据《保险条款》第23条、第25条或者《保险法》第52条拒赔的问题。按照《保险条款》第23条、第25条的规定，只要被保险人不履行将保险标的占用性质改变、保险标的的危险程度增加等情况书面通知保险人，并根据规定办理批改手续的，保险人就有权拒绝赔偿。该条款属于当事人为了重复使用而预先拟定，并在订立合同时未与对方协商的格式条款。原《合同法》第40条规定：格式条款具有本法第52条和第53条规定情形的，或者提供格式条款一方免除其责任、加重对方责任、排除对方主要权利的，该条款无效。《保险法》第52条第2款规定："被保险人未履行前款规定的通知义务的，因保险标的的危险程度显著增加而发生的保险事故，保险人不承担赔偿保险金的责任。"可见，《保险条款》第23条、第25条的约定排除了《保险法》中对于保险人在保险标的危险程度显著增加时不承担赔偿责任的限定条件，免除了其在非"因保险标的的危险程度显著增加而发生保险事故"中仍需承担的赔偿责任，属于无效条款。故人保燕山支公司不得依据《保险条款》第23条、第25条主张其免责。

关于燕房仓储公司对于代为保管的库存商品具有何种保险利益及人保燕山支公司对于库存商品是否应予理赔问题。《保险法解释（二）》第1条规定：财产保险中，不同投保人就同一保险标的的分别投保，保险事故发生后，被保险人在其保险利益范围内依据保险合同主张保险赔偿的，人民法院应予支持。可见，保险利益，决定被保险人获得赔偿的范围。本案中，人保燕山支公司在一审庭审中亦明确认为人保燕山支公司为燕房仓储公司对第三方货主所有的货物承保的是燕房仓储公司对货主承担的赔偿责任风险，必须在燕房仓储公司对货主的赔偿责任明确的前提下才能获得赔偿，燕房仓储公司对于承保库存商品的风险性质系责任风险亦表示认可。本案中，（2011）房民初字第 04127 号判决已经判令因燕房仓储公司经营管理的仓库发生火灾，燕房仓储公司对利硕公司应负赔偿责任 45 万元，燕房仓储公司有权请求人保燕山支公司直接向利硕公司赔偿保险金。

（四）焦点问题

二审法院认为，与本案实体问题相关的争议焦点有四：
（1）化学危险品的存放、是否参与燃烧与火灾形成是否具有因果关系；（2）免责条款（《保险条款》第 7 条第 2 款、第 8 条第 2 款）是否对燕房仓储公司生效；（3）保险公司能否依据《保险条款》第 23 条、第 25 条或者《保险法》第 52 条拒赔；（4）燕房仓储公司对于代为保管的库存商品具有何种保险利益及保险公司对于库存商品是否应予理赔。就结合本案案情，围绕法院审理的争议焦点，本书总结本案焦点问题为：

（2018）京 02 民
终 10616 号
案件二维码

（1）如何确定投保人享有责任保险的保险利益；（2）投保人未履行告知义务，保险标的危险程度显著增加后，保险人能否免赔。对于焦点问题，本书将在案件评析部分进行深入探讨。

二、案件评析

（一）如何确定投保人享有责任保险的保险利益

依据《保险法》第 65 条第 4 款的规定，责任保险是指以被保险人对第三者依法应负的赔偿责任为保险标的的保险，即责任保险的保险标的是被保险人向第三者依法应负的赔偿责任。确定保险利益，应当同时把握主体、时点和利益性质 3 个维度，即保险利益的主体是被保险人，时点是发生保险事故时，利益性质是对于保险标的物享有的法律上承认的利益。本案燕房仓储公司虽然对于库存商品并不具有物权，仅是基于其与货主之间的仓储保管合同关系具有保管义务。在保险事故发生时，仓储商品发生毁损灭失的，燕房仓储公司并不直接产生物权意义上的损失，而是基于其对货主的合同义务产生对于货主的赔偿责任。因此，对于燕房仓储公司而言，在保险事故发生之时，其对保险标的物享有的保险利益是弥补其赔偿责任损失的责任利益。

从名称上看，涉案《保险条款》属于"财产保险基本险"，但是约定的保险标的并未将责任保险排除在外。《保险条款》中将被保险人所有及代为保管的相关财产一并约定为"保险标的",并约定了相同的"保险责任",并未明确区分不同保险利益对应的不同保险责任,这是考虑到投保人和被保险人经营的多样性,出于便利和成本等技术因素考虑进行的保险产品设计。在保险合同双方当事人意思表示形成一致的情况下,应当结合合同目的,遵从保险原理,尊重当事人的真实意思表示,以此判断案涉库存商品的保险性质。故法院根据本案查明的事实,认为以燕房仓储公司为被保险人,以燕房仓储公司保管的库存商品为保险标的的保险合同的性质应为责任保险。

（二）未履行告知义务,保险标的危险程度显著增加时,保险人能否免赔

《保险法》第52条规定:"在合同有效期内,保险标的的危险程度显著增加的,被保险人应当按照合同约定及时通知保险人,保险人可以按照合同约定增加保险费或者解除合同。保险人解除合同的,应当将已收取的保险费,按照合同约定扣除自保险责任开始之日起至合同解除之日止应收的部分后,退还投保人。被保险人未履行前款规定的通知义务的,因保险标的的危险程度显著增加而发生的保险事故,保险人不承担赔偿保险金的责任。"

在保险期间中,保险标的及其所处环境等情况可能会发生变化,导致危险程度显著增加,如投保人变更保险标的的用途,保险标的的自身发生意外引起物理、化学反应,保险标的的保存环境发生变化等。而保险标的的风险状况是保险人决定是否承保、核定保险费率时的重要参考要素。因保险标的的危险程度显著增加直接影响保险人的保险责任,关系到保险人的利益,被保险人在知悉后,应及时通知保险人。判断保险标的的危险程度是否显著增加,主要考虑3个方面的因素:第一,危险程度的增加对保险人是重要的,将可能影响保险人是否同意承保或者提高保险费率。第二,危险程度的增加是合同订立时所无法预料的。在保险合同期间,保险标的的危险程度可能随时发生变化,但有些变化是合同订立时可以预料的,这种变化属于保险责任的范围,不属于危险程度的显著增加。第三,危险程度的增加是持续的。危险程度暂时增加,随后又恢复的,不属于危险程度显著增加。

被保险人履行危险通知义务后,保险人有两种处理方法:一是要求增加保险费;二是解除保险合同。对于第一种情况,如果被保险人不同意增加保险费或者未按照约定的期限交纳增加的保险费,保险人也可以解除合同。保险人解除合同的,应当将已收取的保险费,按照合同约定扣除自保险责任开始之日起至合同解除之日止应收的部分后,退还投保人。被保险人在保险标的危险程度显著增加时,未依法按照合同约定履行通知义务的,对因危险程度显著增加而发生的保险事故所造成的保险标的损失,保险人不承担支付保险赔偿金的责任。从《保险

法》第52条文字表述可以看出，危险程度的增加与保险事故的发生需要具有因果关系。

三、结论

从《保险法》第52条的表述来看，依据该条规定免除保险责任，需要证明危险的增加与保险事故的发生存在因果关系。本案中，仓库存放易燃物品的事实确实存在，但是不能当然地认为该事实导致了保险事故的发生，还应证明保险合同对投保人不得存放易燃物品作出了约定，火灾由存放的易燃物引起，易燃物对损失的发生和扩大起到重要作用，或者易燃物的存放改变了仓储环境的安全性等事实。另外，保险合同的性质不能简单地通过保险产品或保险合同的名称确定，应当结合被保险人对保险标的享有的利益性质等因素，综合认定。

第四节 建造的船舶载重吨不符合
约定保险理赔纠纷案

一、案件概要

（一）案件基本事实

投保人泰州三福船舶工程有限公司（以下简称三福公司）于2011年5月，为一艘在建船舶向中国人民财产保险股份有限公司航运保险运营中心（以下简称人保航运中心）投保船舶建造险，并缴纳保险费。人保航运中心向其签发船舶建造险保险单。保险单载明，被保险人为三福公司，保险单背面"第3条责任范围"约定："本公司对保险船舶的下列损失、责任和费用，负责赔偿：1.……由于下列原因所造成的损失和费用：……（5）保险船舶任何部分因设计错误引起的损失；""第4条除外责任"约定："下列各项，本公司不予负责：……2. 对设计错误部分本身的修理、修改、更换或重建的费用及为了改进或更改设计所发生的任何费用；……6. 建造合同规定的罚款以及由于拒收和其他原因造成的间接损失。"

保险船舶系投保人三福公司为案外人某海运有限公司建造的船舶，双方于2008年4月签订《造船合同》。为保证保险船舶设计、建造的顺利进行，2008年4月，三福公司、船东与设计公司3方共同签订《建造规格书》（以下简称技术规格书），作为造船合同的附件。该技术规格书明确规定保险船舶的载重吨不少于16 900吨。设计公司以此为参数设计船舶的空船重量为5 850吨，该设计数据经船级社于 2009 年 11 月 4 日审验，并在保险船舶的初步装载手册报告中载明。

船舶建成交付时，实际空船重量超重，导致载重吨不符合合同约定。三福公司随后与船东达成备忘录 3，约定减免船东应当支付的部分货款，并约定"为避免疑义，双方承认减少的合同价格大于依照造船合同第 3.1 条和第 3.4 条约定所减少的总金额。在减少合同价格时考虑到了干舷吃水的缺陷、载重吨的缺陷以及交船期的拖延（后两者均是干舷吃水缺陷所导致的）。"

三福公司随后通知人保航运中心出险，并向人保航运中心发出书面的理赔申请，但人保航运中心向其发出拒赔通知。被保险人三福公司遂提起诉讼，请求判令人保航运中心向其支付保险赔偿金及利息，损失构成为被保险人减免船东的部分货款以及建造成本损失。

（二）当事人主张

1. 保险公司主张

（1）被保险人未提供充分确实的证据证明设计公司存在"设计错误"。涉案船舶建造险条款没有"设计错误"的定义，因此应按船舶设计与建造行业标准进行判断。被保险人对所称设计错误负有举证责任，需证明船舶设计违反法律规定或者设计合同的约定，但其未提供证据予以证明。且通过调整干舷吃水，保险船舶载重吨达到 16 593.90 吨，满足约定的"大约为 16 900 吨"的要求。另涉案船舶建造的母型图由买方提供，然后由设计公司根据该母型图具体设计，因买方提供的母型图本身存在缺陷，故并无船舶设计上的错误。

（2）被保险人诉称的损失不属于保险责任。被保险人索赔的"因设计错误导致保险船舶实际载重吨与约定不符，从而向买方承担扣减合同价格的责任，以及船舶自重超重部分的建造费用"，并非保险船舶本身的损失，不属于涉案保险条款第 3 条第 1 款第（5）项所指的"损失"，并且其对船东的赔偿属于涉案保险条款第 4 条第 6 项规定的"除外责任"。涉案船舶建造险条款第 3 条"责任范围"第 1 项第（5）项"保险船舶任何部分因设计错误而引起的损失"中，既有限定语已经表明该损失是"保险船舶任何部分"的损失，而非被保险人的损失，表明该损失仅指保险船舶任何部分的物理损坏，仅限于保险船舶任何部分自身因设计错误引起的灭失或损坏，而不包括保险船舶任何部分因设计错误引起的被保险人的费用和对第三人的责任。涉案保险条款第 4 条"除外责任"第 2 项、第 6 项的约定，也印证设计错误部分本身的修理与改进等费用、建造合同规定的罚款以及拒收和其他原因造成的间接损失不属于保险人的责任范围。被保险人放弃的最后一期应收造船款属于保险条款第 4 条"除外责任"第 6 项约定的"建造合同规定的罚款以及由于拒收和其他原因造成的间接损失"。

（3）被保险人放弃最后一期应收造船款与所谓的"干舷吃水的缺陷"没有事实上的因果关系。即便被保险人因船舶载重吨不符合造船合同的约定，根据造船合同，其应向船东作出以 420 000 美元为限的赔款，该赔款属于保险条款第 4 条除外责任约定的"建造合同规定的罚款"，而超出 420 000 美元的部分，是由于被保险人延期交船和市场原因所致，属于除外责任约定的"由于拒收和其他原因造成的间接损失"，上述损失保险人均不应承担任何保险赔偿责任。被保险人在发生保险事故后，应当立即通知保险人，并按照保险人减损通知处理，但其未完整、立即告知保险人其所称损失的性质与数额，且在保险人未参与情况下与船东签订备忘录约定赔付，赔付款由交船迟延扣款、载重吨不足扣款和其他原因导致的扣款（共 3 部分款项）构成。其中关于交船迟延扣款，造船合同约定交船日期为 2011 年 8 月 30 日，而被保险人发现所谓"设计错误"造成损失的时间是 2011 年 11 月 29 日，该项迟延损失并非设计错误所致；对于载重吨不足的损失，按照造船合同约定的赔付标准计算仅为 67 320 美元。对于买方能否根据造船合同约定对所称造船"缺陷"选择拒收船舶存在很大争议。如果买方选择拒收船舶，则被保险人所称损失属于保险条款第 4 条第 6 项约定的除外责任。

2. 对方当事人主张

（1）根据案涉船建险条款第 3 条责任范围第 1 款第（5）项的约定"保险船舶任何部分因设计错误引起的损失"，在涉案保险单列明的保险期限内，保险船舶因设计错误给被保险人造成保险责任范围内的损失，人保航运中心应当予以理赔。被保险人主张的损失与设计错误具有因果关系有充分依据，被保险人扣减部分船款是保险船舶自身经济价值减少的体现，是设计错误引起的直接损失。备忘录 3、报关单等相关证据足以证明扣减船款与设计错误之间的因果关系，设计错误造成的直接损失就是船东扣减船款，且被保险人已经尽力减损。

（2）船舶设计行业对"设计错误"一致理解为违反船级社技术性规定或者违反设计合同约定的行为。涉案船舶完工后载重吨设计结果不符合设计目标，为此被保险人调整干舷吃水，弥补载重吨不足，该调整虽不违反技术性规定，但违反了干舷吃水商业设计指标的约定，属于设计错误。涉案保险条款约定的承保风险之一是"保险船舶任何部分因设计错误而引起的损失"，从文义来看，不能将其限缩解释为"保险船舶任何部分因设计错误而引起的损坏"。本案争议的专业性问题不是"设计错误"与"干舷吃水"抽象概念的理解，而是"干舷吃水 8.25 米"数据上调是否违反设计目标这个"设计错误事实具体认定"。就此问题，中立的第三方专家依据船舶设计业务规则认定此种情形构成设计错误。保险条款中的设计错误在本案中的表现就是干舷吃水缺陷、载重吨严重不足。

（3）除外责任条款在本案中不能适用。根据造船合同的约定，任何原合同价格的扣减款项作为约定损害赔偿金，而非罚款。涉案船舶已经交付，扣减的船款属于直接损失，故除外责任条款不能在本案中适用。

（三）裁判要旨

1. 一审法院裁判要旨

关于本案是否存在船建险条款中的"设计错误"。涉案保险条款中并未定义何谓"设计错误"，双方产生理解上的分歧，依法应当按照"通常理解"予以解释。根据查明事实可知，涉案船舶吃水由8.25米调高至8.45米，虽然从技术上而言是可以被接受的，但是确实属于船舶建设施工结束后，甚至是在船东提出弃船要求之后在设计方面采取的补救措施，建成后的船舶吃水与载重吨等指标与设计目标也并不相符。根据一般人在保险合同语境下的"通常理解"，船建险条款中的"设计错误"应当包括本案情形，即本案存在船建险条款中所指的"设计错误"。

关于被保险人诉请的损失是否属于"保险船舶任何部分因设计错误引起的损失"。首先，关于如何理解条款中的"保险船舶任何部分"。涉案船建险条款未对"保险船舶任何部分"概念进行明确界定。鉴于保险船舶若不符合约定参数或指标，存在引起意外事故的可能性，而保险人的理解排除了这部分风险。依据疑义利益原则，采纳有利于被保险人的主张，即不论船舶本身还是船舶技术参数，因设计错误的原因引起的损失，均属于船建险条款承保的风险范畴。其次，关于条款中的"损失"一词。保险人认为仅指因设计错误而导致的保险船舶的"有形灭失或损坏"，而不包括"被保险人的经济损失"。这一理解缺乏充分的证据支持，一审法院对此不予采纳。综上所述，如果被保险人诉请的损失系因船舶设计错误引起的损失且该损失发生在保险期限内的，应当属于保险人承保的船建险条款的保险责任范围。

关于被保险人诉请的因船舶吃水设计错误而与船东协商降低的价款是否属于船建险条款中的除外责任。被保险人损失的该部分尾款，系因船舶吃水的设计错误而被船东扣除，不能认为是一种间接损失，而除外责任条款所使用的"罚款"和"间接损失"的含义不清，保险人未充分证明该除外责任条款应当包含此项损失，对条款理解应作有利于被保险人的解释。

关于被保险人诉请的因船舶空船重量超重而增加的建造成本损失是否成立。首先，涉案两份设计合同以及技术规格书中并没有空船重量的相关约定。现已查明，在8.25米吃水情况下如需满足船舶建造合同以及技术规格书所要求的技术指标，应当调整对船舶结构的设计方案，但无论如何调整，涉案船舶的空船重量也不会低于6 790吨。换言之，涉案船舶的建造成本原本应以6 790吨的空船重量为基础，不存在诉称的增加的建造成本。其次，初步装载手册中载明的5 850吨的空船重量设计目标是根本无法实现的。换言之，早在涉案保险合同订立前，被保险人签订涉案船舶造船合同时，以5 850吨的空船重量核算成本并与船东达成合同价款时，该部分所谓"增加的建造成本"已是必然产生的，故该部分损失属于被保险人未谨慎缔约而产生的商业风险，不在涉案保险的责任范围和保险期限内，因其是必然发生的损失，与保险的射幸性特征相悖，不属于涉案保险承保范围。再者，现已查明，缔约时应以6 790吨空船重量对应的成本作为基础进行商业谈判，现该数据被低估为5 850吨，假设两者之间建造成本的差价需要由保险人负担的，则照此逻辑推演，意味着缔约时空船重量被低估得越严重，则保险人需要承担的保险赔偿责任则越大，可见该原有逻辑的不合理性。如果被保险人在与船东缔约时，无须持有应有的商业谨慎，准确核算商业成本，也可以通过投保船舶建造险向保险人转嫁这部分所谓增加的建造成本和商业风险的，将会对相关行业起到反向示范作用，并会对目前的船建险市场造成重大打击。此外，如前所述，被保险人提交的用以证明增加的建造成本的鉴证报告所依据的会计资料的真实、合法和完整性有待进一步证实，且涉案船舶的保险期限自2011年5月开始，船舶亦从此时开始建造才属合理，但鉴证报告中审核的会计材料始于2010年8月，缺乏合理解释，因此鉴证报告的证明力未被采信，即被保险人尚未充分证明涉案船舶的实际建造成本及其诉称的增加的建造成本。综上，一审法院对该部分损失不予支持。

2. 二审法院裁判要旨

关于本案是否存在船建险条款中的"设计错误"。涉案保险条款对"设计错误"并没有明确定义。经查，造船行业和船舶设计行业对"设计错误"也没有明确定义。从本案的实际情况看，船级社出具的第一份空船测试报告显示，船舶施工建造完毕后，吃水8.25米时，船舶载重吨仅为15 968.60吨，与造船合同约定的16 900吨相差约1 000吨。即便按照技术规格书约定的载重吨大约16 900吨，推断载重吨允许有一定的误差，但结合造船合同关于载重吨不足时的价格调整条款，载重吨不足超过600吨的，船东可以选择弃船，可见超过600吨的不足已经超出了技术规格书关于载重吨合理误差的范围。而此后为了弥补载重吨不足，使船东愿意接受涉案船舶而作出的调整干舷吃水的做法，属于补救措施。船东和被保险人签订的备忘录显示，干舷吃水的缺陷、载重吨的缺陷以及因此引起的交船期的延误，导致被保险人放弃了最后一期应收船款。综上，载重吨未能达到造船合同和技术规格书的要求，从通常理解来看，应当属于设计错误。调整干舷吃水后船舶交付给船东，是被保险人以放弃最后一期应收账款而换来的，是一种补救措施，不能据此否认船舶设计错误的事实。

关于被保险人诉请的损失是否属于涉案船建险的承保范围。人保航运中心上诉认为船建险条款中"保险船舶任何部分因设计错误引起的损失"仅指保险船舶任何部分本身的灭失或损坏。法院认为，这一条款中并未明确将损失的范围限定在船舶有形损失的范畴内。按照通常解释，损失指经济价值的减少或灭失，有形损失系其中的一个部分。故人保航运中心关于涉案船建险仅承保船舶有形损失的上诉理由，没有事实和法律依据，本院对此不予采纳。

关于被保险人诉请的损失是否属于船建险条款中的除外责任。涉案船建险条款中的除外责任部分约定，"建造合同规定的罚款以及由于拒收和其他原因造成的间接损失"，人保航运中心不负责赔偿。法院认为，被保险人主张的因干舷吃水缺陷、载重吨缺陷等与船东协商降价的损失，系被船东扣付的一部分应收账款，属于直接损失，也不是除外责任条款约定的"罚款"，故除外责任条款在本案中无法适用。

综合上述，二审判决变更一审民事判决主文第一项为，人保航运中心于本判决生效之日起向被保险人赔偿 17 898 878 元人民币及该款项的利息，维持一审民事判决主文第二项。

3. 再审法院裁判要旨

关于保险责任范围与除外责任。双方当事人对涉案保险的责任范围条款与除外责任条款存在争议，根据《保险法》第30条的规定，应当按照通常理解予以解释。（1）关于保险条款第3条"责任范围"第一句"本公司对保险船舶的下列损失、责任和费用，负责赔偿"的表述，严格地讲，在我国日常用语和法律制度中，船舶一般仅作为法律关系的客体（物），可能出现遭受某些物理损害（有形损失）的情形，而不能作为主体承担责任、费用或者除物理损害之外的（无形）经济损失。从保险合同订立的目的看，保险就是承保被保险人的损失、责任和费用，该句完整表述和含义应当是：本公司（保险人）对保险船舶造成被保险人的下列损失、责任和费用，负责赔偿。（2）关于保险条款第3条"责任范围"第1项第一句"保险船舶……由于下列原因所造成的损失和费用"的表述，该表述中有主语（保险船舶），而没有宾语或者适当定语（表述给谁造成损失和费用，或者表述造成谁的损失和费用），结合涉案船舶建造险条款的上下文和保险合同的目的，可以明确：该表述中的"损失和费用"是指被保险人的"损失和费用"，而不是指保险船舶的"损失和费用"。该句完整表述和含义应当是：保险船舶……由于下列原因所造成的被保险人的损失和费用。（3）关于保险条款第3条"责任范围"第1项第5分项"保险船舶任何部分因设计错误而引起的损失"的表述，单纯就该处"损失"一词的字面意思而言，存在系指"船舶的损失"（有形损失）或者"被保险人的损失"两种不同理解的可能，但结合上文"由于下列原因所造成的损失和费用"的含义，则应认定该处"损失"为"被保险人的损失"。该句完整表述和含义应当是：保险船舶任何部分因设计错误而引起的被保险人的损失。（4）关于保险条款第 4 条"除外责任"第 6 项"建造合同规定的罚款以及由于拒收和其他原因造成的间接损失"。根据其中"其他原因造成"的表述，可以认定该处"间接损失"是以因果关系为标准确定的，"由于拒收和其他原因"的含义就是涵盖所有原因，只不过特别强调拒收原因，由此可以认定涉案保险除外责任包括所有间接损失，即涉案保险仅承保直接损失。按照造船合同的约定，买方在具备解除合同条件下，可以选择不解除合同，也可以选择解除合同。就本案争议的船舶设计错误而言，无论该错误是否使得买方具有解除合同的权利，买方并不必然选择拒收船舶，拒收在涉案保险合同项下可能成为船舶设计错误之后一个新的介入因素，由拒收引起的损失应视为间接损失。买方选择拒收船舶而引起的（间接）损失不属于涉案保险合同约定的保险责任范围。

综上，涉案保险承保的"损失、责任和费用"系针对被保险人而言，而不是针对保险船舶而言。在概念上，"有形（物理）损害"（即损坏）与"无形（经济）损害"相对应。只有"损失"针对船舶（物）而言，才可能认定为限于"有形损害"即"损坏"。而当"损失"针对人而言，在没有特别限定情况下通常可以包含有形物理损害（损坏）和无形的经济损失，由此可以认定涉案保险条款中的"损失"包括有形物理损害（损坏）和无形的经济损失。涉案保险承保的直接损失包括直接物理损失和直接的经济损失。保险人主张涉案船舶建造险条款约定承保的"保险船舶任何部分因设计错误而引起的损失"不包含被保险人除保险船舶物理损害之外的经济损失，与通常理解不符，本院不予支持。

关于船舶设计错误。涉案船舶建造险条款没有定义"设计错误"。在船舶建造实践中，建造规范标准既有法定技术标准，也有当事人约定的技术标准，相应的船舶设计既要符合船舶建造的法定技术标准，也要符合当事人约定的技术标准。衡量船舶设计正确与错误的标准应当包含法定和约定标准。一般而言，船舶建成后空船超重的原因可能有设计不当，也可能涉及船舶建造环节中用料或者添加设备过重等因素。但是，本案没有证据证明涉案船舶建造用料或者添加设备超过正常建造标准范围。船舶设计时错误预估空船重量导致船舶载重吨达不到约定标准，属于设计错误。

关于损失赔偿。就本案争议的承保风险"保险船舶任何部分因设计错误而引起的损失"而言，可以进一步明确 3 个层面的问题：一是在损失所涉范围方面，上述造船合同文本是双方当事人订立保险合同和确立合理预期的基础，该损失应当限于被保险人按照造船合同约定所应当承担的损失。二是在损失所涉因果关系方面，如上所述，涉案船舶建造险条款第 4 条"除外责任"第 6 项就是涉案保险不承保全部间接损失而仅承保直接损失之意，再结合双方当事人订立保险合同的基础看，涉案保险承保的损失应当限于因造船合同项下事由所产生的损失。因造船合同约定之外的其他因素介入而额外引起的损失，在涉案保险中即为间接损失，不属于涉案保险的承保范围。三是在法律效果方面，如果被保险人在订立保险合同所依据的造船合同文本之外另行与造船合同相对方协商而明显增加其赔偿责任的，可以视为构成《保险法》第52条规定的"保险标的的危险程度显著增加"。在此情况下，如果被保险人没有按照保险合同约定及时通知保险人的，保险人对由此增加的损失可以依法拒赔。

按照造船合同的约定，根据涉案船舶最终交付时的状况，被保险人建造船舶在交船期限、载重吨与干舷吃水方面存在不符合合同约定的情形。被保险人主张自船舶完成试航至实际交付所历经的天数为船舶设计错误引起的交船迟延天数，可予采纳。按照造船合同的约定，迟延赔偿金为49.65万美元。涉案船舶最终建成交付时的实际载重吨比造船合同约定的载重吨短少，买方对此按照造船合同的约定只能减少相应的合同价款67 320美元。鉴于干舷吃水增高是为了弥补船舶载重吨不足的缺陷，参考造船合同约定吨位短少的最高赔偿限额42万美元，本院在该最高限额内，将被保险人三福公司在造船合同项下载重吨不足与干舷吃水增高的损失赔偿额一并酌定为42万美元（含上述67 320美元）。

被保险人发现船舶设计错误问题后，与买方公司签订备忘录3，协商同意降价，并据此提出保险赔偿请求。从形式上看，备忘录3并不是被保险人与保险人订立涉案船舶建造保险合同的基础，不能直接作为认定保险人承担保险赔偿责任的依据。从内容上看，备忘录3载明"承认减少的合同价格大于按照造船合同第3条第1款和第3条第4款约定所减少的总金额"，由此初步表明被保险人超出造船合同约定进行额外赔偿。根据上述损失认定，被保险人三福公司主张的降价，超出造船合同项下所应承担的违约损害赔偿额，超出部分已超出保险人基于造船合同文本订立保险合同所产生的合理预期。

（四）焦点问题

再审法院认为，根据双方当事人在再审中的诉辩主张，本案再审审理的重点涉及法律适用、保险责任范围与除外责任、船舶设计错误、损失赔偿与审理程序等问题。结合本案案情，围绕法院审理的争议焦点，本书总结本案焦点问题为：（1）保险合同中的保险责任与除外责任等相关条款理解；（2）被保险人损失金额的认定规则。对于焦点问题，本书将在案件评析部分进行深入探讨。

（2017）最高法民再
242号案件二维码

二、案件评析

（一）保险责任和除外责任条款的解释规则

本案系双方当事人对案涉保险责任范围条款中的设计错误条款的争议。参考中国保险行业协会公示的部分保险公司的船建造保险条款，其中责任范围条款中设计错误的表述均为"保险人对保险船舶的下列损失、责任和费用，负责赔偿：……由于下列原因所造成的损失和费用：……保险船舶任何部分因设计错误而引起的损失。"除外责任条款的表述多为"下列各项，保险人不予负责：对设计错误部分本身的修理、修改、更换或重建的费用及为了改进或更改设计所发生的任何费用，……建造合同规定的罚款以及由于拒收和其他原因造成的间接损失"。① 可见国内大部分保险公司在船舶建造保险合同中的表述具有高度相似性，因此最高人民法院对于案涉保险条款的解读应被重视，以此来修正和完善现有保险条款表述，防止条款理解争议引发纠纷造成利益损失。

关于船舶建造险的性质界定。案涉保险条款中责任范围条款约定："本公司对保险船舶的下列损失、责任和费用，负责赔偿"，从承保责任范围来看，该保险赔偿覆盖"损失、责任、费用"，即具有财产损失保险，以及责任保险的性质，在后续保险赔偿范围和保险条款效力的认定，以及保险条款的解释构成中均应遵循财产损失保险、责任保险的基本原理进行。

本案中，保险合同的当事人对于保险责任条款存在不同理解。《保险法》第30条规定："采用保险人提供的格式条款订立的保险合同，保险人与投保人、被保险人或者受益人对合同条款有争议的，应当按照通常理解予以解释。对合同条款有两种以上解释的，人民法院或者仲裁机构应当作有利于被保险人和受益人的解释。"故本案中应对争议条款按照通常理解进行解释。将问题进一步细化，则可以表述为，如何理解《保险法》第30条所规定的"通常理解"。

根据原《合同法》第125条第1款"当事人对合同条款的理解有争议的，应当按照合同所使用的词句、合同的有关条款、合同的目的、交易习惯以及诚实信用原则，确定该条款的真实意思"的规定，在对争议条款进行解释时，应在合同法所搭建的框架下进行，即运用文义、体系、目的、习惯和诚信的解释方法，确定条款的真实意思。

案涉保险条款约定"保险人对保险船舶的下列损失、责任和费用，负责赔偿：1.……由于下列原因所造成的损失和费用：……（5）保险船舶任何部分因

---

① 中国大地财产保险股份有限公司船舶建造保险（2009）条款、中国平安财产保险股份有限公司船舶建造保险（重点客户专用版）条款等，中国保险行业协会官网，http://www.iachina.cn/jrobot/search.do? q＝船舶建造保险，访问时间2020年10月8日。

设计错误而引起的损失。"正如最高人民法院再审裁判文书中指出的,该条款中的"损失"没有明确界定,如何对该"损失"进行通常理解。从法律术语解释来看,损失包括积极损失,也包括消极损失。损失一词在法律概念上的辐射范围并不局限于财产的有形损坏,鉴于保险合同未就该术语作确定性解释,则依照疑义利益解释原则,作有利于被保险人的解释。① 从保险原理来看,因船舶设计错误给被保险人造成经济损失,该损失亦具有可保性。以题述案例为例,被保险人为造船人,其因船舶设计错误引发的合同责任,因设计错误引发迟延交付的违约责任,以及因设计错误造成的合同标的物相关参数不符合约定的违约责任,以上违约责任属于被保险人面临的责任风险,在排除被保险人故意或重大过失的情况下,将其作为承保对象并不违反财产责任保险原理。据此,无论是从现行法律制度下对案涉保险条款进行解释,抑或是从保险相关原理的角度对保险对象进行解释,将保险标的理解为因设计错误给被保险人造成的经济损失均具有合理性。仅以国际惯例为理由反驳上述解释并不合理,缺少说服力。

本书根据中国保险行业协会公示的部分保险公司船舶建造保险合同条款,对船舶建造保险合同相关条款尝试作出解释。从保险合同条款之间的关系来看,保险人系对设计错误造成的"损失"负责赔偿,对于因设计错误造成的"责任"不属于保险赔偿范围。争议的问题是"因设计错误从而向买方扣减合同价款"的条款性质,即需要判断该条款是属于条款第 1 项所覆盖的"损失",或属于第 2 款所覆盖的"责任"范围。从买卖合同履行来看,交付质量无瑕疵且符合约定标准的标的物是卖方的主要合同义务,该义务的违反使卖方需要承担相应的违约责任。根据原《合同法》第 111 条,减少价款属于卖方承担违约责任方式的一种。因此从保险条款之间的关系来看,条款已经明确区分承保损失和承保责任,而"因设计错误从而向买方扣减合同价格"明显属于"责任"范畴,而非"损失"。

同时参考国外相关船舶建造险的类似案例,船舶建造合同风险不应当作为船舶建造险的承保范围,系国际船舶建造险的惯例。人保航运中心之所以提出承保范围"不包含被保险人除保险船舶物理损害之外的经济损失",是因案涉船建造保险条款系借鉴英国协会船舶建造保险条款而来,原文表述为"Clause 5, Perils…this insurance is against all risks of loss of or damage to the subject – matter insured caused and discovered … " " Clause 8, Faulty design, Notwithstanding anything to the contrary which may be contained in the Policy or the clauses attached thereto, this insurance includes loss of or damage to the subject – matter insured caused and discovered during the period of this insurance arising from faulty design of any part

---

① 最高人民法院民事审判第二庭编著:《最高人民法院关于保险法司法解释(二)理解与适用》,人民法院出版社 2015 年版,第 402 页。

or parts thereof but in no case shall this insurance extend to cover the cost or expense of repairing, modifying, replacing or renewing such part or parts, nor any cost or expense incurred by reason of betterment or alteration in design." 其中保险标的（SUBJECT OF INSURANCE）条款明确保险标的为船壳（HULL）以及机器（MECHINERY），因此英协船舶建造保险条款确实仅承保因设计错误造成保险标的的有形损坏。

综上所述，从保险条款关系以及保险行业惯例来看，"因设计错误而向买方扣减的合同价款"不属于保险人所承保的损失范围，其性质为被保险人的责任，且不属于保险人承保的责任范围，故保险人不承担保险责任。以上为本书对船舶建造保险合同条款解释路径进行的粗浅尝试。

（二）近因原则的适用以及保险人赔偿规则

被保险人在本案中主张的损失构成有二，其一是被保险人减免船东的部分货款，其二是建造成本损失。最高人民法院在论述时，将该部分进一步明确为3个层面的问题，一是在损失所涉范围方式；二是在损失因果关系的方面；三是法律效果方面。并从3个层面对被保险人主张的损失逐层进行分析。鉴于最高人民法院再审判决文书已经进行了详尽的论述，在此不再就判决理由作赘述。以下仅就其中所涉理论问题进行讨论。

近因原则作为保险的4大原则之一，要求承保风险的发生是导致承保损失的真正有效原因，保险人仅对承保风险导致的承保损失承担赔偿责任。被保险人对所主张损失与承保风险之间具有近因承担举证证明责任。最高人民法院在本案裁判文书中对因果关系问题的分析和论述，无疑对后续类似案例的处理具有重要的借鉴意义。本案中，被保险人主张"买方拒收船舶将使其遭受全部船价损失2 860万美元或者承担被买方扣减960万美元价款的损失，进而说明其以扣减286万美元作为补救措施合理"，对于该问题，法院首先明确"拒收"引发的损失属于保险合同除外责任条款列明的间接损失，被保险人需要证明设计错误与拒收损失之间具有因果关系，而"如果买方解除造船合同拒收船舶，被保险人在造船合同项下是否遭受损失以及损失大小，取决于买方是否的确有权解除合同、航运市场船舶价格是否下跌等因素"，因此被保险人不能证明其主张的，通过备忘录3向卖方承担的286万美元损失就不是造船合同项下因船舶设计错误所必然、直接造成的损失。

三、结论

从案涉承保责任范围条款的表述来看，船舶建造险保险赔偿覆盖"损失、责任、费用"，即兼具财产损失保险与责任保险的性质。在当事人对此类保险条款的理解有争议时，应当结合保险标的、保险性质作综合理解。本案相关审理法院，在对争议保险条款进行解释时，均作出了详尽的论述和说理，本案审结后，相关保险公司亦对相关保险条款作出了修改，可以说本案对规范船建险合同起到了一定的影响作用，同时相关法院在对争议条款进行解释时，所运用的解释方法以及各种解释方法的适用顺序，不仅适用于船建险，也可借鉴并运用至其他类型的保险合同纠纷中。

第六章　其他财产保险典型案例评析

第一节　进出口信用保险中，纠纷先决条款性质不明保险理赔纠纷案

一、案件概要

（一）案件基本事实

2013 年 9 月，宁波市易元照明科技有限公司（以下简称科技公司）向中国出口信用保险公司宁波分公司（以下简称信用保险公司宁波分公司）提出投保短期出口信用保险综合保险的申请，请求信用保险公司宁波分公司对科技公司 2013 年 10 月起投保范围内的出口予以审核承保。嗣后，双方签订《保险合同》，双方通过每年续转方式持续保险。2016 年 1 月，科技公司与信用保险公司宁波分公司签订《续转保险单明细表》，明细表载明，保单有效期为 2015 年 12 月 5 日起至 2016 年 12 月 4 日止，保单到期时，如双方均未提出变更或解除，则保单在每期届满时自动续转 1 年，保单项下的批单有效期随保单续转而顺延。

《续转保险单明细表》对《保险条款》部分条款进行了批注，其中将保单条款第 2 条"保险人对被保险人在本保单有效期内按销售合同约定出口货物后，或作为信用证受益人按照信用证条款规定提交单据后，因下列风险引起的直接损失，按本保单约定承担保险责任"批改为"保险人对被保险人在本保单有效期内按销售合同或信用证约定出口货物后，因下列风险引起的直接损失，按本保单约定承担保险责任"。保单条款第 3 条（4）批改为，"非信用证支付方式下发生的下列损失：1. 银行擅自放单、货运代理人或承运人擅自放货引起的损失；2. 被保险人向其关联公司出口，由于商业风险引起的损失；3. 由于被保险人或买方未能及时获得各种所需许可证、批准书或授权，致使销售合同无法履行或延期履行引起的损失。"保单条款第 13 条（2）批改为，"对存在贸易纠纷的案件，被保险人可先行与买方协商解决争议，达成和解协议的，保险人对和解协议进行调查核实，属于保险责任范围内的损失由保险人承担相应赔偿责任；如无法通过协商方式解决纠纷，保险人以销售合同约定为依据，结合调查审理结果，综合判

定保险责任；如被保险人既无法与买方达成和解协议，又不认同保险人的责任判定结果，则被保险人应先进行仲裁或在买方所在国家（地区）提起诉讼，在获得已生效仲裁裁决或法院判决并申请执行之前，保险人不予定损核赔。"

2016年5月，信用保险公司宁波分公司就科技公司向买方AL－MAKS公司出口货物的信用限额向科技公司信用限额审批单，审批单明确被保险人为科技公司，注明买方AL－MAKS公司及地址，提示买方贸易名为AL－MAXLTD。2016年6月，科技公司与ALMAXLTD公司签订合同，约定ALMAXLTD向科技公司购买货物。科技公司在正本提单盖章后将其与其他资料按买方经办人指示的地址和收件人进行了寄送。因买方未予付款，2016年8月，科技公司就货款向B保险公示提交了《可能损失通知书》，并于2016年12月向信用保险公司宁波分公司提交《索赔申请书》及相应资料，信用保险公司宁波分公司催收涉案款过程中，AL－MAKS公司否认与科技公司存在贸易关系，相关购销合同上的印章不属于该公司。根据提单记载，货物最终由ALFA公司提走。

科技公司提起诉讼，请求信用保险公司宁波分公司承担保险责任，赔偿科技公司货款保险金。一审判决支持科技公司诉讼请求，信用保险公司宁波分公司提起上诉，二审判决驳回其上诉，维持原判。

（二）当事人主张

1. 保险公司主张

信用保险公司宁波分公司主张：（1）一审、二审判决认定科技公司与AL－MAKS公司之间存在真实贸易关系，缺乏证据证明。案涉货物的真实买家并非信用保险公司宁波分公司确认的限额买家，信用保险公司宁波分公司无须承担保险责任。依据涉案《保险条款》的约定，销售合同真实、合法、有效是保险人承担保险责任之前提，被保险人实际出口对象必须是经信用保险公司宁波分公司批复的限额买方，否则，信用保险公司宁波分公司无须承担保险责任。经保险人核对，真实买家没有授权签订涉案合同，与科技公司之间不存在涉案债务。（2）一审、二审判决认定"纠纷先决条款"对科技公司不产生效力，系适用法律错误。该条款属于"约定优先"之范畴，依法应认定有效。且该条款的法律效果并非使保险人终局免责，而只是暂不定损核赔，该条款并未免除保险人应承担的义务。该条款的功能在于确认涉案债权为无瑕疵债权，明确损失是否属于除外责任所引起，符合出口信用保险制度的特殊性和制度设立的初衷。（3）从最基本的公平正义及诚实信用原则看，都不应否定"纠纷先决条款"之效力。如否定该条款的效力，等于将"除外责任"条款形同虚设，保险人将为被保险人不确定的"债权损失"承担保险责任，还须承担难以代位追偿的风险。

2. 对方当事人主张

科技公司主张，（1）二审法院认为科技公司与 AL – MAKS 公司之间的贸易真实正确。（2）二审判决认定"纠纷先决条款"对科技公司不产生效力正确。从该条款的内容和最终目的来看，结果就是：如果……则不予定损核赔、这种免责包括暂时免责，将决定保险人是否投保和发生保险事故之后的理赔权利的行使。且《保险条款》第 13 条第（2）项已经为《续转保险单明细表》批改所替代，该批改并未加粗加黑，根据《保险法》第 17 条的规定，该条款不产生效力。第三，《保险合同》及《续转保险单明细表》并未对"纠纷先决条款"作明确说明，因而不产生效力。

（三）裁判要旨

1. 二审判决要旨

二审法院认为：首先，科技公司就买家为 AL – MAKS 公司在信用保险公司宁波分公司处取得信用限额，且支付了保险费，科技公司与 AL – MAKS 公司间买卖合同在信用保险公司宁波分公司的承保范围之内。关于科技公司与 AL – MAKS 公司之间真实贸易关系的问题，涉案提单显示，提单收货人栏并非投保买方 AL – MAKS 公司，但通知人栏记载为投保买方 AL – MAKS 公司，该做法符合国际贸易交易管理，证明 AL – MAKS 公司并非如信用保险公司宁波分公司所称该公司与本案无关。其次，《保险条款》虽约定了其中"……在被保险人获得已生效的仲裁裁决或法院判决并申请执行之前，保险人不予定损核赔"的纠纷先决免责条款并进行了加黑加粗，但信用保险公司宁波分公司在《续转保险单明细表》中对该条款进行多处批注修改，修改后更为细化的"纠纷先决条款"并未以加黑加粗等形式作出足以引人注意的特别提示，故该免责条款对科技公司不产生效力。同时亦不符合出口信用保险制度设立的初衷。

2. 再审法院裁判要旨

再审法院认为，本案争议首先在于对"纠纷先决条款"的效力应如何认定。"纠纷先决条款"系出口信用证保险制度设立的特殊条款，其效力应予认定。理由是：

（1）该条款不存在原《合同法》及《保险法》规定的应属无效的情形。从双方对保险条款中"纠纷先决条款"的批复内容来看，该条款既未排除被保险人索赔等依法享有的权利，亦未排除保险人依法应承担的赔付义务。如被保险人通过诉讼或仲裁确定了对买方享有的债权，保险人即应向被保险人赔付，投保人的投保目的并未落空，也未加重被保险人的责任。

（2）该条款不违背公平原则。"纠纷先决条款"并非使保险人"终局免责"，而只是暂不定损核赔，一旦被保险人提起诉讼或仲裁，在获得生效的仲裁裁决或法院判决并申请执行后，无论执行是否到位，保险人都仍需按照约定进行赔付，故该条款并未免除保险人应承担的义务，不违背公平原则。如果被保险人未通过诉讼或仲裁确定债权，保险人对不确定的债权承担保险责任，承担难以代位追偿的风险，无疑加重保险人的责任，造成不公平的结果。

（3）该条款无须提示和明确说明。《保险条款》第13条第（2）项中的"纠纷先决条款"作了加黑，但明细表中的批改内容并未加黑，明细单批注栏中记载被保险人已充分了解并同意明细表所列明的内容和条件，被保险人在明细表上的签字属于确认行为。由于"纠纷先决条款"并未免除信用保险公司宁波分公司的理赔责任，该条款不属于免除保险人责任的条款，不存在未作提示和明确说明对投保人不发生效力的情形。

由于"纠纷先决条款"的效力系审理本案的前提条件，在认定该条款效力的前提下，对双方争议的科技公司与 AL – MAKS 公司是否存在真实贸易关系，证明销售合同已合法履行，保险事故已发生的举证责任应由何方承担，已无意义，故该院不作审查。最终，再审判决撤销一审、二审判决，并驳回科技公司的诉讼请求。

（四）焦点问题

再审法院认为本案争议首先在于对"纠纷先决条款"的效力应如何认定。结合本案案情，围绕法院审理的争议焦点，本书总结本案焦点问题为：（1）"纠纷先决条款"是否属于免责条款，是否对投保人发生效力；（2）"纠纷先决条款"是否存在原《合同法》及《保险法》规定的无效情形，是否属于无效条款。对于焦点问题，本书将在案件评析部分进行深入探讨。

（2020）浙民再19号案件二维码

二、案件评析

（一）关于"纠纷先决条款"是否属于免除保险人责任的条款

本案中"纠纷先决条款"表述为"对存在贸易纠纷的案件……如被保险人既无法与买方达成和解协议，又不认同保险人的责任判定结果，则被保险人应先进行仲裁或在买方所在国家（地区）提起诉讼，在获得已生效仲裁裁决或法院判决并申请执行之前，保险人不予定损核赔。"由此可见，该条款并未永久、彻底地免除保险人的保险赔偿责任，而是约定保险人履行赔偿义务以被保险人与买家达成和解协议或通过仲裁、诉讼方式获得生效仲裁裁决、法院判决并申请执行为前提。换言之，该条款确实赋予了保险人以抗辩权，以对抗被保险人的保险赔偿请求权，但系暂时性抗辩，从结果来看并未免除或减轻保险人责任。

（二）关于"纠纷先决条款"的效力问题

根据《保险法》第 19 条的规定，下列条款为无效条款：其一，免除保险人依法应承担的义务或者加重投保人、被保险人责任的。其二，排除投保人、被保险人或者受益人依法享有的权利的。根据该规定，判断格式条款效力的核心要素是"依法"，即格式条款的内容是否违反了法律的强制性规定，除此之外还要考量争议条款是否符合公平原则和诚实信用原则。① 根据《最高人民法院关于审理出口信用保险合同案件适用相关法律问题的批复》（法释〔2013〕13 号）规定，"鉴于出口信用保险的特殊性，人民法院审理出口信用保险合同纠纷案件，可以参照适用保险法的相关规定；出口信用保险合同另有约定的，从其约定。"据此，在出口信用保险相关条款效力的判断上，应优先考虑出口信用保险的特殊性，在不违反法律强制性规定的情况下，适用约定优先的原则。出口信用保险业务本身作为国家为推动本国的出口贸易，保障出口企业的收汇安全而制定的非营利性政策性保险业务，目的是给出口企业提供风险保障。因此其与一般的商业保险业务相比，具有非营利性、受政策影响大的特性。

以前述为基础，对争议条款效力的认定进行分析。首先，纠纷先决条款属于当事人约定一致的内容。案涉《保险合同》中已经对该条款以加黑、加粗的方式进行了提示，《保险单续转明细表》虽然未对该条款以明显的方式进行提示，但投保人在明细单批注栏签字的行为代表对明细单内容的认可，故从约定优先原则出发，该条款应属有效。其次，纠纷先决条款符合信用保险的本质。信用保险，是指因债务人未能履行债务致使被保险人遭受损失时，由保险人向被保险人承担保险赔偿责任的保险合同。② 与一般财产保险相比，信用保险是以基础贸易合同为基础，以基础贸易合同项下债权人享有的应收账款作为保险合同的标的，以债务人因承保风险无法支付应收账款，给债权人造成的特定损失作为承保责任。由此可见，在信用保险中，保险赔偿责任以基础贸易合同项下债权债务数额确定为前提。因此在基础贸易合同当事人达成清理结算性质的协议或经法院、仲裁机关确认双方债权债务数额之前，保险人无法确定保险赔偿数额，进而无法向被保险人理赔。以上理赔规则也是损失补偿原则在信用保险中的体现。最后，纠纷先决条款并未加重被保险人的责任，且有利于规避道德风险。如前述，该条款并未永久性地免除保险人的保险赔偿责任，只是赋予了保险人以暂时性抗辩权。同时，该条款有利于规避当事人虚构交易关系等道德风险。因此，纠纷先决条款的目的在于确定债权数额，以确定被保险人的损失，具有正当性，且在真实贸易

---

① 最高人民法院保险法司法解释起草小组编著：《〈中华人民共和国保险法〉保险合同章条文理解与适用》，中国法制出版社 2010 年版，第 131—132 页。

② 参见李玉泉主编：《保险法学——理论与实务》，高等教育出版社 2010 年版，第 184 页。

合同背景下，该条款并未永久地免除保险人的保险赔偿义务，故不应笼统地否定该条款的效力。

但是，纠纷先决条款中"到买方所在国家（地区）提起诉讼"以及"申请执行"的约定则存在排除了被保险人依法享有的权利以及加重被保险人责任之嫌，而应属无效。具体来说，就基础贸易合同纠纷，合同当事人可以通过约定管辖的方式确定纠纷解决地，在当事人没有约定的情况下，根据《最高人民法院关于适用〈中华人民共和国民事诉讼法〉的解释》的规定，涉外合同或者其他财产权益纠纷的当事人，可以书面协议选择被告住所地、合同履行地、合同签订地、原告住所地、标的物所在地、侵权行为地等与争议有实际联系地点的外国法院管辖。因此纠纷先决条款中"到买方所在国家（地区）提起诉讼"实际限制了被保险人选择有联系点的其他管辖地的权利。而关于"申请执行"的约定，如前述，信用保险中债权数额的确定是保险人进行理赔的前提，在诉讼或仲裁取得生效法律文书之后，保险事故即已经发生，保险人即应当进行赔付，将申请执行作为赔付的前置条件，缺乏一定的合理性。因此纠纷先决条款中的"到买方所在国家（地区）提起诉讼"、"申请执行"约定，应属无效约定。

最后，在审查信用保险中争议条款的效力时，应当优先尊重当事人的意思表示，同时结合信用保险的特征对条款效力进行审查。

三、结论

"纠纷先决条款"常见于出口信用证保险合同，其目的在于确定债权数额，以确定保险合同项下被保险人的损失。该条款不存在原《合同法》及《保险法》规定的无效情形，也不违反公平原则，原则上应当认定有效。但是，纠纷先决条款中"到买方所在国家（地区）提起诉讼"以及"申请执行"的约定则存在排除被保险人依法享有的权利以及加重被保险人责任之嫌，应属无效。

第二节　保证保险中，债务人提供虚假材料骗贷保险理赔纠纷案

一、案件概要

（一）案件基本事实

2015年2月9日，中国工商银行股份有限公司克拉玛依大十字支行（以下简称工商银行）与付某某、常某某、胡某某、吴某某签订《个人借款担保合

同》，载明适用于新疆生产建设兵团职工涉农个人助业贷款职工联保，约定付某某在工商银行处借款人民币 500 000 元用于购买农资，胡某某、吴某某承担连带保证责任。就该笔贷款，中华联合财产保险股份有限公司克拉玛依分公司（以下简称中华联合财险克分公司）于 2015 年 3 月 3 日出具《个人贷款保证保险单》一份，载明投保人为付某某，被保险人为原告工商银行，保险金额为 529 425 元。

工商银行如约向付某某发放了贷款，贷款到期后，付某某尚欠借款本金 500 000 元及利息 40 660.33 元未归还。关联判决判令付某某偿还工商银行借款本金及利息，常某某、胡某某、吴某某对上述款项承担连带保证责任，承担连带责任后有权向付某某进行追偿。判决生效后，工商银行申请强制执行，因付某某以及联保人没有可供执行的财产终结本次执行程序。另查明，2014 年工商银行与中华联合财险克分公司签订《新疆生产建设兵团职工涉农个人助业贷款保证保险合作协议》（以下简称《合作协议》），载明针对工商银行新疆生产建设兵团职工涉农个人助业贷款业务的借款人以投保个人贷款保证保险时，保险办理及履行赔付相关事宜达成协议，其中第 6 条第 2 款第 2 项的约定，投保人、被保险人采用欺诈、串通等恶意手段订立的贷款合同，无论任何原因导致投保人不能正常履行借款合同约定的到期还款责任，保险人均不负责赔偿。第 8 条甲方权利与义务约定："1. 甲方应自行对投保人的资格进行审核，乙方对借款人借款资格的审查意见不作为投保人是否符合甲方投保条件的依据。……6. 甲方有权审核乙方贷款相关资料，包括兵团小额农贷借款人（即投保人）身份证件、单位证明和借款人提供的其他资料。"

本案涉诉后，经核实，借款人付某某提交的《136 团土地承包及棉花订购合同》《团场职工职业经营证明》等材料均系虚假材料。借款人付某某并非 136 团 2 连职工，136 团 2 连从未给借款人付某某的任何材料加盖印章。

另，二审庭审中中华联合财险克分公司自认其没有依据《合作协议》的约定对投保人付某某的投保资格、投保资料进行审核。

（二）当事人主张

1. 保险公司主张

中华联合财险克分公司主张：（1）借款人付某某申请贷款的资料存在大量造假、欺诈的事实，其中《136 团土地承包合同及棉花订购合同》、原告制作的调查报告等资料内容均不属实，依据《合作协议》第 6 条第 2 款第 2 项的约定，因借款人采用欺诈方式订立的借款合同，中华联合财险克分公司依法可以免责。（2）借款人付某某的职工身份及承包土地资料都是虚假的，工商银行没有去借款人所在团场连队实地调查。借款人没有将贷款实际用于购买农资，而是转借他人。故依据《合作协议》免责条款，保险人不应承担赔付责任。

2. 对方当事人主张

工商银行请求赔偿本金和利息共计 676 893 元。事实及理由：（1）依据《合作协议》约定，保险分公司负有对投保人资格进行最终审核的义务。中华联合财险克分公司审核投保人条件无异后签发保险单，又主张借款人付某某、工商银行采用欺诈、串通等恶意手段订立贷款合同，无事实及法律依据。（2）中华联合财险克分公司提供的证据无法证实工商银行在贷款发放中有违法、违规行为。《136 团土地承包及棉花订购合同》《团场职工职业经营证明》均经过中华联合财险克分公司审核，中华联合财险克分公司将其作为投保人的虚假资料予以提交，自相矛盾。（3）工商银行在发放贷款时严格履行了审查义务，并无过错。故不存在投保人、被保险人欺诈、串通订立贷款合同的情形。综上，请求中华联合财险克分公司承担相应的保险赔偿责任。

（三）裁判要旨

1. 一审法院裁判要旨

原告工商银行与被告中华联合财险克分公司之间的《合作协议》依法成立，此系双方的真实意思表示，且不违反法律法规的规定，该合同合法有效。中华联合财险克分公司辩称，借款人付某某申请贷款的资料存在大量造假、欺诈的事实，《136 团土地承包合同及棉花订购合同》、工商银行制作的调查报告等资料内容均不属实，依据双方签订《合作协议》第 6 条第 2 款第 2 项的规定，因借款人采用欺诈方式订立的借款合同，保险公司依法可以免责。根据庭审查明，工商银行与付某某、常某某、胡某某、吴某某签订的《个人借款担保合同》载明适用于新疆生产建设兵团职工涉农个人助业贷款职工联保；工商银行、中华联合财险克分公司之间的《合作协议》亦载明，协议系针对新疆生产建设兵团职工涉农个人助业贷款业务的借款人投保保险公司的个人贷款保证保险时的情形。借款人付某某提交的《136 团土地承包及棉花订购合同》《团场职工职业经营证明》，2015 年 2 月 10 日工商银行针对涉案贷款出具的书面调查报告，均载明付某某系 136 团 2 连的职工，当时在 136 团承包 650 亩土地。其后工商银行与借款人付某某签订了《个人借款担保合同》。本案中中华联合财险克分公司当庭出示了该公司 2016 年 4 月 8 日前往 136 团 2 连实地核查的调查笔录，其中载明 136 团 2 连的连长朱某某陈述：付某某提交的土地承包合同上 136 团 2 连连长签字不是他本人签署，136 团 2 连没有付某某这个人，且其没有承包任何 136 团 2 连的土地；朱某某另陈述工商银行的信贷员没有到 136 团 2 连实际核实过借款人付某某的土地承包以及经营情况，该笔录由朱某某签字确认并按手印。中华联合财险克分公司另出示了 136 团 2 连以及 136 团 2018 年 4 月 28 日出具的书面证明两份，内容载明借款人付某某不是 136 团 2 连的职工，也没有承包 136 团任何土地，并加盖了相应的印章。中华联合财险克分公司出示 136 团社政科 2017 年 8 月 17 日出具的说明，证实社政管理科没有向付某某和原告工商银行出具过书面的团场经营证明。鉴于中华联合财险克分公司出示的上述证据均系原件，且彼此之间能够相互印证，形成完整的证据锁链，故一审法院依法予以采信。依据《合作协议》的约定，投保人、被保险人采用欺诈、串通等恶意手段订立的贷款合同，无论任何原因导致投保人不能正常履行借款合同约定的到期还款责任，保险人均不负责赔偿。根据《保险法》第 16 条的规定，订立保险合同，投保人故意不履行如实告知义务的，保险人对于合同解除前发生的保险事故，不承担赔偿或者给付保险金的责任，并不退还保险费。因此，工商银行主张中华联合财险克分公司依据保证保险合同的约定赔付借款人付某某的借款本金、利息、律师代理费等，该诉讼请求缺乏相应的事实及法律依据，一审法院依法不予支持。

2. 二审法院裁判要旨

关于中华联合财险克分公司是否应当向工商银行履行保证保险义务。原《合同法》第 5 条规定："当事人应遵循公平原则确定各方的权利和义务。"《保险法》第 11 条第 1 款规定："订立保险合同，应当协商一致，遵循公平原则确定各方的权利和义务。"依据《合作协议》第 6 条约定，投保人、被保险人采用欺诈、串通等恶意手段订立的贷款合同，无论任何原因导致投保人不能正常履行借款合同约定的到期还款责任，保险人均不负责赔偿。第 8 条约定，除工商银行负有对贷款人的贷款资料进行审查的义务外，中华联合财险克分公司亦负有对借款人的身份证件、单位证明以及其他资料、投保资格进行审查的义务。上述两项约定均涉及对投保人签订的贷款合同进行审查的内容。作为收取保险费的保险公司，应负有高度严格的审查注意义务，且依据《合作协议》的约定，其负有独立审查义务，不以工商银行的审查意见为依据。二审庭审中，中华联合财险克分公司自认其并未履行审查贷款人的贷款资料、投保资格的审查义务，负有过错，在发生保险事故时，其又以贷款人的贷款资料系虚假为由进行免责抗辩，与《合作协议》的约定相悖，亦不符合保险法规定的公平原则。一审法院以付某某的贷款资料虚假为由认定适用《合作协议》约定的免责条款，于法无据，该院依法予以纠正。

（四）焦点问题

二审法院认为，本案的争议焦点为：（1）涉案借款合同、保证保险合同的效力；（2）本案是否具有上诉人中华保险克分公司责任免除、不负责赔偿的法定事由。结合本案案情，围绕法院审理的争议焦点，本书总结本案焦点问题为：（1）如何区分保证保险合同和保证合同；（2）保险公司能否依据《合作协议》第6条免责条款免除保证责任；（3）保险公司未履行审查注意义务应当承担何种法律后果。对于焦点问题，本书将在案件评析部分进行深入探讨。

（2018）新02民终324号案件二维码

二、案件评析

关于保证保险合同的法律性质，理论界与实务界均有不同观点。有学者认为保证保险合同，是指保险人作为保证人向权利人提供担保，当被保证人的作为或者不作为致使权利人遭受经济损失时，保险人负责赔偿权利人损失的保险合同。[①] 根据银保监会发布的《信用保险和保证保险业务监管办法》第1条，信用保险和保证保险是指以履约信用风险为保险标的的保险，保证保险的投保人为履约义务人，被保险人为权利人。就保险公司为借贷、融资租赁等融资合同的履约信用风险提供保险保障的信保业务，即融资性信保业务，监管机构提出了更高的监管要求。本书对于融资性信保业务中所涉主要问题，尝试进行分析。

（一）保证保险合同与保证合同的区分

融资性信保业务中，保险标的为履约义务人的履约信用风险，功能上与保证担保有相似之处。因此对保证保险合同的法律性质存在纷争，主要包括保证说、混合说和保险说。最高人民法院在2000年针对湖南省高级人民法院的案件请示中回复："保证保险是由保险人为投保人向被保险人（即债权人）提供担保的保险，当投保人不能履行与被保险人签订合同所规定的义务，给被保险人造成经济损失时，由保险人按照其对投保人的承诺向被保险人承担代为补偿的责任。因此，保证保险虽是保险人开办的一个险种，其实质是保险人对债权人的一种担保行为。在企业借款保证保险合同中，因企业破产或倒闭，银行向保险公司主张权利，应按借款保证合同纠纷处理，适用有关担保的法律。"[②] 而针对辽宁省高级

---

① 李玉泉主编：《保险法学：理论与实务》，高等教育出版社2010年版，第185页。

② 最高人民法院对湖南省高级人民法院《关于〈中国工商银行郴州市苏仙区支行与中保财产保险有限公司湖南省郴州市苏仙区支公司保证保险合同纠纷一案的请示报告〉的复函》，〔1999〕经监字第266号。

人民法院案件请示，最高人民法院答复认为："汽车消费贷款保证保险是保险公司开办的一种保险业务……你院请示所涉中国建设银行股份有限公司葫芦岛分行诉中国人民保险股份有限公司葫芦岛分公司保证保险合同纠纷案，在相关协议、合同中，保险人没有作出任何担保承诺的意思表示。因此，此案所涉保险单虽名为保证保险单，但性质上应属于保险合同。同意你院审判委员会多数意见，此案的保证保险属于保险性质。"①

根据以上最高人民法院的回复意见，在保证保险法律性质的问题上，最高人民法院的观点有所变化。从产品功能来看，保证保险确实对债务履行起到了担保作用，但不宜据此认定其法律性质为保证担保，进而适用关于保证担保的相关法律规范。若认定保证保险的本质为保证担保，以债务人为投保人，债权人为被保险人，根据保证担保的规则，保险人向被保险人承担保险金赔偿后，取得法定代位权，可以向债务人（投保人）追偿，而实质将导致债务人的履约风险并未得到有效分散，这有悖于保险分散风险的目的，因此不宜将保证保险的性质等同于保证。②

本书认为，保证保险作为具有担保功能的险种，应在财产保险的基本原则下，制定相关保险条款，适用《保险法》的规范解决纠纷。目前，保险市场涉融资性的保证保险条款表述缺乏统一的规范标准，有待于理论和实践对该险种设计进行完善。

（二）什么是保证保险合作协议

保险合作协议通常是金融机构（被保险人）与保险公司（保险人）签订的对承保模式的约定，合作协议通常在保险合同之前订立，内容约定了保证保险合作的业务范围、保险公司免赔范围、金融机构索赔条件及程序、合作协议双方应当履行的义务等。因为合作协议通常是保险人和被保险人就将来开展的贷款业务和保证保险合同预先订立的意向性、总括性协议，通常不具有明确的保险标的、保险期限、保险金额、保险费等保险合同必备条款。在发生保险事故后，金融机

---

① 最高人民法院《关于保证保险合同纠纷案件法律适用问题的答复》，〔2006〕民二他字第43号。

② 根据最高人民法院于2020年11月9日发布的《最高人民法院关于适用〈中华人民共和国民法典〉担保部分的解释》（征求意见稿），第35条规定："【保证保险】当事人因保证保险发生的纠纷，适用保险法的规定。保险人按照保证保险合同的约定向被保险人赔偿保险金后，在赔偿金额范围内向债务人追偿的，人民法院应予支持。保险人同时请求债务人按保险金支出时一年期贷款市场报价利率计算的保险金占用损失的，人民法院应予支持。保险人请求债务人按照约定支付违约金以及其他费用的，人民法院不予支持。"对于保证保险中保险人能否向债务人追偿的问题，保险法并未作出规定，鉴于该司法解释尚未生效，因此本书从保险原则出发，仅在理论上对保证保险中保险人能否向债务人追偿进行探讨。

构也会以合作协议为依据诉请保险公司承担保险责任。

关于合作协议性质问题，本书认为，依据《保险法》第23条第1款的规定，属于保险人与被保险人就保险事故发生后的理赔事宜预先达成的"给付保险金的协议"，此类协议对保险人和被保险人具有约束力。在合作协议与保险合同条款存在冲突时，如果合作协议或保险合同中有关于按照协议约定理赔的特别约定条款，则适用协议的约定；如果没有特别约定，由于保证保险合同订立在后，视为双方当事人接受了保险条款的内容，应当受到保险合同的约束。

（三）案涉保证保险免责条款是否有效

关于案涉合作协议中约定的免责条款效力问题。《合作协议》第6条约定："投保人、被保险人采用欺诈、串通等恶意手段订立的贷款合同，无论任何原因导致投保人不能正常履行借款合同约定的到期还款责任，保险人均不负责赔偿。"换言之，当基础债权债务合同涉嫌欺诈、串通的情形时，保险人对于保险事故不承担赔偿责任。在一般财产损失保险中，对于保险公司能否根据此类保险条款免责，通常需要判断约定的免责状态（或情形）与保险事故之间的因果关系，在不具有因果关系的情况下，通常认定保险公司不得援引此类条款主张免责。但保证保险具有一定的特殊性，如前述，保证保险是以履约风险为承保风险，而基础合同是否涉及意思表示瑕疵的情形，属于保险公司评估投保人履行信用和履行能力的重要影响因素，故该等条款不宜直接认定为无效。

关于保险公司核保义务与该免责条款效力之间的关系问题。根据《信用保险和保证保险业务监管办法》，保险公司的业务系统应当具备反欺诈等实质性审核功能，对融资性信保业务履约义务人的资产真实性、交易真实性、偿债能力、信用记录等进行审慎调查和密切跟踪，防止虚假欺诈行为。同时不得将融资性信保业务风险审核和风险监控等核心业务环节外包给合作机构，不得因合作机构提供风险反制措施而放松风险管控。因该办法属于管理性规定，其中对保险公司设置的相应的行为规范，不宜将其作为保险公司的法定义务。但正如本案二审法院审理中所提出的，保险公司负有独立的审查义务，若适用免责条款将实质上免除了保险公司的审查义务，故该免责条款因违反公平原则而无效。

三、结论

在保证保险合同中，保险人与被保险人就保险金赔付条件、赔付程序、赔付范围等内容预先订立的"合作协议"，应当视为对保险事故发生后的赔付问题达成的合意，对保险人和被保险人关于给付保险金相关事宜具有约束力。本案中，《合作协议》第6条免责条款的约定内容，实际上免除了保险公司在《合作协议》下第8条所约定的审查义务，如适用该免责条款会对被保险人造成实质的不公平，故保险人不能根据该免责条款免除保险责任。

第三节 财产保全的投保人败诉保险理赔纠纷案

一、案件概要

（一）案件基本事实

赵某强因青海三榆房地产集团有限公司（以下简称三榆公司）、西宁新百实业有限公司（以下简称新百公司）拖欠工程款向法院提起诉讼，请求判令三榆公司和新百公司向其支付工程款 36 224 434 元、逾期利息 2 173 466 元、工期延误损失 939 992 元，共计 39 337 892 元。并向一审法院提出财产保全申请，阳光财产保险股份有限公司青海省分公司（以下简称阳光保险青海分公司）出具保函对该保全提供担保，一审法院作出财产保全裁定，对三榆公司、新百公司价值 39 337 892 元的财产予以查封、扣押或冻结。针对赵某强的诉讼请求，一审法院判决三榆公司、新百公司支付赵某强工程款 4 973 316.61 元及相应利息，驳回赵某强的其他诉讼请求。赵某强就一审判决提出上诉，上诉后赵某强申请解除其对三榆公司、新百公司价值 16 639 845.31 元的财产保全措施，法院予以支持。二审判决驳回赵某强的上诉，维持原判。

新百公司随后提起本案诉讼，主张赵某强不当保全给其造成损失，请求赵某强赔偿相应的损失，阳光保险青海分公司承担连带赔偿责任。

（二）当事人主张

1. 保险公司主张

（1）赵某强就建设工程施工合同纠纷案的起诉不存在主观过错。首先，新百公司没有证据证明《建设工程施工合同》专用条款第 47 条已作废，终审判决前，该条款是否有效存在不确定性，赵某强依据此条款结算工程款符合合同约定，并非故意曲解合同或者脱离合同。新百公司违反诚信拖欠工程款，赵某强依据造价公司出具的工程结算书提出诉求金额，该金额是否合理需经法院确认，赵某强对此已尽到了合理注意义务。其次，赵某强基于一审判决内容，并根据合同条款和实际履行情况提出合理的上诉主张，无主观过错。且赵某强及时申请解除部分财产保全，恰恰证明赵某强依法审慎行使自己的诉讼权利。最后，赵某强的诉求和主张都有合理的依据和理由，法院基于双方证据及主张综合评判进行判决。不能仅凭判决结果金额低于赵某强诉讼请求金额就认定赵某强存在过错或恶意。（2）新百公司没有提供证据证明《固定资产贷款合同》及《借款协议》与本案的关联关系，也没有证据证明赵某强申请保全的行为导致被查封房产无法销售，导致新百公司无法偿还银行贷款而不得不向三榆公司借款以偿还银行贷款从而遭受利息损失。

2. 保全申请人主张

（1）新百公司和案外人三榆公司拖欠工程款，赵某强提起诉讼，不存在提高诉求进行财产保全的故意。赵某强针对该判决提出上诉时，对室外管网工程款撤回请求，延误工期损失未再主张，最终确定上诉金额为 22 698 046.69 元，并申请解除相应金额的财产保全措施，充分保障了新百公司的合法权益，是赵某强尽到审慎义务的体现。（2）新百公司主张的损失没有事实及法律依据，且与赵某强申请保全行为没有因果关系。首先，新百公司主张的损失大部分为其与三榆公司之间的资金拆借利息，该两公司均为（2018）青民初 18 号案被告，其财产均可作为保全对象，因此，该两公司之间的资金借贷利息不能认为是财产损失。且该两公司之间的借贷总额远远高于新百公司要归还银行贷款的金额，借款时间也不符合还贷时间，借款用途的真实性存疑。其次，前案保全财产系新百公司未售房产，查封时并未签约，不存在无法履行销售合同需要承担违约损失的情形。房产销售并非新百公司唯一还款资金来源，新百公司如需出售查封房产，也可提供其他担保财产解除相应的查封。新百公司无法按时归还银行贷款与赵某强申请保全之间没有必然的因果关系。

3. 对方当事人主张

新百公司请求赵某强赔偿其损失 3 427 427 元，阳光保险青海分公司承担连带赔偿责任。事实与理由如下：根据工程款案件判决结果，新百公司仅欠付赵某强工程款 4 973 316.61 元，逾期付款利息 298 399 元，总计 5 271 715.61 元。赵某强申请诉讼财产保全的金额超出其应得款项 34 066 176.40 元，其行为属恶意诉讼，导致新百公司价值 34 066 176.40 元的待售房产无法销售，迫使新百公司无法按期偿还银行贷款，因此遭受巨大损失。（1）一审法院认为赵某强申请诉讼财产保全尽到了审慎义务，主观上不具有过错，与客观事实不符。首先，案涉《建设工程施工合同》专用条款第 6 条约定合同价款为固定价格合同，赵某强明知工程造价为 9 470 万元，剩余工程款不足 500 万元，仍以作废的《建设工程施工合同》专用条款第 47 条为依据主张工程款 36 224 434 元并申请财产保全，属于滥用诉权。其次，赵某强 2016 年 11 月 7 日向新百公司提交工程结算书载明的工程造价为 106 503 914.11 元，2017 年 3 月 18 日又再次提交结算书造价为 115 669 675.25 元，多出 9 165 761 元；在一审法院未支持赵某强请求金额后，赵某强上诉时将第一项诉讼请求 39 337 892 元变更为 22 698 046.98 元。前述事实均能说明赵某强起诉时未尽审慎义务，提高诉讼标的额申请保全，其二审申请解除部分财产保全的行为恰恰证明其申请保全错误，存在主观过错。（2）一审法院认为新百公司提交的《固定资产贷款合同》及其他 5 份《借款协议》不能证明新百公司的损失与赵某强申请保全行为之间存在因果关系，与事实不符。首先，因待售房产被查封，新百公司无法通过销售房产按期偿还银行贷款，新百公司不得不借款偿还银行贷款。该事实足以证明借款与赵某强申请保全行为之间具有关联性，因保全产生的利息与赵某强错误申请保全之间存在因果关系。一审法院推测新百公司借款是为扩大经营产生资金需求无证据支持。其次，新百公司与多位意向购房者签订的认购协议因待售房产被查封而无法签订买卖合同，新百公司无法销售房产偿还银行贷款，给新百公司的企业信誉造成了严重不良影响，也使新百公司被迫面临大量未知诉讼。（3）阳光保险青海分公司作为诉讼财产保全担保人应承担连带赔偿责任。

（三）裁判要旨

1. 一审法院裁判要旨

（1）关于新百公司主张赵某强赔偿损失 3 427 427 元的诉求能否成立的问题。《民事诉讼法》第 105 条规定："申请有错误的，申请人应当赔偿被申请人因保全所遭受的损失。"因申请诉讼财产保全损害责任适用的归责原则是过错责任原则，即以过错作为归责的最终构成要件，并且以过错作为确定责任范围的重要依据。本案中，一方面赵某强申请诉讼财产保全的行为主观上不具有过错。《民事诉讼法》第 102 条规定："保全限于请求的范围，或者与本案有关的财物。"案涉工程施工合同共约定 3 种计价方式，工程款如何计算是该案的重要争议焦点，赵某强起诉三榆公司、新百公司支付工程款、利息及误工损失是行使诉权的行为。赵某强依据该诉讼请求金额提出诉讼财产保全申请，是正当行使诉讼权利的行为。同时，该案赵某强在上诉阶段将诉求变更为"请求二审法院改判三榆公司、新百公司支付赵某强工程款 22 698 046.69 元及相应利息"后，便及时向一审法院提出解除部分财产保全的申请，一审法院据此裁定对三榆公司、新百公司价值 16 639 845.31 元的财产解除保全。因此，赵某强申请诉讼财产保全过程中尽到了审慎义务，其主观上不具有故意或重大过失的过错。另一方面新百公司提交的证据无法证明其实际损失。赵某强诉三榆公司、新百公司建设工程施工合同纠纷一案中，法院依法采取的保全措施是查封新百公司的待售房产，而新百公司提交的两份《三榆西城天街写字楼认购单》并非签订的正式购房买卖合同，无法证明查封期间写字楼销售受到的实际损失，查封房屋不必然产生利息损失。新百公司提交的《固定资产贷款合同》及其他《借款协议》均无法证明该借款与赵某强申请保全的行为之间具有关联性，不排除新百公司为扩大经营产生资金需求而向银行贷款或向他人借款的行为。再一方面新百公司主张的损失与赵某强申请诉讼财产保全行为没有因果关系。新百公司与青海银行股份有限公司城中支行的该笔贷款金额是壹亿元整，贷款期限为 2016 年 3 月 7 日至 2019 年 3 月 7 日，而在赵某强诉三榆公司、新百公司建设工程施工合同纠纷案中，对三榆公司、新百公司开始采取保全措施的时间是 2018 年 3 月 21 日，从时间的先后顺序来说，赵某强申请诉讼财产保全与该笔贷款没有前因后果的关系。新百公司提交的《情况说明》载明"由于涉及诉讼原因，未能按照《固定资产贷款合同》约定偿还部分贷款"，但该《情况说明》无法证明贷款未能按期偿还的原因与赵某强申请诉讼财产保全行为之间具有必然联系。因此，新百公司提交的证据不能证明其与青海银行股份有限公司城中支行之间的借款与本案具有关联性。

（2）关于新百公司主张阳光保险青海分公司承担连带责任的诉求能否成立的问题。阳光保险青海分公司系赵某强诉三榆公司、新百公司建设工程施工合同纠纷一案中，赵某强申请诉讼财产保全的担保人，保险险种为诉讼财产保全责任保险。根据《保险法》第 65 条第 4 款的规定，保险人承担保险责任的前提条件是被保险人必须对第三者承担赔偿责任。本案中因赵某强申请诉讼财产保全的行为主观上不具有过错，不应承担赔偿责任，阳光保险青海分公司亦不承担保险责任。

2. 二审法院裁判要旨

申请诉讼财产保全是民事诉讼案件当事人的诉讼权利，但权利行使应当审慎，若滥用权利，错误申请保全，造成被申请人损失，则需承担赔偿责任。因申请诉讼财产保全产生的损害赔偿责任，本质上为侵权责任，判断保全申请是否"有错误"，应适用一般侵权责任构成要件，即申请人是否具有过错、被申请人主张的损害后果是否成立、损害后果与申请人申请诉讼财产保全行为之间是否有因果关系。

（1）关于赵某强申请诉讼财产保全是否具有过错的问题。首先，赵某强因与三榆公司、新百公司的建设工程合同纠纷向一审法院提起诉讼，请求三榆公司、新百公司支付欠付的工程款及利息、延误工程损失等共计 39 337 892 元，并申请对三榆公司、新百公司相应财产进行保全。虽然最终生效判决未支持赵某强全部诉讼请求，但仅以法院生效判决支持的金额少于诉讼请求及保全财产金额，不能得出赵某强具有提高诉讼请求金额以增加保全财产金额的故意的结论。其次，新百公司主张《建设工程施工合同》专用条款第 47 条已作废，但其该项主张已为生效判决所否定。双方当事人就案涉工程价款约定了 3 种计价方式，在此情况下，最终以何种方式计价需由人民法院根据双方合同签订和履行的实际情况确定，在起诉时具有不确定性。赵某强选择对自己有利的计价方式即《建设工程施工合同》专用条款第 47 条约定的方式主张工程价款，系以合理方式追求最大利益，并未违反合同约定和法律规定，不能以法院最终确认的计价方式与赵某强主张的计价方式不一致便认定赵某强恶意提高诉讼请求金额。再次，质保金作为被暂扣的工程款的一部分，是否达到支付条件，应根据不同工程内容的质保期是否到期来确定，当事人对质保期到期时间均有不同理解，最终需待法院生效判决根据查明的事实予以认定。故赵某强起诉时未扣除质保金，并不能认定其恶意提高诉讼请求金额。最后，（2018）青民初 18 号判决作出后，赵某强基于一审审理情况对上诉请求金额予以调低，并根据变更的请求金额申请解除部分财产保全，能够证明赵某强在诉讼过程中尽到合理审慎行使诉讼权利的注意义务。因此，现有证据不能证明赵某强申请诉讼财产保全存在过错。

（2）关于新百公司主张的损失是否成立，是否与赵某强申请诉讼财产保全行为之间具有因果关系的问题。新百公司主张，因待售房产被查封，其无法通过销售房产按期偿还银行贷款而不得不借款以偿还银行贷款，从而产生利息损失，并可能因查封房产未能按约销售面临未知诉讼，对此法院认为：新百公司提交的 5 份《借款协议》均未载明借款用途为归还银行贷款，新百公司亦未提交资金流向证据证明前述借款被实际用于归还银行贷款，且其中一份借款协议签订时间为 2018 年 3 月 20 日即一审法院保全裁定作出之前。同时，《固定资产贷款合同》约定的还款资金来源包括写字楼销售收入、商业租赁收入、酒店运营收入，即房产销售收入并非新百公司唯一还款资金来源，尚有商业租赁收入、酒店运营收入可用于归还银行贷款。故现有证据尚不能证明房产被查封、借款与归还银行贷款 3 者之间具有必然联系。其次，新百公司一审提交的两份《三榆西城天街写字楼认购单》仅涉及部分房产且均无认购期限，不足以证明被查封房产存在先期认购后因保全查封原因未能成交而导致新百公司承担违约责任的情形。

综上，现有证据不足以证明赵某强申请诉讼财产保全的行为对新百公司构成侵权，新百公司要求赵某强赔偿损失的请求不能成立。阳光保险青海分公司作为赵某强申请诉讼财产保全的担保人，亦不应承担赔偿责任。

（四）焦点问题

二审法院认为，本案的争议焦点为赵某强申请诉讼财产保全的行为是否对新百公司构成侵权。结合本案案情，围绕法院审理的争议焦点，本书总结本案焦点问题为：（1）赵某强申请财产保全是否构成保全错误，是否应当对新百公司承担一般侵权责任；（2）阳光保险青海分公司是否应当承担诉讼财产保全保险责任。对于焦点问题，本书将在案件评析部分进行深入探讨。

（2020）最高法民终 88 号案件二维码

二、案件评析

（一）什么是诉讼财产保全责任保险

诉讼财产保全责任保险，简称诉责险，当申请人因为错误保全而导致被申请人财产受损时，保险人可在保险额度内向申请人赔偿。因为保险公司资产规模大，法院也更易于接受诉责险担保方式，这在很大程度上弥补了保全担保方式不足的问题。2016 年最高人民法院颁布《关于人民法院办理财产保全案件若干问题的规定》承认了诉责险的法律地位。[①]

责任保险是诉讼财产保全类保险中常见的承保模式。责任保险是以被保险人对第三者依法应负的赔偿责任为保险标的的保险，具体到诉责险中，承保标的为申请人因为错误保全而应当向被申请人承担的侵权责任，投保人和被保险人都是诉讼财产保全的申请人。该种侵权责任不属于我国法律规定的无过错责任、过错推定责任或者可以适用公平责任的情形，所以应当符合一般过错侵权责任的构成要件，缺一不可，才需要承担侵权责任。

对于保险公司来说，承担诉责险的保险责任以投保人向保全被申请人承担赔偿责任为前提。所以，在诉责险纠纷中，保全申请是否构成一般侵权、保全被申请人是否对申请人享有赔偿请求权是保险公司答辩的关键。

（二）诉责险责任免除条款

诉责险的责任免除条款特点显著。诉责险承保的标的为因保全错误造成的损失，根据当前裁判标准，保全错误损失具体为申请人因为故意或者重大过失导致的保全错误损失，所以在诉责险保险条款的责任免除部分，通常不会再将被保险人故意或重大过失导致保险责任的产生约定为免责事由。

在诉责险责任免除部分，有保险公司列明"本保险合同无责任免除，赔偿责任以人民法院判决为准。"或将"被保险人和被申请人恶意串通"列为免责事项；也有保险公司将"财产保全的被申请人故意行为或重大过失造成或扩大的损失"列为免责条款。事实上，后两类免责事由的表述均为立法所吸收，诉责险保险条款原则上没有责任免除条款。

本案中，阳光保险青海分公司如果要实现免于赔偿的效果，应当从保全申请人不构成侵权等实体要件入手，与保全申请人保持立场一致。根据《保险法》

---

① 最高人民法院《关于人民法院办理财产保全案件若干问题的规定》第 7 条规定，保险人以其与申请保全人签订财产保全责任险合同的方式为财产保全提供担保的，应当向人民法院出具担保书。担保书应当载明，因申请财产保全错误，由保险人赔偿被保全人因保全所遭受的损失内容，并附相关证据材料。第 8 条规定，金融监管部门批准设立的金融机构以独立保函形式为财产保全提供担保的，人民法院应当依法准许。

第 65 条第 4 款的规定，保险人承担保险责任的前提条件是被保险人必须对第三者承担赔偿责任。所以保险公司应当对申请人关于实体要件的抗辩起到支持和补充作用，或可实现免除保险责任的效果。

（三）如何判断申请保全人是否有过错

申请保全错误须以申请人有主观过错为要件，在申请人大部分诉讼请求没有获得支持或者案件败诉的情况下，能否依据裁判结果当然认为申请人和保险人负有赔偿义务呢？对此，最高人民法院在（2018）最高法民申 2027 号公报案例中指出："由于当事人的法律知识、对案件事实的举证证明能力、对法律关系的分析判断能力各不相同，通常达不到司法裁判所要求的专业水平，因此当事人对诉争事实和权利义务的判断未必与人民法院的裁判结果一致。对当事人申请保全所应尽到的注意义务的要求不应过于苛责。如果仅以保全申请人的诉讼请求是否得到支持作为申请保全是否错误的依据，必然会对善意当事人依法通过诉讼保全程序维护自己权利造成妨碍，影响诉讼保全制度功能的发挥……申请保全错误，须以申请人主观存在过错为要件，不能仅以申请人的诉讼请求未得到支持为充分条件。"

侵权法上的过错归责原则以申请人具有故意或重大过失为认定标准，考察申请人是否尽到了审慎的注意义务，如果主观上不应受到谴责，则被申请人的损失属于正常的诉讼风险，应由其自行承担。而对于过错的判断，主观认定标准从行为人自身的情况出发，根据行为人的年龄、智力、生活经验等个体因素，整体评价行为人对侵权行为可能产生的后果是否具备预判能力；客观认定标准通过建立一个"理性人"的相对客观标准，判断行为人作出行为的心理状态辨明过错程度。虽然过失是主观心理状态，但判断这种状态能否归责的标准却需要客观化。[①] 对于参与商事交易的主体，其自身情况在很大程度上接近于理性的标准，应当根据合同签订和履行状况，以及申请人参与诉讼、申请保全的全过程，综合判断其主观状态。

本案中，因为价金结算存在 3 种标准遂引发争议，赵某强根据对自己最有利的标准提出诉讼请求，并没有显著违反法律规定或者合同约定，不具有可责备性。同时，当事人双方对于质保期到期时间均有不同理解，而法院支持哪种结算方式和理解方式对当事人来说具有不确定性和不可预见性，超出了当事人可以合理预判的范围。另外在一审判决作出之后，赵某强根据裁判结果的走向，虽然提出上诉，但申请撤回超额保全，应当认为尽到了必要的注意义务，对避免对方损失的扩大起到了积极作用，不存在恶意保全行为。

---

① 张新宝：《侵权责任法立法研究》，中国人民大学出版社 2009 年版，第 106 页。

三、结论

诉责险免责条款与一般责任保险存在显著区别，通常不能将"被保险人故意造成保险损失的发生"列为免责条款。因为保全错误通常需要申请人主观具有故意或者重大过失，如果将该类主观状态列为免责事由，则将造成保险产品设计逻辑自相矛盾的情况发生，保险人或将通过责任免除条款否认关于承保责任范围的约定。

诉讼财产保全责任保险以责任保险为主要承保模式，该种保险通常没有特约的责任免除条款，因为以被保险人（保全申请人）对被申请人存在一般侵权责任为赔付前提，所以保险人为实现免责的效果应当从侵权的实体构成要件入手。本书认为，过错侵权责任要求保全申请人有故意或者重大过失，才能认定侵权行为的成立，不能仅依据申请人诉讼请求没有获得支持进而判断保全为错误保全。

第四节　儿童在课外培训中遭受意外伤害保险理赔纠纷案

一、案件概要

（一）案件基本事实

北京合联胜教育咨询有限责任公司（以下简称教育咨询公司）向阳光财产保险股份有限公司北京分公司（以下简称阳光保险北京分公司）投保公众责任保险，《公众责任保险单明细表》载明："1. 被保险人：合联胜公司教育咨询公司；2. 保险地址：北京市凉水河一街9号某学校内体育馆、游泳馆；……6. 每次事故绝对免赔：无；……9. 特别约定：每次事故绝对免赔为1 000元或损失金额的10%，两者取高。"《公众责任险保险单》载明："1. 鉴于投保人已向保险公司提交了书面投保申请，并同意按约定交付保险费，本公司同意按本保险单所载条款、附加条款、特别约定以及所列项目承担保险责任；2. 重要提示：本保险合同由投保单、风险询问表、保险单、保险条款、特别约定和批单组成。收到本保险单后请立即核对，本保险单内容如与投保事实不符或存在疏漏，请立即通知本公司并办理书面变更或补充。请详细阅读所附保险条款、特别是有关责任免除和投保人、被保险人义务的部分。"其中，"责任免除和投保人、被保险人义务"用加粗字体显示。

案涉《公众责任保险条款》(2011 版) 载明:"1. 在本保险期间内,被保险人在本保险单明细表列明的范围内,因经营业务发生意外事故,造成第三者的人身伤亡和财产损失,依法应当由被保险人承担的经济赔偿责任,保险人按下列条款的规定负责赔偿;2. ……意外事故的定义:指不可预料的以及被保险人无法控制并造成物质损失或人身伤亡的突发性事件;3. 下列属于其他险种保险责任范围的损失、费用和责任,保险人不负责赔偿:(一) 被保险人或其雇员因从事医师、律师、会计师、设计师、建筑师、美容师或其他专门职业所发生的赔偿责任……"

保险期间内,教育咨询公司分公司租用上述体育馆,案外人苏某在该场馆进行击剑训练时摔倒,右臂摔伤。经诊断为右尺桡骨骨折。苏某向北京市大兴区人民法院起诉,法院认定鉴于教育咨询公司提交的证据不能证明事故发生时在场的教练员具备击剑教练资格,且该公司未尽到教育管理职责,应承担赔偿责任,判决教育咨询公司赔偿苏某共计 129 461.75 元,承担案件受理费 5 463 元。

(二) 当事人主张

1. 保险公司主张

阳光保险北京分公司主张其不应当承担保险赔偿责任,事实和理由如下:(1) 案涉投保单内第 3 项特别约定和投保人声明第 5 项已明确告知并用黑体字标明:填写本投保单之前,阳光保险北京分公司已经就本投保单及后附的保险条款的内容,尤其是关于保险人责任免除的条款及投保人和被保险人义务条款向投保人做了明确说明,投保人对该保险条款及保险条件已完全了解,并同意接受保险条款的约束。(2) 本案事故属于职业责任,根据原《侵权责任法》第 38 条的规定,无民事行为能力人在幼儿园、学校或者其他教育机构学习生活期间受到人身损坏的,幼儿园、学校或者其他教育机构应该承担责任。本案中教育咨询公司未尽到教育管理职责,与阳光保险北京分公司承保的意外事故的范围不符,不属于保险责任。(3) 即使阳光保险北京分公司承担保险责任,根据保险合同约定每次事故绝对免赔额为 1 000 元或损失金额的 10%,两者取高,即阳光保险北京分公司即使赔偿也仅应赔偿损失金额的 90%。

2. 对方当事人主张

教育咨询公司认为:(1) 公共责任险中没有关于无教练从业资格证的免责约定,教练从业资格证不在本案免赔范围内。教育咨询公司投保公共责任险,合同中并没有约定哪些情形不予赔偿。其购买涉案保险是为了保证体育场内部的全部事故得以保险理赔,如果合同约定了不保的情形,教育咨询公司将不会投保。保险条款以列举的方式对免责的职业行为进行约定,并不包含本案的情形。根据《保险法》第 17 条的规定,如果涉案保险有免责条款的话,也应当是在签订合同之前就约定的。（2）关于免赔额的问题，教育咨询公司同意按照合同约定予以确认。

（三）裁判要旨

1. 一审判决要旨

教育咨询公司向阳光保险北京分公司投保公众责任保险，双方之间形成的保险合同关系，意思表示真实，未违反法律、行政法规的强制性规定，应属有效。《保险法》第 17 条第 2 款规定："对保险合同中免除保险人责任的条款，保险人在订立合同时应当在投保单、保险单或者其他保险凭证上作出足以引起投保人注意的提示，并对该条款的内容以书面或者口头形式向投保人作出明确说明；未作提示或者明确说明的，该条款不产生效力。"本案中，阳光保险北京分公司未举证证明其在订立保险合同时，就公众责任保险条款第 7 条第 1 项的免责条款向教育咨询公司作出过书面或口头的明确说明，亦未举证证明其向教育咨询公司就该免责条款中"其他专门职业"的概念、内容及相应法律后果作出过常人能够理解的解释说明，故一审法院认为该免责条款不产生效力。另外，该条免责条款的含义为：对被保险人或其雇员从事专门职业所发生的赔偿责任，阳光保险北京分公司不予赔偿，与阳光保险北京分公司当庭关于"若教练具备相应资质则予以理赔"的陈述存在矛盾，且阳光保险北京分公司未就是否具备教练资格与应否理赔的关联性作出合理解释，亦未提交证据证明。因此，阳光保险北京分公司应向教育咨询公司支付相应保险赔偿金。

就保险赔偿金的数额，阳光保险北京分公司称根据《公众责任保险单明细表》第 13 条第 5 项规定，每次事故的绝对免赔为 1 000 元或损失金额的 10%，两者取高，因此即使支付保险赔偿金，也仅支付其中的 90%。一审法院认为，根据《保险法解释（二）》第 9 条第 1 款，该绝对免赔条款属于免除保险人责任的条款，阳光保险北京分公司未就上述条款作出足以引起投保人注意的提示，且与保险单明细表第 7 条"无每次事故绝对免赔"的约定存在矛盾，因此《公众责任保险单明细表》第 13 条第 5 项关于绝对免赔的条款不产生效力。

关于赔偿数额，依照生效判决支付给苏某 129 461.75 元及两审案件受理费 5 463 元，共计 134 924.75 元的部分，依据保险条款第 3 条、第 4 条的约定，阳光保险北京分公司应予承担。

2. 二审判决要旨

教育咨询公司向阳光保险北京分公司投保公众责任保险，双方之间形成的保险合同关系，合法有效。根据阳光保险北京分公司《公众责任保险条款》的内容，阳光保险北京分公司承保范围是本保险期间内教育咨询公司因经营业务发生意外事故，造成第三者的人身伤亡和财产损失，依法应当由教育咨询公司承担的经济赔偿责任。现阳光保险北京分公司提出免除保险责任的理由是涉案事故属于"被保险人或其雇员因从事医师、律师、会计师、设计师、建筑师、美容师或其他专门职业所发生的赔偿责任"的约定免赔范围。但经人民法院生效裁判认定，案外人苏某在进行击剑训练时受伤，教育咨询公司在场的教练员不具备击剑教练资格，该公司因未尽教育管理职责应承担赔偿责任。阳光保险北京分公司未能提供证据证明其就上述"经营业务"、"其他专门职业"的确切含义向教育咨询公司作出过解释说明，同时阳光保险北京分公司又在一审中作出"若教练具备相应资质则予以理赔"的陈述，这使得免责条款应如何适用更加模糊。因此，阳光保险北京分公司提出免除保险责任的主张，本院不予采纳。阳光保险北京分公司还提出应免除10%的赔偿金额，但此与保险单明细表中第7条无每次事故绝对免赔的约定存在矛盾，因此对阳光保险北京分公司此项主张亦不予采纳。

（四）焦点问题

本案两审法院均未总结争议焦点，结合本案案情，本书总结本案焦点问题为：（1）案涉保险事故是否属于公众责任险的承保范围？（2）案涉免责条款是否对投保人发生效力？对于焦点问题，本书将在案件评析部分进行深入探讨。

（2018）京02民终 7951号案件二维码

二、案件评析

（一）公众责任保险与职业责任保险辨析

案涉保险条款第7条第1款约定："被保险人或其雇员因从事医师、律师、会计师、设计师、建筑师、美容师或其他专门职业所发生的赔偿责任，保险人不负责赔偿。"该条款通常用作区分公众责任保险与职业责任保险两种保险类型。公众责任保险主要承保被保险人在各个固定场所从事经营或其他活动时，因发生意外事故而造成的他人人身伤亡或财产损失，依法应由被保险人承担的经济赔偿责任。而与之相近的，职业责任保险指承保专业技术人员因职业上的疏忽或过失致使合同相对方或其他人遭受人身伤害或财产损失，依法应承担赔偿责任的保险。职业责任保险仅对专业人员因从事本职工作时的疏忽或失职造成的赔偿责任负责，其承保对象包括医生、会计师、建筑师、工程师、律师、保险经纪人、交易所经纪人与其他专业技术人员。

案涉事故不属于职业责任保险事故。结合本案保险事故的实际情况看，案外人苏某在进行击剑训练时摔倒，右臂摔伤，属于在特定的训练场馆内发生的人身伤害事故。而合同免责条款所述的"从事专门职业所发生的赔偿责任"通常指律师、会计师、建筑师等因为专业技能的缺失或工作疏忽未能满足合同相对方的服务需求，而产生的赔偿责任。一方面，教师并非通常意义上的专业技术人员，在本案的保险条款中也没有将教师作为主体列于保险条款中；另一方面，培训教育通常不以具体工作成果或工作目标作为职业风险是否现实化的判断标准，不是职业责任保险的适格主体。

从双方投保与承保的意思表示来看，双方约定了保险地址为特定场馆，约定了保险标的为"被保险人在本保险单明细表列明的范围内，因经营业务发生意外事故，造成第三者的人身伤亡和财产损失"，意在对特定场所内的人身和财产伤害作出赔偿，具有明确地对公众责任险承保的意思表示。结合保险事故实际情况，应当认为保险人对本次保险事故承担赔偿责任。

（二）案涉合同条款第 7 条第 1 款的约定是否属于免责条款

本案中，诉争的责任免除条款第 7 条第 1 款列明的"被保险人或其雇员因从事医师、律师、会计师、设计师、建筑师、美容师或其他专门职业所发生的赔偿责任"，该条款实则是在区别公众责任保险与职业责任保险承保范围，意在表明本案承保公众责任险范围内的损失，不对活动中因专业行为导致的职业风险承担保险责任，属于约定保险责任范围的条款，不属于《保险法》免责条款。

因为职业责任保险与公众责任保险分属于不同的险种，职业责任本就不是公众责任险的承保范围，所以本案关于不予赔偿职业保险责任的条款，不属于免除保险人责任的条款。根据最高人民法院司法观点，《保险法》免除保险人责任的条款是指免除保险人在保险事故发生后依据保险合同承担的赔偿或给付责任。所谓免责，应当以当事人应承担责任为前提，如无须承担责任，则不存在免责一说。所以应当明确保险人责任范围的条款与免除保险人责任条款的区别，不能将确定保险人责任范围的条款视为免除保险人责任的条款。[①] 即虽然上述条款列于保险条款责任免除部分，但是依据其实际规范的内容，其属于明确承保责任范围的条款，不是《保险法》第 17 条免除保险人责任的条款。

据此，上述条款不适用说明生效规则，如果保险事故确为专业行为给被保险人的合同相对方造成损失，保险人对该损失不承担责任，保险人也不需要证明针对上述条款对投保人履行了提示和明确说明义务；如果保险事故是被保险人在投保人经营场所发生的人身或财产损失事故，被保险人需要赔偿受害人的，保险人应当承担赔偿责任。一审法院将本条款作为免责条款看待，并依据《保险法》第 17 条第 2 款的规定认定其对投保人不发生效力，属于适用法律不当。

三、结论

本案保险合同虽然在免责条款部分列明"被保险人或其雇员因从事医师、

---

① 最高人民法院民事审判第二庭编著：《最高人民法院关于保险法司法解释（二）理解与适用》，人民法院出版社 2015 年版，第 229 页。

律师、会计师、设计师、建筑师、美容师或其他专门职业所发生的赔偿责任，保险人不负责赔偿"，但是该条款的内容实则意在区分公众责任保险和职业责任保险的承保范围。因为公众责任保险与职业责任保险为相互独立的两个险种，职业行为造成的损失本就不属于公众责任险承保范围，所以对承保范围的重申不属于《保险法》第17条所称的免除保险人责任的条款，案涉条款原则上对投保人发生效力，保险人不用证明其关于该条款向投保人履行了提示、明确说明义务。本案之所以保险人应予赔偿，不是因为"免责条款"对投保人不发生效力导致的，是因为苏某的人身伤害风险是典型的公众责任险应当承保的范围，不属于职业责任险的典型风险，所以保险人不能依据责任范围条款免除保险责任。

后 记

本书写作意图形成于 2019 年，随着我国保险案件的增加，被称为投保人"三大法宝"之一的"免责条款明确说明义务"经常作为投保人对抗保险公司的法律制度工具，在司法裁判过程中运用广泛。我们对这一问题的关注和最终决定成书，不仅源自理论层面的需求，更源自长期保险法律实践中累积起来的对免责条款类案的观察和思考。

保险制度，是在危险中求得安全的制度，彰显人类应对危险时的智慧和勇敢；保险法律，固保险诚信之本，引保险良善之精神。1975 年，梁漱溟先生在他的日记里写下"独立思考，表里如一"几个字。法律科学、法律实务工作，需要坚守和不断寻觅的，其实无非这八个字。本书的两位作者，共生于吉林大学法学院的学术氛围之中，此次合作因此也是吉林大学法学院治学风气的传承和体现。我们对案件的拣选，力图做到"覆盖全国、新案特案优先"；我们对案件的裁取，尽量保持全面和完整；我们对案件的评析，集中在不同侧面和论题之中，以著者对问题的思考带动读者；我们对案件作出的判断，力求客观。我们凝神于此书写作过程，经年而成，世界因键盘的敲击而变得安静；我们执拗于每个案件以及每个事实和证据的推敲；我们本着"秉持理论，通达实务"的写作初衷，回看书稿，给自己的表情是微笑的，其中辛劳反而成为馈赠。

本书的写作过程，是北京天同（沈阳）律师事务所律师们集体劳动智慧和吉林大学法学院老师们集体劳动智慧的集中体现。感谢北京天同（沈阳）律师事务所优秀的柏娜娜、徐丽娜律师，他们的无声辛苦，给本书增色添彩。本书的文献收集和整理，由吉林大学法学院研究生栾凯升同学完成，本书的统稿由高雅同学完成，本书的校对工作由吉林大学法学院我的研究生们一力承担，在此表示感谢。

本书案件的二维码由聚法案例提供，诚挚感谢。

潘红艳

吉林大学法学院

2020 年 12 月 30 日